W0094348

$A^t V$ **Texte zur Zeit**

CHRISTA LUFT wurde am 22. 2. 1938 in Krakow am See (Mecklenburg) geboren. Nach dem Abitur Studium des Außenhandels und der internationalen Wirtschaftsbeziehungen an der Hochschule für Außenhandel bzw. der Hochschule für Ökonomie Berlin; danach wissenschaftliche Assistentin, Dozentin, ordentliche Professorin für Außenwirtschaft sowie Direktorin der gleichnamigen Sektion und 1988/89 Rektorin der Hochschule für Ökonomie; arbeitete zusammen mit anderen Wissenschaftlern der damaligen DDR an Wirtschaftsreformkonzepten; von 1978 bis 1981 stellvertretende Direktorin des Internationalen Forschungsinstituts beim RGW in Moskau; wurde am 18. November 1989 zum stellvertretenden Vorsitzenden des Ministerrates für Wirtschaft der DDR berufen; vom 18. März bis 3. Oktober 1990 hatte sie ein Volkskammermandat.

In ihrem Buch, das nach ihrer Rückkehr aus der Politik an die Hochschule entstand, schreibt Christa Luft: „Diese Reflexionen sollen ohne alle Bitterkeit, ohne Groll und schon gar nicht aus der Schmollecke geschrieben sein. Aber auch Frohlocken und Schadenfreude darüber, daß vieles so eintraf, wie vorausgesagt, sollten keinen Platz haben. Ich möchte ganz einfach meine Eindrücke, Erlebnisse und Erfahrungen schildern aus einem in Regierungsverantwortung miterlebten, nicht wiederholbaren Abschnitt deutscher Geschichte zwischen politischer Wende in der DDR und ihrem Ende als Staatsgebilde. Dieser Abschnitt war von Hoffen und Bangen, von hohen Erwartungen und mancherlei Zweifeln geprägt. Er war kurz und von unbeschreiblicher Dynamik. Noch lange wird er die Gemüter beschäftigen, weil Visionen, unerfüllte Wünsche und Träume nachwirken und die Spuren des 89er Herbstes sich nicht für immer verwischen lassen."

Christa Luft

Zwischen WEnde und Ende

Eindrücke, Erlebnisse,
Erfahrungen eines Mitglieds
der Modrow-Regierung

Aufbau Taschenbuch Verlag

Fotonachweis

Für das Foto auf Seite 6 danken wir Manfred Hahn, für das Foto auf Seite 184 der Kanzlei der nordrhein-westfälischen Landesregierung, für das Foto auf Seite 218 Jens Hübner („Für Dich"), für das Foto auf Seite 113 COLOR-PRESS Alfred Hennig; die Fotos auf den Seiten 27, 46, 72, 103, 140, 156, 172 stellte das Bildarchiv von ADN, Berlin, zur Verfügung.

ISBN 3-7466-0055-3

2. Auflage 1992
© Aufbau Taschenbuch Verlag Berlin
Reihengestaltung Sabine Müller,
FAB Verlag, Berlin
Einbandgestaltung Sabine Müller,
FAB Verlag, Berlin
Druck Elsnerdruck, Berlin
Printed in Germany

Inhaltsverzeichnis

Prof. Dr. Christa Luft

Gib mir die Gelassenheit,
Dinge hinzunehmen,
die ich nicht ändern kann;
gib mir den Mut,
Dinge zu ändern, die ich ändern kann,
und gib mir die Weisheit,
das eine vom andern zu unterscheiden!

Altes Pilgergebet

Selbstverständnis

Bei einem Empfang gegen Ende meiner Amtszeit fragte mich der nordrhein-westfälische Ministerpräsident Johannes Rau nach meinen weiteren Plänen. Auf die Erwiderung, ich wolle unter anderem ein Buch über Erlebnisse und Erfahrungen meines Intermezzos auf der politischen Bühne schreiben, meinte er verschmitzt zu den Umstehenden: „Oh, wie wir uns darin wohl alle wiederfinden werden!?"

In der Tat hatte er den Finger auf der richtigen Stelle. Mir schwebte durchaus keine nüchterne Chronik von Ereignissen vor. Mir ging es auch nicht um einen möglichst lückenlosen, trockenen Bericht über Geschehnisse, an denen ich beteiligt gewesen war. Absehen wollte ich ebenfalls von einer streng wissenschaftlichen Bilanz meiner wirtschaftsreformerischen Tätigkeit. Das Anliegen bestand vielmehr darin, Hintergründe und Umstände für Tun und Lassen von Personen aus meiner Umgebung zu beleuchten. Meine eigenen Handlungsmotive sollten erhellt, menschliche Konflikte gezeigt und die physischen Anstrengungen sowie die psychischen Belastungen deutlich werden, denen – so wie ich – die meisten Regierungsmitglieder ausgesetzt waren.

Mit meinen Erinnerungen wollte ich mancher Legendenbildung entgegenwirken, Klischees abbauen, interessante Details festhalten, Weggefährten aus der ehemaligen DDR nach individuellem Erleben schildern. Ich wollte auch an jene in der früheren BRD erinnern, die mir und anderen Mitgliedern der Modrow-Regierung in

9

einem der bewegtesten Abschnitte deutscher Geschichte loyale Verhandlungs- bzw. Gesprächspartner waren. Wiedererkennen sollten sich alle Deutschen, die Würde, aufrechten Gang und Selbstachtung im Einigungsprozeß kleinkariertem parteipolitischem Gezänk, Anbiederung und letztlich der Kapitulation vorzogen.

Für die Zeit vom 18. November 1989 bis zum 18. März 1990 gibt mein Personalbogen unter der Rubrik „Ausgeübte Tätigkeiten" nun für alle Zukunft an: Stellvertretender Vorsitzender des Ministerrates für Wirtschaft. Hätte mir das noch wenige Tage zuvor jemand vorausgesagt, ich hätte das glatt als Ulk abgetan. Jetzt muß ich leben mit all dem Für und Wider, das dem Modrow-Kabinett anhaftet, mit allem auch, was ihm zu Recht oder zu Unrecht angelastet wird.

Beim Blättern in Zeitungen jener Monate, beim Lesen in Briefen stoße ich auf die vielfältigen Beinamen der Mannschaft, der ich so unvorhergesehen angehörte. Für die einen galt sie bald nach der Wahl schlicht als „Übergangs-, Interims-, nicht legitimierte Regierung", als „Konkursverwalter" auch. Für viele war und blieb sie eine „Regierung zum Anfassen". Nicht wenige halten sie mit Blick auf die De-Maizière-Übergabe-Crew für „die letzte eigenständige Regierung der DDR". Scharfmacher beschimpften sie als eine „von der SED-Verbrecherbande geführte Institution". Für ein „Laienspiel" wie das Nachfolgekabinett hielt sie jedoch niemand. Das östliche wie das westliche Ausland sahen in ihr in jener Periode „die alleinige Autorität im Lande, die einzige funktionierende Instanz". Sie selbst verstand sich als eine „Regierung des Volkes und der Arbeit", als eine „Regierung der nationalen Verantwortung". Das ist und bleibt auch meine Sicht.

Den historischen Platz der Regierung Modrow innerhalb der Zeitspanne von der politischen Wende in der

10

DDR im Herbst 1989 bis zu ihrem Anschluß an die BRD am 3. Oktober 1990 ausgewogen und gerecht zu bewerten, ist es zu früh. Dieses Urteil wird einst die Geschichte sprechen müssen. Auch aus dem Erleben einer unmittelbar Beteiligten können hierzu nur Mosaiksteine zusammengetragen werden.

Zwei Dinge allerdings kann ihr als bleibendes Verdienst auf dem Wege zur deutschen Einheit niemand streitig machen:

Mit ihrem politischen Credo der Konsenssuche, der Gewaltfreiheit, des Strebens nach Demokratisierung und Stabilität hat die Modrow-Regierung zum einen das nach der Grenzöffnung am 9. November oft drohende Chaos verhindern können. Blutige Zusammenstöße zwischen Sicherheitskräften und Zivilisten, bürgerkriegsähnliche Situationen gar, hochschwappende Emotionen und Gewalttätigkeiten im Zusammenleben zwischen DDR-Bürgern und sowjetischen Soldaten, Terroranschläge oder bedrohliche Versorgungsengpässe hätten zu Abschottungsreaktionen zwingen können, an denen niemand gelegen war. Innenpolitische Unsicherheit, Zuspitzungen und Verhärtungen führen immer zu eingeschränktem außenpolitischen Handlungsspielraum. Das Klima in Europa, aber auch das Zusammenwachsen der beiden deutschen Staaten wären ernsthaft belastet worden.

Zum anderen hat die erste „Nach-Wende-Regierung" mit ihrem Bekenntnis zur sozialen und ökologisch orientierten Marktwirtschaft diese neue Wirtschaftsordnung in der DDR-Öffentlichkeit, vor den Augen und Ohren breiter Bevölkerungskreise überhaupt erst „hoffähig" gemacht. Der bei ihrem Amtsantritt sich noch auf Hochtouren befindliche planwirtschaftliche, besser: administrativ zentralistische Zug wurde soweit abgebremst, daß der spätere Aufprall auf das marktwirtschaftliche Gleis

11

nicht noch mehr Opfer fordern mußte. Die schmerzhafte und langwierige geistige Abnabelung vom alten und die mentale Hinwendung zur Philosophie des neuen Wirtschaftstyps hat ohne Zweifel in der Zeit des Modrow-Kabinetts begonnen. Damit wurden entscheidende Weichen für eine wirtschaftliche Kopplung der beiden deutschen Staaten gestellt.

An diesen Leistungen wird eine unvoreingenommene Geschichtsschreibung nicht vorbeikommen. Alle Kritik wegen angeblicher Zögerlichkeit und Halbherzigkeit ist gemessen daran kleinlich und wird verblassen. Dieser Mannschaft pauschal Untätigkeit und Reformunfähigkeit vorzuwerfen ist schlechtweg überheblich und falsch. Voreilige Urteile dieser Art haben sich wohl auch mit dem Blick auf das spätere Geschehen von selbst erledigt.

Es ist ein ungeschriebenes Gesetz, daß eine neue Regierung einhundert Tage Schonzeit genießt. Das Modrow-Kabinett war nur wenig länger im Amt. Von Schonung oder großzügiger Rücksichtnahme konnte keine Rede sein. Wir haben Dinge auf den Weg gebracht, wofür anderswo Jahre gebraucht wurden und werden. Es war für alle Beteiligten eine unendlich schwere, aber zugleich unvergeßliche Zeit. Für mich war es die größte Herausforderung meines Lebens.

Persönlich nehme ich in Anspruch, es in allem, was ich sagte und tat, ehrlich gemeint zu haben. Das gilt für das notwendige prinzipielle Umpolen der DDR-Wirtschaft ebenso wie im Hinblick auf die erstrebenswerte staatliche Einheit Deutschlands. Aber beides wollte ich nicht mittels Crash-Kurs. Wichtiger als ein parteipolitischer Triumph mußten die tatsächlichen Konsequenzen für die Menschen sein. Was nützen kurzfristige Siege, wenn die Langzeitfolgen nicht beachtet werden? Mein Rat war also, zur Marktwirtschaft und zur Vereinigung Deutschlands unter allen in Frage kommenden Wegen

12

den mit den geringstmöglichen sozialen Härten zu wählen. Ein solcher Weg hätte über eine Vertragsgemeinschaft und eine Konföderation in wenigen Jahren ebenfalls zum Ziel führen können. Die Opfer aber wären gewiß geringer gewesen. Und hätte es unserer Nation zum Nachteil gereicht, wenn sich Millionen ihrer Angehörigen aus der ehemaligen DDR als gleichwertige, selbstbewußte Bürger in einen neuen deutschen Staat hätten einbringen können, anstatt abgestempelt und vielfach ausgegrenzt zu werden? Auch wären wir vermutlich gleich in einem wirtschaftlich vereinigten Europa angekommen und nicht nur in der alten Bundesrepublik Deutschland.

Immer wieder werde ich an Konfuzius erinnert, der sagte:

Der Mensch hat dreierlei Wege, klug zu handeln:
1. Durch Nachdenken – das ist der edelste,
2. durch Nachahmen – das ist der leichteste, und
3. durch Erfahrung – das ist der bitterste Weg!

Ich glaube, letzterer ist unser Schicksal!

Natürlich haben durch die inzwischen entstandene weltpolitische Lage und insbesondere durch die zugespitzten Konflikte zwischen den verschiedenen widerstreitenden Kräften innerhalb der Sowjetunion alle diejenigen Oberwasser bekommen, die der Vereinigung Deutschlands zu einem späteren Zeitpunkt die Chancen absprachen. Eine solche Annahme gehört jedoch erstens wohl in das Reich der Spekulation. Zweitens ist der innenpolitische Zwist in der UdSSR zwischen Hardlinern und Reformern mit den Konditionen, zu denen die deutsche Frage gelöst wurde, nicht gemildert worden. Eine wirtschaftlich boomende Bundesrepublik hat eine geschwächte Sowjetunion in einem günstigen Augenblick zu einem Ja-Wort bewegen können. Dem Einheitsgebot des Grundgesetzes ist nun Genüge getan. Fragen und Reaktionen sowjetischer Menschen werden bleiben. Mich hat der Kommentar eines polnischen Journalisten tief berührt, der kurz vor dem 3. Oktober 1990 konstatierte:

„Die Sowjetunion hat im Kriege gesiegt und im Frieden verloren." Uns Deutschen muß es ein inneres Bedürfnis bleiben, die hieraus erwachsenden Gefühle der vielen leidgeprüften Nationalitäten und Völkerschaften dieses Staates zu achten. Taten und Verhaltensweisen die uns, Europa und der Welt von Nutzen sind, sollten daraus erwachsen.

Wenngleich der Zeitraum zwischen November und März im Mittelpunkt dieser Erinnerungen steht, so wird nicht auf persönlich gehaltene Rück- und Vorblenden verzichtet. Der Blick auf die Vergangenheit, auf die DDR-Verhältnisse vor dem 9. November, konzentriert sich auf meine eigene Befindlichkeit darin. Sie dürfte aber wohl auf nicht wenige andere ehemalige DDR-Bürger zutreffen. Dieser Blick zurück soll weder von Zorn, Resignation, Nostalgie oder gar Trauer getrübt noch von Selbstgerechtigkeit verfälscht sein. Es ist nicht die Sicht eines Beobachters von einem gefahrlosen Hochsitz aus. Ich war dabei und war betroffen. Ich habe etwas geleistet und auch geirrt, ich habe einiges bewirkt und auch manches versäumt.

Zu einem in Mode gekommenen oberflächlichen oder reumütigen Schuldbekenntnis sehe ich für mich keine Veranlassung. Wohl aber will ich Rechenschaft geben. Jawohl, das System, in dem ich aufgewachsen bin, in dem ich gelebt und gearbeitet habe, ist gescheitert. Das ist für Menschen meiner Generation, mehr noch für die Älteren und auch manchen Jüngeren, schmerzlich. Ein anerzogenes Wertesystem, die eigene langjährige Erfah-

14

rungswelt scheint plötzlich hinfällig. Man fragt sich zwangsläufig: War es ein Leben umsonst? Ich persönlich verneine das energisch. Dabei weiß ich sehr gut, daß es noch geraume Zeit Bestrebungen geben wird, den Ossis den Ball der Minderwertigkeit, der Zweitklassigkeit zuzuwerfen. Aber müssen sie ihn aufnehmen? Obwohl über vieles empört und enttäuscht, widerspreche ich entschieden allen pauschalen, einseitigen Urteilen über das Phänomen „40 Jahre DDR". Sie war nicht nur das „SED-Unrechtsregime", auf das sie heute mancher gern reduziert sehen möchte. Sie war für 16 Millionen Menschen Heimat, auch meine Heimat. Und die habe ich nie als bloßes Herrschaftsterrain einer Partei und deren Blockfreunde empfunden. Ich habe sie auch zu keiner Zeit lediglich mit den Machenschaften des SED-Politbüros und seines eilfertigen Klüngels auf den nachfolgenden Ebenen in Verbindung gebracht. Heimat war mehr: die eigene Kindheit, die Jugendzeit, Studium, Beruf, Familie, Freunde, Bekannte, Kollegen. In ihr gab es Erfolge und auch Niederlagen, Freude und Ärger, Gutes und Böses, Unerträgliches und Aufbewahrenswertes.

Bei allem, was dem Staat DDR an Defiziten und an Uniformität anhaftete und sich z. B. auch in den Medien widerspiegelte, völlig ausgelöscht waren Individualität, Kreativität und Widerspruchsgeist nicht. Bei allem, was zum Beispiel die Wirtschaft an Ineffizienz und unübersehbaren Krankheitssymptomen aufwies, durchgängig „marode", „desolat" oder „malade" war sie nicht. Bei aller Strenge von Anleitungs-, Kontroll- und Überwachungssystemen – Spielräume für eigene Handschriften hat es gegeben. Hatte es letztlich nicht ein Leiter – wie übrigens auch jeder andere – selbst mit in der Hand, ob in seinem Umfeld Toleranz oder Gesinnungsterror walteten? Er konnte Öl ins Feuer gießen oder einen Löschteppich auslegen, konnte manches übersehen, abschirmen, abbiegen, bagatellisieren, herunterspielen, auf seine Kappe nehmen oder aber strammstehen, blind gehorchen, aufbauschen, weitermelden, denunzieren. Auch in der DDR gab es nirgendwo einen Richter ohne Kläger! Man konnte skrupellos sein des eigenen Vorteils wegen oder sein Gewissen und sein Gesicht bewahren. Was mich betrifft, so habe ich nicht devot getan, was und wie es vorgegeben war. Ich habe so gehandelt, wie ich es vor mir selbst verantworten konnte. Zum Glück hatte ich meist Vorgesetzte, die sich auch den Blick für das Wesentliche bewahrten, nie zu bloßen Apparatschiks herabsanken, sondern denkende und fühlende Menschen blieben. Das traf auch auf die meisten Kollegen in meiner unmittelbaren Umgebung zu. Und dann hatte ich zwei Söhne mit einer unverfälschten Sicht auf den Alltag.

Meine Kaderakte weist weder einen Ausreiseantrag noch die Notiz über eine Inhaftierung oder eine sonstige Maßregelung aus. Aber zeugt das von blindem Gehorsam und totalem Angepaßtsein? Ich habe in all den Jahren und Jahrzehnten meinen kritischen Geist bewahrt, Freiräume genutzt oder mir geschaffen. Als Direktorin der Sektion Außenwirtschaft und als Rektorin der Hochschule für Ökonomie habe ich meine wissenschaftsleitende Tätigkeit stets als schöpferische Aufgabe begriffen und ausgefüllt und mich um eigenes theoretisches Profil bemüht. Denken kam vor Glauben. Natürlich findet sich unter meinen Publikationen auch die eine oder andere, die ich mit dem Wissenshorizont und dem Erfahrungsschatz von heute nicht mehr mit Vergnügen lese. Das Recht auf Irrtum und Selbstkorrektur steht jedoch jedem zu. Außerdem hat die strenge Zensur immer ihre Spuren hinterlassen. Das betraf nicht nur, aber besonders die Außenwirtschaftslehrbücher, an denen ich beteiligt war. Dennoch dürfte wohl die Mehrzahl meiner Arbeiten weder von Simplifizierungen gekennzeichnet noch von

16

ideologischen Leitsätzen dominiert oder gar apologetisch angelegt gewesen sein. Meinem Naturell entsprach nie Euphorie, sondern mehr das Bemühen um differenziertes, rationales, ausgewogenes Herangehen. Aber ich weiß sehr wohl, wieviel Kraft und Courage es kostete, daß Wissenschaft nicht zur Magd der Macht verkam. Sind die Gefahren gebannt, daß sie zur Magd des Marktes wird?

Erbärmlich finde ich es, wenn Leute, die aus reiner Bequemlichkeit früher Verantwortungsübernahme scheuten oder aus fachlichen Gründen dafür nicht in Frage kamen, sich heute für Regimeopfer ausgeben. Unwürdig ist es ebenso, wenn Außenstehende sich anschicken, vierzig Jahre Arbeit von DDR-Bürgern verächtlich zu machen, zu verunglimpfen, und alles, aber auch alles am eigenen Maßstab messen. Ist es nicht so, daß die Menschen der DDR und der osteuropäischen Länder an einem welthistorischen Experiment beteiligt waren? Sie haben sich das nicht ausgesucht. Durch die Ergebnisse des zweiten Weltkrieges, für die sie persönlich keine Verantwortung trugen, waren sie ungefragt hineingezogen. Die Menschheit ist jetzt um die Erfahrung reicher, daß die Höherentwicklung der Zivilisation auf dem vom realen Sozialismus eingeschlagenen Weg nicht zum Ziele führt. Wen soll man für diese Erfahrung strafen? Haben nicht viele westliche Politiker durch ihre Haltungen und Handlungen die Sterbensdauer des kranken Systems verlängert?

Und unsere bisherige Werteskala!? Von neuen Horizonten aus betrachtet wird noch deutlicher, daß sie einseitig war. Rechtfertigt das aber, sie pauschal für abwegig, abnorm und nichtig zu halten? Wem kann solche Demoralisierung und Demütigung nutzen? Der Reiz materieller Werte ist unbestritten. Die Möglichkeit, durch Arbeit zu persönlichem Besitz zu kommen, sich Wünsche

17

erfüllen zu können, ist ein wesentlicher Stimulus menschlichen Handelns. Reise- und Informationsfreiheit sind Bildungs- und Produktivitätsfaktoren. In all diesen Dingen hatte der reale Sozialismus ein entscheidendes, ein auf Dauer unerträgliches Manko. Sind deshalb aber Werte unbrauchbar oder überflüssig geworden, die ein Leben hervorbringt, das stark von anderen Idealen geprägt ist: Kinderfreundlichkeit, Kulturförderung, soziale Gerechtigkeit, Chancengleichheit, unabhängig vom sozialen Status und vom Geschlecht?

Falsch oder unnütz waren und sind diese Werte nicht, wenngleich manche sich unter den gegebenen Umständen als nicht oder nicht voll realisierbar erwiesen. Auch machen sie allein noch nicht das Leben aus.

Aufgezeichnet habe ich diese Erinnerungen im Herbst 1990. Einige Monate nach der Währungsunion waren ins Land gegangen und die staatliche Einheit Deutschlands bereits hergestellt. Die D-Mark regierte über Hände und Hirne vieler Bürger in der ehemaligen DDR. Über zwei Millionen Menschen hatten keine Beschäftigung oder arbeiteten kurz, und dennoch wuchs das Selbstwertgefühl vieler mit der Automarke. „Abwicklung", „Warteschleife" und „Seilschaften" waren die meistgebrauchten Begriffe. Die geistes-, sozial- und wirtschaftswissenschaftlichen Bereiche der Universitäten und Hochschulen in den neuen Bundesländern wurden ausgegrenzt, medizinische Einrichtungen geschlossen, Theater, Kinos, Museen, Sinfonie-Orchester, Verlage, Zeitungen, ja sogar der Berliner Tierpark waren vom „Aus" bedroht. Westmanager wurden en gros importiert. Ein „Laden" war über Nacht zum „Shop", das „Äußere" zum „Outfit" geworden.

Die neuen Bundesbürger versuchten, hinter die Verästelungen des künftigen Steuersystems zu steigen. Sie

18

mußten sich auf drastische Miet- und Tariferhöhungen gefaßt machen und sich für eine der vielen neuen Krankenversicherungen entscheiden. Die Kriminalität nahm zu, die ersten Obdachlosen bevölkerten den Leipziger Hauptbahnhof, Suppenküchen und Wärmestuben kamen auf. Hunderttausende wurden Sozialhilfeempfänger und Antragsteller für Wohngeld. Sechsstellig zu beziffernde unfreiwillige Vorruheständler fühlten sich zum alten Eisen geworfen. Es gab keine Familie, die nicht von den einschneidenden Veränderungen betroffen war. Frust kam auf. Ich persönlich war nicht frei davon.

Dennoch sollen diese Reflexionen ohne alle Bitterkeit, ohne Groll und schon gar nicht aus der Schmollecke geschrieben sein. Aber auch Frohlocken und Schadenfreude darüber, daß vieles so eintraf, wie vorausgesagt, sollten keinen Platz haben. Ich möchte ganz einfach meine Eindrücke, Erlebnisse und Erfahrungen schildern aus einem in Regierungsverantwortung miterlebten, nicht wiederholbaren Abschnitt deutscher Geschichte zwischen politischer Wende in der DDR und ihrem Ende als Staatsgebilde. Dieser Abschnitt war von Hoffen und Bangen, von hohen Erwartungen und mancherlei Zweifeln geprägt. Er war kurz und von unbeschreiblicher Dynamik. Noch lange wird er die Gemüter beschäftigen, weil Visionen, unerfüllte Wünsche und Träume nachwirken und die Spuren des 89er Herbstes sich nicht für immer verwischen lassen. Eine wahrhaft demokratische Gesellschaft muß nach vorn offen sein.

Viele Fragen wurden und werden an mich gestellt. Noch immer sprechen mich Menschen unterschiedlicher Altersgruppen spontan auf der Straße an. Man möchte Antwort auf große und kleine Dinge haben, wissen, wie ich in den Strudel hineingeraten bin, warum manches so und nicht anders entschieden wurde und wie ich heute über das eine und das andere denke. Ich lade den Leser zum Gedankenaustausch ein. Aus ganz persönlicher Sicht und möglichst kurzweilig will ich Auskunft geben über Alltägliches und manch Außergewöhnliches in dieser Zeit. Skurriles, Makabres, Peinliches, Schmerzliches, Verletzendes soll ebenso zur Sprache kommen wie Angenehmes, Freundliches, Heiteres und Besinnliches.

Der Anruf

Am Nachmittag des 14. November 1989 läutete im Rektorat der Hochschule für Ökonomie Berlin das Telefon. Der Kaderdirektor des Ministerrates wünschte mit der Rektorin verbunden zu werden. Er bestellte einen Gruß von Hans Modrow und dessen Absicht, sich mit mir – wenn möglich – am Mittwoch, dem 15. November, 17.00 Uhr, im Gästehaus an der Spree zu treffen.

Ein Blick in den Terminkalender, und einer Zusage stand nichts im Wege.

Der Hörer war schon wieder aufgelegt, als mir auffiel: Warum hat der Personalchef angerufen und nicht eine Sekretärin? Diese Frage verdrängte ich aber sofort.

Warum als Treffpunkt das Gästehaus? Das deutete doch wohl auf einen inoffiziellen Charakter der Sache hin. Diese Auslegung war mir sympathisch.

Weshalb sich überhaupt den Kopf um solche Details zerbrechen? War das Entscheidende denn nicht, daß sich erstmals in der vierzigjährigen Geschichte der DDR ein frisch gewählter Ministerpräsident umgehend an die größte wirtschaftswissenschaftliche Einrichtung des Landes wandte? War dies ein Signal dafür, daß die Wissenschaft in Wirtschaftspolitik und -praxis endlich einen anderen Rang erhalten sollte? Bislang hatte die Hochschule für Ökonomie nicht gerade zu den Lieblingskindern der Obrigkeit gehört. Daran ändern auch alle ihr mitunter verliehenen Attribute wie „Kaderschmiede" und „rotes Kloster" nichts. Es waren nur wenige Minister und eine Handvoll Funktionäre des Parteiapparates,

21

die sich an einer Kooperation interessiert zeigten. Der Hauptgrund dafür war sicher, daß die Karlshorster Hochschule keine Partei-, sondern eine staatliche Einrichtung war, nicht aus den internen Informationskanälen versorgt wurde und auch nicht dazu vergattert werden konnte, auf die Ökonomie nur eine, nämlich die verordnete Sicht zu haben.

Rein äußerlich zeigte sich diese Stiefkindrolle der Hochschule jahrzehntelang in ihren vom Verfall bedrohten Gemäuern und z. B. auch darin, daß sie es – im Unterschied zu anderen wissenschaftlichen Einrichtungen – nie zu einem Vaterländischen Verdienstorden in Gold oder gar höheren Auszeichnungen gebracht hatte.

Wie auf einem Film festgehalten, rollten vor meinem geistigen Auge noch einmal die Ereignisse der letzten Tage und Wochen ab.

Da war jene Tagung des Wissenschaftlichen Rates der damaligen Sektion Marxismus-Leninismus. Auf dem Programm standen Inhalt und Struktur der künftigen Lehre. Als Rektorin war ich zu der Veranstaltung eingeladen. Der äußere Rahmen der Zusammenkunft war wie gewohnt, aber im Saal knisterte es irgendwie.

Die ersten Redner plädierten – je nach Weitblick und Zivilcourage – für mehr oder weniger starke Einschnitte in die Ausbildung. Manche kritisierten auch nur die bisherige Lehrmethodik. Schließlich meldete sich der bei den Studenten sehr beliebte und in Fachkreisen geschätzte Philosophie-Professor Söder zu Wort. „Kollegen", flehte er fast, „was hat es für einen Sinn, wenn wir uns hier darüber streiten, wie wir im kommenden Herbst die ML-Ausbildung gestalten wollen, und es zu der Zeit die DDR vielleicht gar nicht mehr gibt?"

Es folgten seine Reflexionen darüber, daß die greise Partei- und Staatsführung das Ruder schon längst nicht mehr in der Hand hielte und das Schiff DDR ohne Steu-

22

ermann ziellos dahintreibe. Sein abschließender Appell lautete: „Laßt uns unverzüglich ein Telegramm an die Regierung senden mit der Aufforderung, sie solle sofort zurücktreten und den Platz einer verjüngten Koalitions-regierung überlassen, in der Vertreter aller Parteien und auch kompetente Parteilose tätig sind."

Die Mehrzahl der Anwesenden applaudierte spontan. Einige wenige nahmen den Faden der vorangegangenen Diskussion wieder auf, ohne sich zu dem Vorschlag zu bekennen. Offen meldete aber niemand Bedenken an. Nun hatte also auch an dieser Sektion die Unruhe über-handgenommen. In den meisten anderen Sektionen und Instituten rumorte es ohnehin schon eine ganze Weile. Jetzt sollte man nicht mehr länger warten und mit sei-nem Protest an die Öffentlichkeit treten. Ich schlug vor, die Tagung kurz zu unterbrechen, damit wir alle im Hause anwesenden Mitglieder des Wissenschaftlichen Rates der Hochschule rasch zu einem Meeting zusam-menrufen und mit Professor Söders Appell bekannt ma-chen könnten. Fände er Zustimmung, würden wir ein entsprechendes Telegramm im Namen unserer Einrich-tung absenden.

So geschah es dann, und bereits ab Mittag des 7. No-vember verkündeten die Rundfunkstationen der DDR: „Die Hochschule für Ökonomie fordert den Rücktritt der Regierung."

Einige, denen die Natur kein besonders starkes Kreuz mitgegeben hat, tuschelten auf den Gängen: „Na, ob das wohl gut geht?"

Die Studentenschaft war, soweit man das einschätzen konnte, richtig ein bißchen stolz darauf, den Namen ih-rer Alma mater in solchem Zusammenhang zu hören.

Sollte dieses Dokument Modrows Berater auf die HfÖ-Spur gebracht haben?

Doch da war noch ein zweites Papier. Am Tag nach

seiner Wahl zum Vorsitzenden des Ministerrates, also am 13. November, hatte ich Hans Modrow im Namen des Hochschulkollektivs gratuliert und ihm angeboten, in Wirtschaftsfragen beratend zur Verfügung zu stehen. Zum Zeichen, daß dies keine leeren Worte waren, legte ich die vierzehn Studien bei, die bis zum Sommer entstanden waren und die geistigen Vorlauf für eine dringend notwendige Wirtschaftsreform enthielten.

Wenn dies der Grund des Treffens ist, so ging es mir durch den Kopf, dann ist der Mann aber fix.

Erste Begegnung

Kurz vor 17.00 Uhr hielt der stahlblaue Hochschul-Lada vor dem Gästehaus. Ich verabschiedete mich von Herrn Postler, unserem Chauffeur. Vom Märkischen Museum konnte ich bequem per U-Bahn nach Hause fahren. Im Foyer wurde mir bedeutet, Hans Modrow sei noch mitten in einem Gespräch, ich möge mich etwas gedulden. Mir kam diese Pause nach vierstündigem Kolloquium nicht ungelegen.

Gegen 17.30 Uhr verließ Manfred Gerlach, der damalige LDPD-Vorsitzende, das Haus. Er hatte vor Wochen mit dem Ausspruch „Widerrede ist nicht Widerstand" Aufmerksamkeit erregt. Gerlach war in Begleitung weiterer Herren. Vermutlich hatte es Koalitionsverhandlungen gegeben. Und dann kam Hans Modrow die Treppe herunter und direkt auf mich zu, mit offenem Blick, wie ich ihn von Fotos kannte, und wiegendem Gang, den später jemand mit dem eines Seemannes vergleichen sollte. Von Entschuldigung für den Verzug war die Rede und daß wir nur eine Stunde Zeit hätten, weil dann bereits die Nächsten bestellt seien.

Im ersten Stock des Gästehauses hatte er eine Art Hauptquartier aufgeschlagen, weil ihm sein Amtsvorgänger das Terrain in der Klosterstraße noch nicht überlassen wollte. In einer Klarsichtmappe entdeckte ich auf dem Tisch tatsächlich meinen Brief.

Hans Modrow bemerkte, worauf mein Blick fiel, und kam ohne Umschweife zur Sache: „Ja, ja, um die Hilfe der Hochschule für Ökonomie geht es mir und konkret um deine Mitarbeit. Du sollst in der Regierung meine Stellvertreterin werden, und zwar für den Bereich Wirtschaft." Zwei weitere, mir damals nicht viel sagende Namen von Männern wurden genannt, die ebenfalls Verantwortung als Stellvertretende Vorsitzende des Ministerrates übernehmen sollten: für örtliche Staatsorgane Dr. Peter Moreth, Vorsitzender des Bezirksverbandes Magdeburg der LDPD, und für Kirchenfragen Lothar de Maizière, seit November 1989 Vorsitzender der CDU.

In der Annahme, es handele sich um einen Scherz, gab ich lächelnd zurück: „Danke, daß du mir das zutraust!" Und ernst werdend, fügte ich hinzu: „Dafür brauchst du gerade jetzt doch wohl jemand direkt aus der Wirtschaft, aus einem Kombinat einen geeigneten Generaldirektor."

„Das ist nicht mein Problem", meinte Modrow. „Die Wirtschaft kenne ich selbst ganz gut. Außerdem wollen wir die zentralistischen Eingriffe nicht fortsetzen und keine althergebrachten Feldgottesdienste mit den Generaldirektoren der Kombinate und Außenhandelsbetriebe abhalten. Mir geht es vielmehr um einen Mitstreiter, der mit einem entsprechend hohen Rang in der Regierung das Wirtschaftsreformkonzept ausarbeitet, und dazu hast du das Hinterland."

Tatsächlich hatte ich mehrfach öffentlich gefordert, die Wissenschaft müsse in Wirtschaftspolitik und Wirtschaftspraxis einen anderen als den bisher untergeordneten Platz einnehmen. Nun wurde ich beim Wort genommen.

„Aber mir fehlt jede Erfahrung aus dem Staatsapparat."

„Das ist ja gerade dein Vorteil. Du kannst alles unvoreingenommen, mit eigenen Augen sehen."

Jetzt war klar, es war ein ernstgemeintes Vorhaben. Neuer Einwand: „Mein Amt an der Hochschule übe ich

26

Christa Luft und Hans Modrow in der Volkskammer

gerade ein Jahr aus. Es macht mir Freude, und ich habe das Gefühl, daß ich bei Mitarbeitern und Studenten auf Resonanz stoße, daß ich dort etwas auf den Weg bringen kann."

Antwort: „Ich brauche auch niemand, der keine Lücke hinterläßt. Außerdem, du wirst nicht lange wegbleiben müssen, bis zum Sommer vielleicht, mehr Zeit wird man uns nicht geben."

Das war ein Hinweis auf die neue politische Landschaft, die mit den für Mai 1990 vorgesehenen Volkskammerwahlen zu erwarten stand.

Dieser Mann, den ich vorher nicht persönlich kannte und der in historischer Zeit höchste Verantwortung übernommen hatte, der psychisch stark genug war, als Hoffnungsträger vieler DDR-Bürger aus allen Schichten ins Rennen zu gehen, dieser Mann wurde mir von Satz zu Satz sympathischer, war mir menschlich nah wie ein

27

guter alter Bekannter. Da war keine Routine, keine Phrase, da wurde weder ein Parteiauftrag ins Spiel gebracht noch mit Vergünstigungen gelockt. Nicht einmal das Gehalt kam zur Sprache. (Übrigens sollte es dann mit dreitausend Mark der DDR – ohne Aufwandsentschädigung – niedriger sein als das eines länger gedienten Hochschulprofessors.) Ich schwankte zwischen: Diesem Mann kann man keinen Korb geben und – was er mit dir vorhat, ist für dich zwei Nummern zu groß.

Nochmaliges Ausholen: „Das kann ich meinen beiden Jungs nicht antun, eine Mutter zu haben, die ständig im Blickpunkt der Öffentlichkeit steht."

Verständnis beim Gegenüber und das frappierende Angebot: „Ich rede mit den beiden."

Schließlich ich: „Mein Mann ist auf Dienstreise in Moskau. Ich kann mich nicht einmal zu Hause beraten; gib mir bis morgen abend Bedenkzeit."

Antwort: „Dein Mann wird das bestimmt einsehen und dich unterstützen. Er ist doch auch Wirtschaftsprofessor. Und außerdem, ich brauche dein Ja jetzt. In wenigen Minuten geht die Koalitionsrunde weiter. Dann und natürlich in der Regierungserklärung übermorgen vor der Volkskammer muß die Ministerratsmannschaft namentlich vorgestellt werden."

Offenbar habe ich damals nicht ganz laut „Nein" gesagt, und das wurde dann für „Ja" genommen.

Das Gespräch dauerte knapp sechzig Minuten, und erst nachträglich kam mir zu Bewußtsein: Ins komplizierteste Amt deines Lebens bist du auf die umkomplizierteste Art und Weise gelangt. Kein detaillierter Fragebogen war auszufüllen. Kein ausführlicher Lebenslauf einzureichen. Das Kadergespräch, wenn es denn diesen Beinamen verdient, zeichnete kein Protokollant auf. Niemand stellte, wie sonst, die Frage: „Hat es spezielle Gründe, daß Ihre Kinder nicht in der Partei sind?" Kei-

28

ner nahm Anstoß daran, daß in meinen Akten ein Parteihochschulbesuch fehlte. Weder ein Partei- noch ein Gewerkschaftsfunktionär war zugegen, wie das normalerweise zum Ritual eines Einstellungsgesprächs gehörte. Und ich bin sicher: Jeder anwesende Dritte hätte den Funken, der von Modrow ausging, erstickt, und das Treffen wäre anders ausgegangen.

Als gewissen Überfall sollte ich das „Schnellverfahren" im nachhinein insofern empfinden, als ich keine Chance mehr hatte, auf die Regierungserklärung Einfluß zu nehmen. Nicht, daß es Einwände prinzipieller Natur gewesen wären. Aber auch Akzente sind wichtig, zumal in einer derart zwielichtigen Zeit. Schwerer wog noch, daß es zwischen Chef und späterem Vize keinen Meinungsaustausch über die Struktur des Ministerrates und die personelle Komposition der Regierungsmannschaft gegeben hatte. All dies war den hektischen Umständen und dem unerhörten Zeitdruck geschuldet, sollte sich jedoch nicht auszahlen.

Hätte ich damals die ganze Heimtücke des Erbes geahnt, das da anzutreten war, ich hätte auch einem Hans Modrow die kalte Schulter gezeigt.

Später habe ich mich oft gefragt, was wohl die eigentlichen Motive derer gewesen waren, die mich für dieses schwierige Amt empfohlen bzw. meiner Kandidatur zugestimmt haben. War es der politisch unbescholtene Mensch Christa Luft? War es die energische Frau mit Durchsetzungsvermögen? Die Wissenschaftlerin, deren Reformabsichten nicht verborgen geblieben waren? Jemand, dem man zutraute, in der Öffentlichkeit Sympathien zu erringen? War es die heimliche Lust, eine Unbequeme auf einen Schleudersitz zu bringen? Oder war es vielleicht all dieses zusammen als schönes Feigenblatt für jene, die meinten, hinter den Kulissen weiter die Fäden in der Hand halten zu können?

Eine Absicht, mich nutzen zu wollen, um das alte Wirtschafts- und Gesellschaftssystem nur zu reparieren und zu stabilisieren, ihm neuen Atem einzuhauchen, wäre absurd gewesen. Aber kann man sie im Einzelfall ausschließen?

Hans Modrow selbst habe ich nur lautere Absichten unterstellt. Er suchte jemand, der mit ihm Elemente der Perestroika für die DDR nutzbar machte.

Delegiert mich bloß nicht zum Parteitag!

Im Mai 1990 hatte er zum 12. Male stattfinden sollen, der SED-Parteitag. Extra um ein Jahr vorverlegt, damit die greise Führungsgarde ihn erlebte und – wie sie wohl annahm – auch überlebte. Gewöhnlich wurden die Rektoren der Universitäten und Hochschulen zu dieser Show delegiert.

So schien das auch auf mich zuzukommen, die ich am 28. Oktober 1988 das Amt des Rektors der Hochschule für Ökonomie in Berlin-Karlshorst übernommen hatte. Das war für mich eine bedrückende Aussicht. Nie war ich ein Freund ritualisierter Massenkundgebungen, kulthafter Jubelveranstaltungen, fahnenschwenkender Aufmärsche und aufgerissener Münder gewesen.

Welche beschwörenden Formeln würden von dort wieder ausgehen! Und ich sollte ein Zentralkomitee wählen, das zu einer tiefgreifenden Kurskorrektur nicht willens oder nicht fähig war?

Es wäre unredlich, behaupten zu wollen, ich wäre schon immer ein heimlicher Widersacher des Systems, gar ein offener Regimegegner gewesen, wie das später mancher von sich entdeckt hat. Man soll seine Biographie im nachhinein nicht umschreiben. Ich war überzeugt davon, daß die sozialistische Idee edel ist. Als Theorie und Praxis immer offensichtlicher auseinanderklafften, trennte ich deutlich zwischen den Zielen, die mir wichtig blieben, und der entwürdigenden, entmündigenden Art und Weise ihrer Umsetzung, wie sie eingerissen war. Ich differenzierte zwischen der selbstherrlichen

Führung der Partei und den vielen ehrlichen, anständigen Menschen in ihren Reihen.

Dazu nutzte ich alle Spielräume, die auch das alte System bot. Es gab nicht nur die Alternative: entweder Ausreiseantrag oder Kuschen und totale Anpassung. Dazwischen lag ein breites Spektrum von Verhaltensweisen im Arbeits- und Privatleben, so daß man die Achtung vor sich selbst nicht verlieren mußte.

Unbescheiden ist es wohl nicht, wenn ich behaupte, daß dort, wo ich leitend tätig war, Vernunft, Realitätssinn, Ausgewogenheit und gegenseitige Achtung dominierten. Hektik, Euphorie, Katzbuckeln gegenüber den einen und Treten gegenüber den anderen oder persönliche Diskriminierungen hatten hingegen keine Chance. Bewußt suchte ich den engen Kontakt zu Menschen, die sich nicht scheuten, zu widersprechen und auch mal unbequem zu sein. Das bewahrte am sichersten davor, in eingefahrenen Gleisen zu verharren oder sich unrealistischen Zielen zu verschreiben.

Ein positives Echo fanden nach meinem Eindruck die steten Bemühungen um freundliche zwischenmenschliche Beziehungen. Mein Motto war: „Laßt uns im Kleinen so arbeiten und miteinander umgehen, wie wir es uns im Großen wünschten." Ein solches Arbeitsklima hat gewiß vielen die gesellschaftliche Umwelt erträglicher gemacht.

Oft hat mir wie anderen Ironie als Ventil geholfen, und mancher politische Witz diente im vertrauten Kreis zum Abreagieren.

Bei der Übernahme von Leitungsaufgaben an der Hochschule war für mich nicht Wohlwollen der Politobrigkeit ausschlaggebend, sondern Resonanz im Lehrkörper und unter den Studenten. Und die war nach meinem Gefühl – wahrscheinlich gerade, weil ich nicht zur Konformität neigte, sondern auf Neues, Zukünftiges aus war –

32

überwiegend groß. Als ein Beispiel dafür, wie Mitte der 80er Jahre bereits das vorweggenommen wurde, was nach der Wende zum Normalfall werden konnte, mag das auf meine Initiative und mein hartnäckiges Drängen eingerichtete einjährige Teilstudium von Studenten der Hochschule für Ökonomie an der Wirtschaftsuniversität Wien gelten. Dieses Projekt durchzusetzen erforderte starke Nerven und langen Atem gegenüber den vielen Bedenkenträgern.

Es konnte auch gerettet werden, als vom dritten „Durchgang" ein Student nicht wieder in die Heimat zurückkehrte.

Mit zu meinen ersten Amtshandlungen als Rektorin gehörte es, die immer noch geltenden, anachronistischen Zugangsbeschränkungen zur Westliteratur im Zeitschriftenlesesaal der Hochschule für Mitarbeiter und Studenten aufzuheben. Dieser Alleingang der Hochschulleitung galt damals als sensationell und gewagt. Ganz unberechtigt schien eine solche Empfindung durchaus nicht. Vom Ministerium für Hoch- und Fachschulwesen war nach dem Verbot des sowjetischen Magazins „Sputnik" Anfang November 1988 und der zornigen Reaktion der Studenten sowie großer Teile des Lehrkörpers darauf folgende Mahnung herausgegeben worden: Bis zum XII. Parteitag darf an den Universitäten und Hochschulen nichts der Führung Mißfallendes mehr passieren, sonst ist die Intelligenz als Sündenbock „Mode".

Die Furcht davor und eine die Realitäten offensichtlich ignorierende Lageeinschätzung waren es wohl, die einen Stellvertretenden Minister noch am 2. Oktober 1989 in der Dienstberatung mit den Rektoren empört sagen ließ: „Einige Genossen Hochschullehrer haben während der Einführungsveranstaltungen zum neuen Studienjahr das Wort ‚Klassenstandpunkt' nicht mehr über die Lippen gebracht und statt dessen von ‚subjektiver Befindlichkeit' gesprochen."

Für mehrere Angehörige der Hochschule, die aus mir nicht bekannten und für mich unerfindlichen Gründen nie den Status eines Reisekaders erlangten, beantragte ich beim Ministerium für Hoch- und Fachschulwesen schließlich mit Erfolg wenigstens einmalige Dienstreisen in das sogenannte nichtsozialistische Wirtschaftsgebiet, wozu damals z. B. auch Jugoslawien zählte.

Die inzwischen obligatorische Ausschreibung von freien Lehrstühlen und Dozenturen war von mir bereits angeregt und für die Hochschule für Ökonomie praktiziert worden. Leider waren es damals oft Wohnungsfragen, die die Zufuhr frischen Blutes von außen begrenzten.

Begonnen wurde unter meinem Rektorat mit der Einführung eines Studienmodells, das weniger Pflicht- und mehr Wahlelemente enthielt. Für den Besuch einer Vorlesung sollte die Kompetenz und die methodisch-didaktische Befähigung sowie die persönliche Ausstrahlung des Dozenten und nicht der obligatorische Anwesenheitsnachweis ausschlaggebend sein.

Dies alles war freilich – gemessen an dem, was eigentlich not tat – ein Tropfen auf den heißen Stein. Und ich nenne das auch nicht, um mich nachträglich in ein günstiges Licht zu setzen. Aber es muß wahr bleiben, was wahr ist. Die Wahrheit lautet, daß das Neue Denken bei vielen von uns bereits begonnen und zu ersten sichtbaren, Studenten und Mitarbeiter ermutigenden Ergebnissen geführt hatte, lange bevor es mit der Wende offiziell verlangt, gefordert, ja mitunter verordnet wurde. Nur, daß man damals riskierte, sich Beulen zu holen, wenn man nicht „normgerecht" handelte.

Besonders im Jahr vor der Wende, zwischen Herbst 1988 und Herbst 1989, bin ich oft bis an den Rand des in

34

der Öffentlichkeit Möglichen und manchmal auch darüber hinausgegangen. Meine Amtskollegen begannen Wetten abzuschließen, wann sie wohl wieder nach Karlshorst müßten zur Investitur eines neuen Rektors. In Erinnerung ist mir auch noch die „gutgemeinte" Warnung: „Wenn du noch lange so keß redest, bekommt die Hochschule (sie wurde nun endlich rekonstruiert) nicht nur ein neues Dach, sondern auch noch einen hohen Zaun drumherum."

Grund für solcherlei Fingerzeige war mein heftiges Engagement für ungeschminkte Wirtschaftsanalysen, für die geistige Öffnung der Hochschulen, die Entideologisierung der Lehre in den gesellschaftswissenschaftlichen Fächern, für das Aufgreifen echter Zukunftsfragen der Menschheit.

In dieser Art war auch meine Antrittsrede als Rektorin angelegt, die – wie man mir nachher sagte – von den Studenten und Mitarbeitern der Hochschule für Ökonomie im voll besetzten Auditorium maximum mit starker innerer Anteilnahme und zustimmend aufgenommen wurde. Sie war ein Plädoyer für eine lebensverbundene, sich an den Zukunftsanforderungen bewährende Lehre und für die Befähigung der Studenten zum schöpferischen Denken und selbständigen Handeln. Wörtlich hieß es: „Nüchterne Analyse der Lage, Engagement und Begeisterung beim Aufspüren von Zukunftstrends, Absage an starre Verhaltensmuster ebenso wie an Modetorheiten, Kreativität, Bereitschaft zum gesunden Risiko und bei alledem das Wissen um die eigene hohe Verantwortung erweisen sich unter unseren Bedingungen als unersetzliche Berufseigenschaften der Gesellschaftswissenschaftler, aber auch der von ihnen aus- und weiterzubildenden Kader."

Mancher der Ehrengäste hatte bei der Rede zu schlukken. Einige der Geladenen kamen wohl auch zu dem

Schluß, daß man die Hochschule für Ökonomie im Auge behalten müsse.

Besonders aber mein Beitrag auf der alljährlichen Zentralen Rektorenkonferenz am 3. und 4. Juli 1989 an der Ingenieurhochschule Mittweida geriet fast zum Eklat. Als Neuling in dem Kreis nahm ich an, problemhafte Reden und nicht Paradestücke seien wenigstens bei dieser Gelegenheit bevorzugt. Ich stand in der Rednerliste sehr weit vorn und legte meine Gedanken dar zu notwendigen kardinalen Veränderungen in der wirtschaftswissenschaftlichen Lehre und Forschung an den Hochschulen, wenn die DDR sich den Zukunftsherausforderungen erfolgreich stellen wolle. Mein Beitrag setzte sich mit der bedrückenden Enttheoretisierung und der Überideologisierung der Ausbildung auseinander. Angesprochen wurden die gravierenden Mängel in der Statistik, Defizite in der Ausstattung mit moderner Technik, bürokratische Gutachterhürden bei Publikationen. Ausgespart blieb nicht die Feigenblattrolle, die manche Gesellschaftswissenschaftler für die politische Führung des Landes übernommen hatten.

Interessant war die Reaktion der Teilnehmer in der Pause. Einige Rektorenkollegen meinten, das sei wohltuend gewesen und hätte endlich mal gesagt werden müssen. Andere suchten in meiner Gegenwart lieber ein Gespräch zu unverfänglicheren Themen. Und ein von mir geschätzter Kollege aus Cottbus warnte mich: „Mädchen, sieh dich vor, daß du das nächste Mal nicht als letzte sprechen mußt!"

Das war eine Anspielung auf den wegen der „Sputnik"-Affäre im November 1988 bei den Oberen in Ungnade gefallenen Rektor der Verkehrshochschule Dresden. Ihm wurde ganz am Ende der Tagung Gelegenheit gegeben, nochmals öffentlich Reue zu zeigen und das Bild wieder „geradezurücken".

36

Bei der abendlichen gemeinsamen Dampferfahrt auf der Kriebstein-Talsperre erfuhr ich von dem bereits etwas angesäuselten wissenschaftlichen Mitarbeiter des Hochschulministers, mein Beitrag habe das Präsidium in der Mittagspause sehr beschäftigt. Und beim Rundgang durch die hohen Gemäuer der Burg Kriebstein meinte der Minister etwas ironisch zu mir: „Na, wie wär's denn, wenn wir die Hochschule hierher verlagerten, da wärt ihr etwas weiter ab vom Schuß."

Hätte es für die Rektorenmannschaft so etwas wie eine Koalitions- und eine Oppositionsbank gegeben, damals wäre ich von manchen Kollegen wohl auf letzterer plaziert worden. Um so größer war mein Erstaunen über deren wendigen Lagerwechsel nach dem Herbst 1989. Es gibt eben Menschen, die immer nur in Mehrheiten sein können.

Die „Wende" auf Reisen erlebt

Das, was als „Wende" in die Geschichtsannalen eingehen wird und was, im nachhinein betrachtet, zusammen mit der überstürzten, völlig unvorbereiteten Grenzöffnung am 9. November bereits das „Ende" der DDR als selbständiger Staat einleitete, habe ich unterwegs erlebt.

Vom 16. bis 18. Oktober 1989 fand im reizvollen Malente bei Lübeck ein internationales Symposium statt. Organisiert worden war es von der Dräger-Stiftung, einer nach ihrem Gründer benannten gemeinnützigen Stiftung, die sich der Förderung wissenschaftlicher Forschungsarbeit und der Unterstützung kultureller und sozialer Maßnahmen verpflichtet fühlt.

Das Symposium stand unter dem Thema: „Auf dem Weg zu verstärkten Ost-West-Wirtschaftsbeziehungen". Fünf Arbeitsgruppen tagten parallel. In der Gruppe, die vom Direktor des Deutschen Instituts für Wirtschaftsforschung Westberlin, Professor Lutz Hoffmann, geleitet wurde, waren außer mir als Referenten eingeladen: der Sekretär des Rates für Gegenseitige Wirtschaftshilfe, Professor Wjatscheslaw Sytschow, der Direktor des Internationalen Instituts für ökonomische Probleme des sozialistischen Weltsystems, der inzwischen leider verstorbene Professor Juri Schirjajew, und der Vorsitzende des Ost-Ausschusses der deutschen Wirtschaft, Dr. Otto Wolff von Amerongen.

Im Plenum sprach Bundeswirtschaftsminister Dr. Haussmann, mit dem ich – ohne es damals auch nur entfernt zu ahnen – acht Wochen später in Berlin das erste Mal offiziell zusammentreffen sollte. In der Abschlußsitzung trat Herr Dr. Christians, Mitglied des Aufsichtsrates der Deutschen Bank AG, mit einem brillanten Vortrag über seine Erfahrungen im Sowjetunion-Geschäft auf. Ihn hatte ich Mitte Januar 1990 als Visavis bei einem von der Industrie- und Handelskammer Düsseldorf gegebenen Abendessen.

Das Malente-Symposium war am 18. Oktober mittags zu Ende gegangen. Beim Verlassen des Hotelfoyers fing ich aus dem Lautsprecher die Schlagzeile der 14.30-Uhr-Nachrichten von den Geschehnissen in Berlin auf.

Das, was längst überfällig und so lange erwartet worden war, ein Wechsel an der Spitze des Staates und der Partei, nun war er also vollzogen. Dennoch konnte einen das Ereignis nicht froh stimmen. Mit Egon Krenz war weniger als eine halbherzige Lösung gelungen. Erstmals in der deutschen Geschichte hatte das Volk binnen weniger Wochen gewaltlos, allein mit friedlichem Protest und durch Massenflucht einen Machthaber vom Thron gestürzt. Aber es reichte nicht zu einem Kandidaten seiner Wahl. Die Herrschenden blieben einstweilen unter sich.

Tags darauf begann in Frankfurt/Main die Jahrestagung des Instituts für Ost-West-Sicherheitsstudien New York. Seit der Jahrestagung 1988 in Potsdam hatte ich regelmäßig Einladungen dieses Instituts erhalten. Die Eröffnungsveranstaltung fand in der geschichtsträchtigen Paulskirche statt. Bundesaußenminister Genscher begrüßte die Teilnehmer und gab einen kurzen Kommentar zu den DDR-Vorgängen vom Vortage. Ein Hauptakzent seiner Ansprache war die Erwartung, daß sich demokratische Verhältnisse entwickeln mögen und der Übersiedlerstrom zum Stehen komme.

In Frankfurt begegnete ich erneut Karsten Voigt, dem außenpolitischen Sprecher der SPD-Bundestagsfraktion.

Ihn hatte ich bereits in Potsdam als einen kontakt- und diskussionsfreudigen Abgeordneten kennengelernt. Zeitweilig saßen wir nebeneinander, und er ließ mich wissen, daß er, der Egon Krenz schon lange aus der Jugendarbeit kenne, von einer renommierten Zeitschrift das Angebot habe, über den neuen Machthaber in der DDR einen sehr persönlich gehaltenen Artikel zu schreiben. Gewandt mit der Zunge und mit der Feder, erledigte Voigt das während der Veranstaltung. Mit seinem vorsichtigen, aber insgesamt eher skeptischen Urteil sollte er recht behalten.

Als Land, das die vorangegangene Jahrestagung des amerikanischen Instituts ausgerichtet hatte, hätte die DDR normalerweise in Frankfurt durch ihren Außenminister vertreten sein müssen. Infolge der sich zu Hause zuspitzenden Ereignisse schien seine Abwesenheit jedoch nicht angeraten. Er beauftragte einen seiner Stellvertreter. Der war bestrebt, um gar keinen Preis einen Fauxpas zu machen oder ein Risiko einzugehen, und sprach in seinen Grußworten wie selbstverständlich von der „Wende". Er zitierte unerschrocken den neuen Generalsekretär aus dessen erster Rede, so wie er 36 Stunden vorher gewiß noch andächtig den inzwischen Gestürzten als Autoritätsbeweis herangezogen hätte. Das berührte alle Mitglieder der DDR-Delegation sehr peinlich.

Für die Art, wie die „Wende" von noch zur Obrigkeit gehörenden Funktionären reflektiert wurde, sollte ich Tage später in Berlin erneut ein makabres Beispiel erleben. Die Begebenheit, von der die Rede ist, trug sich am 23. Oktober zu und ist protokollarisch festgehalten.

Unter der Studentenschaft und im Lehrkörper unserer Hochschule hatte sich angesichts der Orientierungslosigkeit im Lande und der nach wie vor spürbaren Abstinenz der Partei- und Staatsführung gegenüber wissenschaftlichen Erkenntnissen allgemeiner Unmut breitgemacht.

40

Kurt Hager, der im Politbüro der SED auch für das Hochschulwesen zuständige Sekretär, war zu einem Gedankenaustausch eingeladen worden. Er erschien jedoch nicht persönlich, sondern entsandte den Leiter der Abteilung Wissenschaften im Zentralkomitee, Hannes Hörnig, einen Mann, ebenfalls schon jenseits der Siebzig. Der Satz, mit dem der Gast seine Diskussionsgrundlage begann, lautete wörtlich: „Eine Wende in der Arbeit ist angesagt." Von einem Riß zwischen Parteiführung und Parteimitgliedern war die Rede und davon, daß die Republik sich in einer politischen und ökonomischen Krise befinde. Das Wort „Krise" hatte – jedenfalls DDR-bezogen – bis dato auf der schwarzen Liste gestanden.

Der Redner plädierte für die führende Rolle der Partei, doch „mit allen und nicht gegen alle". Die Dreieinigkeit Partei – Staat – Gewerkschaft müsse anders gestaltet werden. Es käme darauf an, wieder zu agieren, nicht immer nur zu reagieren. Die lange Sprachlosigkeit des Politbüros sei eine Führungsschwäche gewesen. Lobhudelei, Katzbuckelei und Unterdrückung der Kritik hätten sich letztlich als verderbliche Praktiken erwiesen. Dann folgte die Aufforderung, wir sollten die internen Studien der Hochschule „einer breiten Öffentlichkeit" zugänglich machen.

Kein persönliches Wort, kein Wort zum eigenen Versagen oder wenigstens das Eingeständnis von Mitschuld.

Die anwesenden etwa 25 Professoren waren von der Leichtfertigkeit, auch Oberflächlichkeit verblüfft bis schockiert, mit der jemand, der die Verhältnisse hinter den Kulissen besser kennen mußte als wir, von „Wende" sprach. Das ging nicht unter die Haut. Das animierte niemand zu der notwendigen, wenn auch schmerzlichen Selbstrevision. Viel weniger konnte es ein großes Kollektiv zu einer Weichenstellung in die Zukunft stimulieren. Entsprechend scharf und eindeutig verlief die anschließende Debatte. Ich sprach als dritte und verschwieg nicht, daß ich die letzten Wochen und Monate, in denen Hunderttausende junger tatkräftiger Menschen die DDR verließen, als schmerzliche Niederlage für das Land, für die SED und für mich persönlich empfunden habe. In dem, was jetzt in eine Sackgasse geraten sei, steckten auch dreißig Arbeitsjahre von mir. Wie könnte ich mich da nicht angesprochen fühlen? Wie könnte ich mich distanziert verhalten und so tun, als wären es die Probleme anderer? Wie könnte man – so fragte ich den Gast – heute von einer „angesagten Wende" reden, wenn man bis gestern Stabilität und Kontinuität beschworen habe? Sei das schauspielerisches Talent, Beamtentum oder nur ganz einfach politischer Opportunismus?

Wie andere Kollegen auch, machte ich kein Geheimnis daraus, die letzten Jahre in einem immer unerträglicher werdenden inneren Zwiespalt gelebt zu haben. So sei man doch fast ein persönliches Risiko eingegangen, wenn man öffentlich und auch in den Vorlesungen von der sinkenden Exportrentabilität in das nichtsozialistische Wirtschaftsgebiet sprach, von der sich entwertenden Mark der DDR, von den wachsenden Auslandsschulden. Es sei ja bisher sogar wider die Vorschrift gewesen, Zahlen über die DDR zu verwenden, die nicht ihrem Statistischen Jahrbuch entstammten. Und um mit einer These oder Idee zu landen, die noch nicht auf einer Plenartagung der SED geäußert worden war, habe man sie zumindest in ein einigermaßen passendes Honecker-Zitat verpacken müssen. Schließlich stellte ich einige Mindestforderungen, die zunächst erfüllt werden müßten, wenn es mit einer Wende im Hochschulwesen ernst gemeint wäre. Erstens: Einzelne Wissenschaftler und Wissenschaftlergruppen sollten ständig in Beratungsgremien von Staats- und Wirtschaftsorganen tätig werden.

Zweitens: Wissenschaft brauche offene statistische Daten, Information sei ein Leistungsfaktor. Drittens: Die entmündigende Zensur für wirtschaftswissenschaftliche Literatur sei sofort abzuschaffen. Viertens: Die materielltechnische Ausstattung an den Hochschulen müsse entschieden verbessert werden. Fünftens: Die administrativen Eingriffe zentraler Organe in die Professoren- und Dozentenberufung, in die Personalpolitik der Hochschulen überhaupt, seien unverzüglich zu beenden.

Tage später hieß es, dies habe dem Gast, der übrigens der Debatte fast regungslos, aber mit aufsteigender Gesichtsröte folgte, wie eine Rücktrittsforderung geklungen.

Ich habe später öfter an diese Begebenheit denken müssen. Sie war symptomatisch dafür, wie schwer es reformerische Kräfte mit Gegnern und Bremsern prinzipieller Veränderungen im alten Machtapparat hatten.

Als Newcomer im Ministerrat

Auf dem ersten Gruppenfoto der neuen Regierungsmannschaft wäre ein Herr mit einem nicht ganz vorschriftsmäßigen hellen Sakko ins Auge gesprungen, hätte er sich nicht etwas im Hintergrund gehalten. Damit am 18. November 1989 – wie geplant – die Wahl des Ministerrates durch die Volkskammer erfolgen konnte, mußte der designierte Vorsitzende, Hans Modrow, nachts zuvor noch einmal Personalpolitik betreiben. Abgeordnete einiger Fraktionen hatten starke Bedenken gegen den vorgesehenen Kandidaten für das wichtige Bildungsressort geäußert.

Am Wahltag, morgens um 3.00 Uhr, war Prof. Dr. Dr. Hans-Heinz Emons, Vizepräsident der Akademie der Wissenschaften der DDR und vormals Rektor der Bergakademie Freiberg, als allseits akzeptierter Kandidat gewonnen. Von allen Neulingen im Ministerrat wies er mit knappen acht Stunden die absolut geringste „Einlaufkurve" auf. Nicht einmal sein dunkler Anzug konnte noch herangeschafft werden. Wir anderen hatten ihm, wenn man so will, 40 Stunden voraus in der geistigen Einstellung auf das größte Abenteuer unseres Lebens.

Der Wahl folgte die Vereidigung der Mitglieder des Ministerrates im wenige Schritte entfernten Staatsratsgebäude. Die Zeremonie nahm der neue Chef dieses Hauses, Egon Krenz, vor. Es hatte schon etwas Makabres an sich, vor diesem Mann einen Eid ablegen zu müssen. Die Rücktrittsaufforderungen an ihn, wegen Wahlmanipulation und der wohl bis heute nicht restlos aufgeklärten personellen Verantwortlichkeit für die Zusammenstöße zwischen Sicherheitskräften und Demonstranten Anfang Oktober 1989 in Leipzig und Berlin, wurden täglich lauter.

Mit versteinertem Gesicht stand er vor uns und verpflichtete jeden der einzeln Vortretenden per Handschlag, ohne aber auch nur geringfügig die Isolation verratende Physiognomie zu verändern. Beim anschließenden Fototermin sagte er plötzlich, an Hans Modrow gewandt, mit dem Blick auf mich: „Komm, wir nehmen die Frau in die Mitte", und forderte uns zum Gruppenfoto auf. Gerade dies hatte ich vermeiden wollen. So gab ich denn, wenngleich es sicher unhöflich wirkte, wenigstens dem Fotoreporter einen Korb, der um Wiederholung der Szene bat, weil er den Schnappschuß verpaßt hatte. Mit der Bemerkung, ich stünde nicht auf Dreierfotos, drehte ich mich weg.

Krenz war einer, aber bei weitem nicht der einzige aus der übriggebliebenen alten Führungsgarde, dem Mißtrauen entgegenschlug. Wenn man die Tonangebenden im Staatsrat und in der Volkskammer noch einmal vor dem geistigen Auge Revue passieren ließ, dann waren da zu viele, die wohl nicht fähig sein würden, aus den eingefahrenen Gleisen herauszufinden, selbst wenn man ihnen guten Willen unterstellte. Ein ermutigender Start für Leute mit Reformabsichten war das nicht.

Und nun das soeben vereidigte Kabinett, bestehend aus 28 Mitgliedern der fünf sogenannten „etablierten" oder „Altparteien". Die SED stellte 17 Minister, die LDPD vier. Die CDU war mit drei, die NDPD und die DBD mit je zwei Ressorts vertreten. Einen personell so gestrafften Ministerrat hatte die DDR nie zuvor gehabt. Die Zusammenlegung der ehemals acht Industrieministerien zu drei Ressorts und die Schaffung eines einheitlichen Bildungsministeriums aus früher drei zentralen

45

Das Kabinett Modrow

staatlichen Leitungsorganen waren zweifellos Schritte in die richtige Richtung. Dennoch blieb an diesem Tage für mich manche Frage offen.

Hätte es der ersten „Nachwende-Regierung" nicht gut zu Gesicht gestanden, wenn darin einige kompetente Parteilose gewesen wären? Dies beispielsweise hatte die Hochschule für Ökonomie in ihrem Telegramm ausdrücklich gefordert.

Stellte man sich nicht schon selbst ein Bein, indem unterschiedslos aus allen Parteien so viele altbekannte Gesichter in eine Truppe geholt wurden, von der doch fast alles neu anzufassen war?

Acht Kabinettsmitglieder hatten bereits der Stoph-Regierung angehört. Zwei waren langjährige Staatssekretäre und sechs stellvertretende Minister gewesen. Zwei neue Kabinettsmitglieder bekleideten bis zu ihrer Berufung andere hohe staatliche Ämter. An Qualifikation und Erfahrung, an Kompetenz mangelte es also nicht. Es war auch keineswegs verborgen geblieben, daß der eine und der andere mit dem verflossenen Regime schon mal seine Schwierigkeiten gehabt hatte. Aber mußte eine solche Zusammenballung langgedienter Staatsfunktionäre nicht allein von der Optik in der Bevölkerung – ob berechtigt oder unberechtigt – Skepsis und gar Mißtrauen aufkommen lassen? Konnte der Fakt, daß es sich zweifelsohne um Erfahrungsträger handelte, in den Augen der DDR-Bürger und auch über die Landesgrenzen hinweg ihre politische „Vorbelastung" kompensieren? Mußte es nicht Zweifel an der Reformwilligkeit und Reformfähigkeit der neuen Regierung nähren, wenn einige ihrer Mitglieder zum Teil jahrzehntelang der ehemaligen Volkskammer angehört hatten? Dieser lahmen Ente, die ein Verein von Ja-Sagern gewesen war und fast durchweg einstimmig votierte!

Zwei der Minister hatten es dort tatsächlich seit 1950,

also 39 Jahre, einer 28 Jahre „ausgehalten". Sie kamen übrigens nicht von der SED.

Es waren auch nicht nur einige SED-Minister, die in ihrer Partei lange Zeit hohe Funktionen ausgeübt und so politische Verantwortung für die Vergangenheit mitzutragen hatten. Alle elf Minister der Blockparteien waren in der Politik keine „heurigen Hasen". Sie hatten – mit wenigen Ausnahmen – zum Teil Jahrzehnte in den obersten Leitungsgremien ihrer Partei gewirkt.

Diese Fakten entnahm ich erst am 18. November den verteilten Kurzbiographien. Ein gutes Gefühl war es nicht, was einen da beschlich. War Hans Modrow klug beraten mit dieser Personalpolitik? Würde sie der zwar überhitzten, aber bedenkenswerten Volksstimmung gerecht werden, den Erneuerungswillen bis hin zu personellen Konsequenzen zu dokumentieren? Reichten ein paar neue Gesichter aus, darunter die von fünf Professoren aus der CDU, der LDPD und der SED? Alle diese Fragen beantworteten sich im Laufe der nächsten Wochen und Monate von selbst.

Maximal bis zur ersten Ministerratssitzung am 23. November, also bestenfalls drei Tage, hatte der Vorsitzende all jenen Zeit gegeben, die sozusagen im Handumdrehen zu einem Regierungsamt gekommen waren, ihre bisherige Arbeit abzuwickeln und zu übergeben.

Bei mir sah das so aus, daß ich die Amtsgeschäfte als Rektorin der HfÖ in die Hände des 1. Prorektors legte. Meine Gedanken zum weiteren Wandel in Lehre, Forschung und Leitung gab ich für einen zu wählenden Nachfolger zu Protokoll. Zu ordnen war auch meine im Herbstsemester laufende Vorlesungs- und Seminartätigkeit an der Sektion Außenwirtschaft. Meine besorgten Doktoranden beruhigte ich mit der Zusicherung, auch unter den neuen Bedingungen für sie da zu sein. Schwer

48

fiel mir der Abschied von dem gut eingespielten Rektoratsteam. Meine Kollegen ahnten, was auf mich zukommen würde, und ich wußte, was an Vertrautem ich hinter mir ließ.

Allen Mitarbeitern und Studenten sagte ich am 20. November mit folgendem Grußwort am Schwarzen Brett Valet: „Nach einjähriger Amtszeit als Rektorin der Hochschule für Ökonomie wurde ich am 18. November 1989 – überraschend für mich persönlich wie für uns alle – von der Volkskammer mit einer Aufgabe in der Koalitionsregierung der DDR betraut.

Diese Regierung – so heißt es in der Erklärung des Ministerpräsidenten – versteht sich als Regierung des Volkes und der Arbeit. Diesen Anspruch trage ich mit, und ihm fühle ich mich verpflichtet.

Meine Nominierung kann ich nur als hohe Wertschätzung für die jüngsten Leistungen der Hochschule für Ökonomie und die Integrität ihrer Wissenschaftler deuten. Ich bin überzeugt, daß dies in der bewegten Zeit auch den Studenten ökonomischer Fachrichtungen neuen Auftrieb und Zuversicht gibt und daß sie auf ihre Hochschule für Ökonomie ein bißchen stolz sind.

Meiner Aufgabe werde ich nur gerecht werden können, wenn mir das Kollektiv der Hochschule für Ökonomie als produktives Hinterland und ständiger Kraftquell eng verbunden bleibt. Meinerseits will ich tun, was ich vermag, um den guten Ruf meiner Alma mater zu festigen und zu mehren.

Ich danke allen, die mich auf so verschiedenen Gebieten ständig bereitwillig unterstützt haben. Ihnen wünsche ich weiterhin gutes Gelingen und viel Selbstvertrauen!"

Am Nachmittag des 21. November stieg ich die Treppe zu meinem künftigen Domizil hinauf. Es wurde in der

Tat so etwas wie eine Ersatzwohnstätte, die ich morgens um 7.30 Uhr betrat und abends selten vor 19.00 Uhr verließ, fast nie ohne eine dicke Mappe mit Papieren, die bis zum nächsten Tag noch durchzuarbeiten waren. Hätte mein Mann nicht wie gewohnt und gern den Einkauf besorgt, wir hätten mitunter abends nichts zu essen gehabt.

Erwartet wurde ich von Christina, einer zuverlässigen, freundlichen und stets adrett gekleideten Sekretärin. Sie, die lange Jahre für ein Politbüromitglied und Stellvertretenden Ministerpräsidenten in der Stoph-Regierung gearbeitet hatte, machte sich Sorgen, ob ich sie wohl übernehmen würde. Ich hatte dieser jungen Frau gegenüber keine Vorbehalte, was sich später als völlig berechtigt erwies.

Das mir zugewiesene Arbeitszimmer Nr. 408 war der frühere Sitz von Günther Kleiber. Ich erinnerte mich, in diesem Raum schon einmal zwei Stunden zugebracht zu haben. Kleiber war in der Stoph-Regierung für die RGW-Belange zuständig. Im Sommer 1988 lud er eine kleine Gruppe von Experten zu sich, um Ansichten zu den Perspektiven dieser Organisation zu hören. Nach meiner Kenntnis war er in der alten Führung einer der wenigen, die sich hin und wieder mit Wissenschaftlern berieten.

Damals nahm ich das „Outfit" des Zimmers allerdings nur flüchtig wahr. Es hatte – wie ich jetzt bemerkte – wenig gemein mit einem zweckmäßig eingerichteten Büro, sondern glich einer Mischung aus holzgetäfeltem Salon und Lampenladen. Es waren an die 25 Lichtquellen verschiedener Form und Größe, die den Raum erhellten. Die Zimmerdecke war überladen mit den gläsernen Kugeln, wie sie zum Bild des Palastes der Republik gehörten. Ich bat bald darum, diese monströse und pompöse Einrichtung abzubauen.

50

Leider blieb es nur die ersten Tage an der neuen Arbeitsstelle unbemerkt, daß ich von meiner im Stadtzentrum gelegenen Wohnung bis zur Klosterstraße 47 und zurück zu Fuß ging. Obwohl ich mich gegen den schwarzen Regierungs-Citroën zur Wehr setzte – er galt als Norm.

Mein Fahrer war ein begeisterter Züchter edler Katzen und auch sonst ein patenter junger Mann. Es gelang mir nur selten, wenn ich sonnabends oder sonntags zur Dienststelle mußte, ihn davon zu überzeugen, daß er wegen der paar Schritte nicht sein Wochenende unterbrechen sollte. Eine Bodyguard, wie sie in der späteren De-Maizière-Crew zur Normalität gehörte, hatte ich während meiner gesamten Zugehörigkeit zur Regierung nicht. Soweit ich weiß, traf das auch auf alle anderen im zivilen Bereich tätigen Minister zu. Selbst der Ministerpräsident mußte erst überredet werden, bis er sich schließlich in den letzten Wochen seiner Amtszeit mit einem Personenschutz umgab.

In der Regierungsmannschaft wurde ich – wie auch die anderen „Newcomer" – von der Mehrzahl der Alt- und länger Gedienten freundlich und kameradschaftlich aufgenommen. Man erhielt wichtige Tips in Alltagsfragen, Rat, wenn er gesucht wurde, Nachsicht auch, wo Lernprozesse nötig waren. Es gab durchaus etwas zum „Abgucken". Manch unkonventionelle Idee, manch nicht in ausgefahrenen Gleisen verharrender Vorschlag wurde von den „Profis" interessiert, bisweilen aber auch verhalten aufgenommen. Der Ministerpräsident war in der Regel für alles Neue sehr aufgeschlossen. Er ließ eine Anregung nicht so schnell unter den Tisch fallen.

Viel Zeit zum näheren Kennenlernen im Kollegenkreis blieb nicht. Dazu war die Alltagshektik zu stark, waren die Herausforderungen und täglichen Überraschungen zu groß. Sie beanspruchten einen total. Bedauerlich war allerdings, daß ich ausgerechnet zur Finanzministerin kaum persönlichen Zugang fand. Fachlich versiert, arbeitsam und strebsam, wie sie war, hätten wir auf einer gemeinsamen Wellenlänge sicher mehr bewegen können. Aber leider gewann ich schon in den ersten Ministerratstagungen den Eindruck, sie versuche sich mehr oder meist weniger verdeckt auf mich einzuschießen. Verklausuliert und in Variationen war da immer wieder von der Unerfahrenheit derer die Rede, die ihre Sporen nicht in Partei- und Staatsämtern erworben hätten, die aus der Wissenschaft kämen und angeblich die Praxis nicht kennten. Warum nur suchte sie ständig nach Gelegenheiten, mich öffentlich zu demütigen?

Im stillen dachte ich oft, daß diese energische Kollegin auch gut eine Führungsaufgabe in einem Regimentsstab lösen könnte, so zackig war ihr Auftreten. Nach jedem Redebeitrag im Ministerrat schloß sie mit der Bemerkung: „Ende der Ausführungen".

Gerade daß ich nicht aus dem „Apparat" kam, hat mir geholfen, den schwierigen Part zu übernehmen, der mir in der Regierung übertragen war. Ich konnte mit einer gewissen Unbefangenheit an die Dinge herangehen, auch mit der Gewißheit, für die konkrete Lage der Wirtschaft, für die geschönten Zahlen über ihre Entwicklung und für die Auslandsschulden nicht persönlich verantwortlich zu sein. Das unterschied meine Position im Ministerrat z. B. von der Gerhard Schürers, der fast vier Jahrzehnte in der Staatlichen Plankommission, darunter 25 Jahre als ihr Chef, gedient hatte. Im persönlichen Umgang machte er auf mich den Eindruck eines eher zurückhaltenden Menschen, der keiner Fliege etwas zuleide tun kann. Dennoch war er einer der wenigen gewesen, die sich – wenn auch sehr spät – endlich couragiert hatten, um im ehemaligen Politbüro der SED einmal gegen den Stachel des allgewaltigen Wirtschaftspapstes

52

Mittag zu löcken. Aber es war doch halbherzig geblieben und letztlich ohne Wirkung. Schürer selbst trug noch bei seinem Ausscheiden aus dem Ministerrat im Januar 1990 daran schwer.

Mein linker Nachbar auf der Regierungsbank war 121 Tage Lothar de Maizière, der spätere und letzte Ministerpräsident der DDR. Zuständig für Kirchenfragen, beschränkte er seine Mitarbeit jedoch keineswegs auf dieses Ressort. Als einer der drei Stellvertretenden Vorsitzenden des Ministerrates hatte er Mitverantwortung für das Gesamtgeschehen. Besonders seine juristischen Kenntnisse und Erfahrungen waren oft hilfreich.

Ich habe de Maizière als einen Humanisten und streitbaren Demokraten kennengelernt. Er war hartnäckig im Verfolgen von Zielen und hatte einen ausgeprägten Familiensinn. Während eines Pausengesprächs am Tage unserer Wahl mutmaßten wir besorgt über das Arbeitspensum, das da auf uns zukommen, und welche Belastung und Entbehrung das auch für den Ehegatten, die Kinder und Enkel bringen würde. Mein Gesprächspartner flocht trocken, beinahe zynisch ein, seine jüngste Tochter habe ihm bereits nach seiner Wahl zum CDU-Vorsitzenden fast unter Tränen ein Foto von sich zugesteckt mit der Bemerkung: „Damit du mich wenigstens hin und wieder siehst". Man merkte ihm seine innere Bewegung an.

Auch Lothar de Maizière konnte – wie es Politikern oft geht – in den Wirren des Alltags nicht alles von seinem anfänglichen Image bewahren. Und manchen aus seiner späteren Regierungsmannschaft ließ er – aus welchen Gründen auch immer – an einer zu langen Leine laufen.

Ende November bat de Maizière mich, ihn anstelle des verhinderten Ministerpräsidenten zu einem inoffiziellen Treffen mit Bundesinnenminister Wolfgang Schäuble zu begleiten. Die Zusammenkunft fand im Gebäude des CDU-Hauptvorstandes statt. Als wir erschienen, hatten sich bereits mehrere Personen in einem kleinen Zimmer mit dem Gast versammelt.

Schäubles Mission war es, sich an Ort und Stelle über die Ausreiseproblematik zu informieren. Auf seine Frage, was denn nach unserer Meinung die BRD-Regierung tun könne, um den Übersiedlerstrom zu stoppen, riet ich zu schneller Hilfe beim Ausbau der Infrastruktur, aber z. B. auch dazu, die finanziellen Anreize für Übersiedler zu streichen und Arbeitsplätze erst nach Wohnungsnachweis zu vermitteln. Das bedeute keine Diskriminierung der Thüringer oder Anhaltiner, die – sagen wir – nach Bayern kämen, sondern nur ihre Gleichstellung mit Arbeitsuchenden aus Schleswig-Holstein oder Niedersachsen.

Schäuble hörte in seiner besonnenen Art aufmerksam und geduldig zu. Er gab zu verstehen, daß dies theoretisch zwar eine Möglichkeit, praktisch aber grundgesetzwidrig sei.

Ein sehr kollegiales Verhältnis bestand im Kabinett zwischen den Ministern, die vor kurzem noch im Hochschulwesen tätig waren: Bruno Benthien, Minister für Tourismus, Peter-Klaus Budig, Minister für Wissenschaft und Technik, Hans-Heinz Emons, Minister für Bildung und Jugend, Klaus Thielmann, Minister für Gesundheits- und Sozialwesen.

Es sollte des Bildungsministers Hans-Heinz Emons Amtes sein, mich am 19. Januar 1990 als immer noch Rektorin der Hochschule für Ökonomie offiziell zu verabschieden. In seiner Laudatio hieß es: „Vielleicht ist manchem von Ihnen noch einiges aus der Antrittsrede von Frau Professor Luft in Erinnerung, die sie anläßlich ihrer Investitur am 28. Oktober 1988 hielt und die von vielen als programmatisch empfunden wurde. Den Schlüssel für

54

ihr Wirken als Rektor sah sie damals im Schaffen der atmosphärischen, motivierenden, konzeptionellen und organisatorischen Bedingungen für die konsequente Erhöhung der Praxiswirksamkeit unserer Tätigkeit in allen Bereichen auf der Grundlage einer soliden, zukunftsorientierten theoretischen Arbeit, in der Gewinnung des für die 90er Jahre und den Einstieg in das nächste Jahrtausend notwendigen Bildungsvorlaufs. Ein Jahr war wenig Zeit, um diesen Anspruch zu verwirklichen. Aber ebenso unbestreitbar ist, daß sie sich dieser Forderung mit großer Energie und hohem persönlichen Einsatz, mit Zielstrebigkeit und Kreativität stellte. Gerade das Weiterdenken, das Infragestellen des Bestehenden, das Aufspüren und Anregen neuer Ansätze in Ausbildung und Wissenschaftsentwicklung waren Wertzeichen ihres Rektorats. Damit wurde ein geistiges Klima befördert, das es erleichterte, sich auf die jetzt zu vollziehenden Veränderungen einzustellen."

Die Medien waren schnell darauf eingestiegen, wen Modrow als seine Stellvertreterin für Wirtschaftsfragen nominiert hatte. Noch am Abend des 17. November hatte ich gemeinsam mit Professor Mühlmann von der NDPD, damals stellvertretender Vorsitzender des Staatsrates, und Dr. Niggemeier, Mitglied des Präsidiums und Sekretär des Hauptvorstandes der CDU und später Chef der neuen Parlamentsverwaltung, eine erste Rundfunkgesprächsrunde in Adlershof zu bestreiten. Der Redakteur las einleitend ADN-Meldungen über das internationale Presseecho auf die Parlamentstagung vor. Der Tenor war: Sie gilt als nüchterne Wirtschaftsexpertin und nicht als Apparatschik.

Ich meine, dies und letztlich auch mein mecklenburgisches Naturell haben viel dazu beigetragen, daß ich die Zeit – gemessen an der Größe der Herausforderungen – mit relativ geringen Blessuren überstand.

Mecklenburgerin von Geburt und aus Überzeugung

„Mecklenburg" und „Meckern" werden zwar am Anfang gleich geschrieben, aber ganz anders ausgesprochen. Darauf hat die Gesellschaft für deutsche Sprache in Wiesbaden hingewiesen, als interessierte Bewohner der Bundesrepublik nach der richtigen Aussprache des neuen Bundeslandes fragten. Die Experten hoben hervor, daß die Aussprache als „eck" mit offenem und kurzem „e" zwar buchstabengetreu, aber nicht lautgerecht ist. Richtig sei vielmehr ein langes „e", Meeeklenburg gesprochen, weil hier das c ein Dehnungslaut sei.

Das heutige Mecklenburg war im Mittelniederdeutschen die Mikilinborg, die „große Burg". So wurde von den deutschen Siedlern des Mittelalters eine noch heute nachweisliche slawische Burg südlich von Wismar genannt.

Geboren 1938 in Krakow am See, habe ich am Fuße dieser Burg die ersten sieben Kindheitsjahre verbracht. Meine Vorfahren stammen ebenfalls aus dem Norden. Seit Generationen fließt in unseren Adern das etwas kühlere Blut. Vater war sogar ein „doppelter" Mecklenburger. Er kam in eben dem Dorf Mecklenburg zur Welt, das der erwähnten Burg unmittelbar den Namen verdankt. Dort stand auch schon die Wiege seiner Eltern. Mutters Geburtsurkunde ist in Thürkow bei Güstrow ausgestellt. Ihre Mutter stammte aus Malchin, ihr Vater aus dem holsteinschen Eutin. Meine Eltern waren praktische, fleißige, lebensverbundene Menschen. Nie haben sie sich vom Alltag unterkriegen lassen, obwohl es

56

Christa Luft mit ihren beiden Söhnen

für den Maschinenschlosser, der noch in mittleren Jahren seine Meisterprüfung ablegte, und für die gelernte Wirtschafterin, die sich zur Leiterin einer großen Schulküche qualifizierte, oft nicht leicht war.

Im Dorf Mecklenburg erlebte ich, siebenjährig, das Ende des zweiten Weltkrieges. Zu meinen Erinnerungen daran gehören das Sirenengeheul, das im Frühjahr 1945 unzählige Male Fliegeralarm anzeigte, und die Bombeneinschläge im nahe gelegenen Wismar. Nicht nur dem Flughafen und der Werft wurden tiefe Wunden geschlagen, sondern auch den drei großen Kirchen, so, als hätten sie sich versündigt.

Haften blieb in meinem Gedächtnis der nicht enden wollende Strom von Flüchtlingstrecks aus Ost- und Westpreußen, aus Pommern und Schlesien. An ihre

57

Planwagen wurde ich bei späteren Aufführungen der Brechtschen „Mutter Courage" immer wieder erinnert. Seit jenen Tagen waren mir die Namen der Städte Breslau, Posen, Allenstein, Elbing und vieler anderer im Ohr, aus denen plötzlich neue Spielgefährten auftauchten. Insgesamt zwei Millionen Umsiedler ergossen sich über den Landstrich zwischen Oder und Elbe; eine Million blieb, verdoppelte die ansässige Bevölkerung und brachte Elemente anderer Volkskultur und Mentalität mit.

Erinnerlich ist mir, daß wir unsere Wohnung in Minutenfrist zu verlassen hatten. Sie sollte zeitweilig Domizil der britischen Militärkommandantur werden. Seine goldene Uhr hatte mein gerade aus Dänemark zurückgekehrter Vater hinter dem Sims des hohen Wohnzimmerofens verborgen. Es hatte sich schon herumgesprochen, daß auch diese „Befreier" vieles gebrauchen konnten. Die Uhr wechselte dennoch – wie Radio, Fotoapparat und manches andere – schnell den Besitzer. Wir Kinder hingegen wurden von den „Tommis" freigebig mit Armeeschokolade und Cornedbeef bedacht.

1955 ging meine Zeit in Mecklenburg jäh zu Ende. Das Angebot, das Abitur mit erweitertem Russischunterricht abzulegen, führte mich für ein Jahr an die Arbeiter- und-Bauern-Fakultät nach Halle. Dort lernte ich die Sprache unserer „Freunde", wie es damals im Umgangsdeutsch hieß, nahezu perfekt, was mir später oft nützen sollte. Mein Kindheits- und Jugendtraum jedoch, Tierärztin zu werden, war ausgeträumt. Am kleinen Latinum fehlte mir dieses eine Jahr.

In Halle erlebte ich im Februar 1956 die Enthüllungen des XX. Parteitages der KPdSU über die Verbrechen Stalins. Ich weiß noch, wie betroffen, entsetzt, enttäuscht und ratlos wir waren. Seit der Zeit ist mir aber auch der Menschentyp bekannt, der dann ab Herbst 1989 als „Wendehals" in die politische Geschichte einging. Do-

58

zenten, die vor Wochen noch fast nur mit feuchten Augen über „Väterchen Stalin" sprachen, wollten nun plötzlich schon vorher alles gewußt haben, zeigten sich nicht überrascht und konnten alles erklären.

In den folgenden Wochen und Monaten wuchs in vielen von uns, so auch in mir, das Bedürfnis nach Kommunikation, nach Zusammengehörigkeit in einer Gruppe, auch nach Anlehnung. Und so gab ich nach Bedenkzeit einem schon etwas reiferen Kommilitonen, den ich als integeren Menschen sehr schätzte, eine positive Antwort auf seine Frage, ob ich nicht Mitglied der SED werden wolle. Meine Aufnahme als Kandidatin erfolgte im Juli 1956.

Wie wäre mein Leben wohl verlaufen, wenn die für die drei Nordbezirke zuständige Rostocker Kommission beim Aufnahmegespräch für die ABF damals anders entschieden hätte? Auf die bei solchen Anlässen in den 50er Jahren stereotype Frage nach der persönlichen Haltung zur Kirche antwortete ich, daß ich – wie uns an der Oberschule nahegelegt worden war – meinen Austritt erklärt hätte. Ich konnte mir jedoch, weil mir schon als jungem Menschen ein solch routinehaftes Gehabe zuwider war, nicht verkneifen zu sagen: „Es zieht mich aber hin und wieder in eine Kirche, weil ich gern Orgelmusik höre." Die Gesichter meiner Gegenüber zeigten Sprachlosigkeit. Bei der Bekanntgabe der Kommissionsentscheidung hieß es dann, meine Antwort wäre zwar sehr ungewöhnlich, aber wohl ehrlich gewesen.

Meinen lang gehegten ersten Berufswunsch konnte ich mir nun also plötzlich nicht erfüllen. Da ich aber auch eine Neigung zu Fremdsprachen und Interesse an internationalen Fragen hatte, fiel die Werbung der 1954 gegründeten Hochschule für Außenhandel in Berlin-Staaken bei mir auf fruchtbaren Boden.

59

Staaken – im Jahre 1273 erstmalig urkundlich erwähnt – gehörte schon damals zum Spandauer Benediktinerinnenkloster. Im Oktober 1920 kam der Ort zu Groß-Berlin und war Bestandteil des Spandauer Bezirks.

Am 30. August 1945 beschloß der Alliierte Kontrollrat einen Gebietsaustausch zwischen der sowjetisch besetzten Zone und dem britischen Sektor von Berlin. Der von den Engländern genutzte Militärflugplatz Gatow gehörte zunächst zum Territorium des „Ostens". Die Männer von der British Air Force wollten aber unumschränkte Herrscher auf ihrem Platze sein und boten deshalb der sowjetischen Administration einen Teil von Staaken als „Gegengeschenk" an. Das Geschäft wurde perfekt gemacht, aber der Vertrag existierte vorerst nur auf dem Papier. Erst später erhoben die DDR-Behörden endgültig Anspruch auf West-Staaken, das nun (politisch gesehen) Ost-Staaken wurde. In einer Nacht-und-Nebel-Aktion zwischen dem 31. Januar und dem 1. Februar 1951 wurde der Ortsteil von Westberlin abgetrennt, und als die Bewohner morgens aufwachten, waren sie DDR-Bürger.

Ich erwähne das hier nur, weil der etwa zehn Minuten von der Hochschule entfernt liegende S-Bahnhof Staaken seitdem zum Westteil der Stadt gehörte. Uns Studenten war seine Benutzung untersagt. Der nächstgelegene Bahnhof auf DDR-Gebiet war Albrechtshof, und der Anmarsch dorthin kostete mindestens das Dreifache an Zeit. Wie in allem Verbotenen, so lag natürlich auch hierin ein Reiz, zumal es eine Mauer noch nicht gab. Für das studentische Kabarett bot sich ebenfalls Stoff.

Ein selbständiger Studiengang „Außenhandel" oder später „Außenwirtschaft" war in den alten deutschen Bundesländern nicht verbreitet. Dort gehörte dieser Gegenstand zu den volks- bzw. betriebswirtschaftlichen

60

Studiengängen. Das entsprach den Gegebenheiten und Erfordernissen einer international offenen, tief in die weltweite Arbeitsteilung einbezogenen Wirtschaft wie der der BRD. Unter solchen Bedingungen muß jeder Volks- und Betriebswirt die Zusammenhänge beherrschen, die sich aus den Wechselbeziehungen zwischen Binnen- und Außenwirtschaft und insbesondere zwischen Produktion und Weltmarkt ergeben.

Anders in Ländern mit einer mehr oder weniger geschlossenen Volkswirtschaft, wie sie auch für die DDR typisch war. Das diesem Modell zugrunde liegende Außenhandelsmonopol des Staates hatte zur Folge, daß alle Export- und Importoperationen, daß im Grunde alle internationalen Wirtschaftsbeziehungen von selbständigen Außenhandels- oder Dienstleistungsfirmen durchgeführt wurden. Sie waren in der Regel von den Produktionsbetrieben separiert. Die hierfür ausgebildeten Spezialisten waren versiert im Umgang mit Zahlungskonditionen auf den internationalen Märkten, mit Modalitäten der Geschäftsfinanzierung, mit der Absicherung verschiedenster Arten von Risiken, mit der Preiskalkulation, mit Wechselkursschwankungen, mit internationalen Handelsusancen usw.

An der Hochschule für Außenhandel studierte ich zwei Jahre. 1958 erfolgte ihre Fusion mit der Hochschule für Ökonomie in Berlin-Karlshorst. Dort legte ich nach weiteren fünf Semestern im Dezember 1960 mein Examen als Diplomaußenhandelsökonom ab.

Es ist wohl diesem Außenhandelssujet zu verdanken, daß ich frühzeitig über den eigenen Gartenzaun zu schauen lernte, die Rolle des internationalen Vergleichs anstelle hausgemachter Maßstäbe zur Leistungsbewertung erkannte und den Weltmarkt als nicht zu überlistenden Scharfrichter begriff.

Mit der Aufnahme einer wissenschaftlichen Assistenz

61

in Berlin war mein Abschied von Mecklenburg besiegelt. Die räumliche Entfernung hat aber bis heute meine innere Verbundenheit mit dem mecklenburgischen Land und seinen Leuten nicht schwächen können. Dort ist und bleibt meine Heimat. Auch im Akzent habe ich sie nie verleugnet. Mecklenburg begeht 1995 seine 1000-Jahr-Feier und gibt sich inzwischen wieder mit der blau-gelb-roten Fahne zu erkennen.

Erst im Laufe der Zeit bin ich darauf gekommen, was den Mecklenburger, den „Fischkopp", ausmacht. In meinen Augen ist er sachlich und nüchtern, selten euphorisch in seinen Urteilen, mit Sinn für Realitäten ausgestattet, äußerlich ruhig auch in schwieriger Lage. Auf den Fremden wirkt er anfangs meist etwas kühl, zuweilen distanziert. Er kann stur sein im Verfolgen seiner Ziele. Im Wettstreit mit Leuten anderer deutscher Landstriche um den längsten und schnellsten Redefluß wird der Mecklenburger kaum als Sieger hervorgehen. Er hält nichts von oberflächlich geschlossenen Freundschaften, aber wen er seinen Freund nennt, der kann auf ihn bauen. Dies alles ist wohl die Regel, die von Ausnahmen bestätigt wird.

In der Wesensart ihrer Menschen haben Mecklenburg, das seit Oktober 1990 mit Vorpommern ein Bundesland bildet, und Schleswig-Holstein vieles gemeinsam. Wie viele Nordseetouristen, die das „Friesenlied" mitsingen, sind sich darüber klar, daß es in Pommern zu Hause ist? „Wo de Ostseewellen trecken an den Strand" – so dichtete Martha Müller-Grählert, in Barth bei Stralsund geboren, im fernen Asien, in Sehnsucht nach dem hohen Himmel und der dumpfen Brandung am Strand der Halbinsel Darß westlich von Rügen. Der Einfall eines Verlegers und das Drehbuch eines Erfolgsfilms der dreißiger Jahre vertauschten die Ostsee- mit den Nordseewellen. Doch der Grabstein der vergessenen Dichte-

62

rin kündet in Zingst bis heute: „Hier is mine Heimat, hier bün ick tau Hus!"

Diese Verwandtschaft im Geistigen ebenso wie die gleiche geographische Lage, die ähnliche Wirtschaftsstruktur und die gemeinsame Vergangenheit geben Plänen einer künftigen Vereinigung Schleswig-Holsteins (15 700 Quadratkilometer mit 2,5 Millionen Menschen) und Mecklenburg/Vorpommerns (25 000 Quadratkilometer mit 2 Millionen Menschen) zu einem Bundesland immer wieder neue Nahrung und eine solide Chance. Zunächst jedoch teilen sich in die deutsche Ostseeküste zwei Bundesländer, die es beide schwer haben werden, mit den anderen mitzuhalten: dünn besiedelte Gebiete in einer Randlage, fern den Ballungsräumen im Süden und Westen, landschaftlich reizvoll, doch in der Wirtschaftsstruktur nicht eben begünstigt. Ihr Zusammenschluß in einem Bundesland, das die ganze deutsche Ostseeküste von der dänischen bis zur polnischen Grenze einschließt, könnte eine neue Zukunft eröffnen.

„Wirtschaftsministerin" ohne Ministerium

„Waren Sie nicht in der Modrow-Regierung die Wirtschaftsministerin?" fragte mich noch im Sommer 1990 jemand an einer Autobahnraststätte auf dem Wege von Kopenhagen nach Gedser. Eilig holte er – ein freiberuflich tätiger dänischer Journalist – Papier und Stift für ein Interview zu den ersten Folgen der Währungsunion. Es erschien drei Wochen danach in einer der größten Tageszeitungen seines Landes.

In der Tat war ich innerhalb und außerhalb der DDR-Grenzen bald nach der Regierungsbildung die „Wirtschaftsministerin". Dabei sucht man im Strukturplan des damaligen Ministerrats ein solches Ressort vergeblich. Ein Ruhmesblatt für ein hochentwickeltes Industrieland war das auch bereits in der vorangegangenen Stoph-Regierung nicht. Immerhin war aber jetzt die Vielzahl ehemaliger Einzelressorts (z. B. für Glas- und keramische Industrie, für bezirksgeleitete Industrie, für chemische Industrie usw.) zu drei Industrieministerien zusammengefaßt worden. Zur Bildung lediglich eines für die Wirtschaft insgesamt verantwortlichen Ressorts hatte sich Hans Modrow noch nicht durchringen können. Das wäre aber sicher nur eine Frage der Zeit gewesen.

Meine Berufungsurkunde lautete: Stellvertretender Vorsitzender des Ministerrats für Wirtschaft – eine zugegeben etwas umständliche Amtsbezeichnung. Da war den Leuten das Kürzel „Wirtschaftsministerin" offenbar lieber, und mir war das auch nicht unangenehm. Am liebsten blieb mir allerdings die Anrede „Frau Professor". Aber was einem persönlich gefiel, darum ging es nicht.

Wenn ich Revue passieren lasse, was da in den 121 Tagen auf mich einstürmte, was mir abverlangt, ja letztlich auch zugemutet wurde, dann sind zwei Dinge markant: Das Spektrum meiner Aufgaben erwies sich weitaus breiter und vielfältiger als das, wofür ich eigentlich engagiert worden war. Mit dem Kopf widmete ich mich intensiv dem Reformkonzept und den Schritten zu seiner Umsetzung. Das sollte ja meine Hauptaufgabe sein. Aber andere Körperteile wurden nicht minder, vor allem jedoch extensiv, beansprucht. Eine Beratung, eine Verhandlung, eine Zusammenkunft jagte die andere. Oft ging es um brisante Tagesfragen, die einer Lösung bedurften. Das alles führte zu physischem Verschleiß. Außerdem barg die Verantwortung für ein Wirtschaftskonzept, das auf den Wechsel der Wirtschaftsordnung hinauslief, das Risiko von Vorwürfen und Angriffen seitens verschiedener Parteien und politischer Bewegungen in sich. Den einen schien ich zu links, den anderen galt ich als zu liberal. Man geriet zwischen Baum und Borke. Bei den in dieser Zeit alle Ministerkollegen berührenden Umbrüchen, Unsicherheiten und Unwägbarkeiten war das für mich eine zusätzliche psychische Last.

Immer wieder aufgerichtet hat mich, daß ich im Inland und über die Landesgrenzen hinweg bei Vertretern verschiedener politischer Richtungen als Fach„mann" geachtet und als Mensch geschätzt war. Als Minister in einer nicht legitimierten Regierung und als Mitglied einer ungeliebten Partei mußte aber auch ich die obligatorischen „Prügel" mitbeziehen.

Natürlich verband sich mit dem Titel „Wirtschaftsministerin" bei den Menschen die Annahme oder gar die Erwartung, daß man für alles zuständig sei, was mit Ökonomie zu tun habe: vom künftigen Energie- und

Umweltkonzept bis zu den Zollsätzen für die Einfuhr gebrauchter PKW, vom notwendigen Strukturwandel der Volkswirtschaft bis zu den Handelsspannen in den Gaststätten.

Täglich hieß es daher für mich bei der Fülle eingehender Post, einerseits Amtsanmaßung zu vermeiden, weil es da zuständige Ministerkollegen gab. Mit der eigenen Mannschaft, bestehend aus knapp mehr als zwanzig engagierten und fleißigen Männern und Frauen, die allesamt die vielen Wochen und Monate nicht auf die Uhr sahen, war ohnehin hauszuhalten. Andererseits sollte sich bei den Briefeschreibern nicht der aus Vorzeiten gut bekannte Eindruck wiederbeleben, daß da wegen Kompetenzstreits etwas auf die lange Bank geschoben werde.

Die erwähnte eigene Mannschaft gliederte sich in zwei „Teile": Eine Arbeitsgruppe Wirtschaftsreform war – wie es der Name sagt – für die Konzipierung des Wirtschaftsreformpakets einschließlich dazugehöriger Gesetzentwürfe verantwortlich. An ihrer Spitze stand Wolfram Krause (SED), der später eine leitende Tätigkeit in der Treuhandanstalt übernahm. Das andere Team, dem Staatssekretär Dr. Klaus-Christian Fischer von der NDPD vorstand, war vorwiegend mit laufenden Fragen der Wirtschaftsleitung befaßt. Fischer wurde später Leiter der Verbindungsstelle des Deutschen Industrie- und Handelstages in Berlin.

Ab Mitte Dezember nahm unter meiner Leitung ein sogenanntes Wirtschaftskabinett seine Tätigkeit auf, ein Gremium, in dem alle Wirtschaftsressorts bekleidenden Minister periodisch zusammenkamen. Gesetzentwürfe wurden beraten, Entscheidungen getroffen und Aufträge ausgelöst. Das galt auch noch zu der Zeit, als die Tage der Regierung bereits gezählt waren. Unser aller Devise lautete: In der Ökonomie kann – zumal in einer Zeit, da jeder Tag doppelt zählt – der Denkhorizont nicht beim

66

Wahltag enden. So wurden denn der neuen Regierung Papiere hinterlassen, die – teils in Varianten – langfristig angelegte Gedanken zur Energieversorgung auf dem DDR-Territorium, zum Umweltschutz, zur Verwertbarkeit der in die Mikroelektronik investierten Mittel und zur regionalen Wirtschaftsentwicklung enthielten.

Gebildet worden war ein Sachverständigenrat, bestehend aus kompetenten Wissenschaftlern verschiedener Einrichtungen der DDR, der gedanklichen Vorlauf für ein Strukturkonzept der Volkswirtschaft schaffen sollte. Gerade auf diesem Gebiet hatte es jahrzehntelang ein Defizit an strategischer Arbeit und ein bewußtes Fernhalten von ausgewiesenen Wissenschaftlern gegeben.

Ziemlicher Wirbel entstand im Vorfeld des außerordentlichen FDGB-Kongresses. Der Vorsitzende des Vorbereitungskomitees, Werner Peplowski, wandte sich öffentlich gegen den im „Neuen Deutschland" erschienenen Beitrag von Professor Vera Thiel: „Betriebsräte – eine wirksame Interessenvertretung von Kollektiven". Peplowski bezeichnete Aufrufe zur Bildung von Betriebsräten als direkte Konfrontation mit den Gewerkschaften. Er versicherte, der FDGB werde sich seine gesetzlich verbrieften Rechte nicht kampflos nehmen lassen. Dies war wohl auch eine indirekte Antwort an mich. Ich hatte Anfang Januar am Runden Tisch Gewerkschaften und Betriebsräte in einem Atemzug als Interessenvertreter der Arbeitnehmer genannt. Auf die erzürnte Nachfrage des dortigen FDGB-Vertreters, wem ich denn den Vorrang gäbe, antwortete ich: „Eine regierungsamtliche Aussage dazu kann ich nicht machen, und es gibt ja auch kein Entweder-Oder. Meine persönliche Meinung ist aber, daß der raschen Bildung funktionsfähiger Betriebsräte eine große Bedeutung zukommt."

Die Gewerkschaftszeitung „Tribüne" äußerte daraufhin ihr Unverständnis, daß ein Minister in einer so wichtigen Angelegenheit eine „persönliche Meinung" sagte. Dieselbe Zeitung kommentierte ein paar Tage später das von der Regierung vorgelegte Joint-venture-Gesetz als „gewerkschaftsfeindlich". Der Grund dafür war, wir hatten in den Text nicht das vom FDGB geforderte Veto-Recht, sondern lediglich ein Mitspracherecht beim Zustandekommen von Gemeinschaftsunternehmen aufgenommen.

Am 26. Januar waren darum Arbeitsministerin Hannelore Mensch und ich Gast des Vorbereitungskomitees des außerordentlichen Gewerkschaftskongresses. Die Atmosphäre war anfangs sehr gespannt. Das hinderte uns nicht daran, deutliche Worte zu sagen: Im Mittelpunkt stünde die Absicht der Regierung, auch mit Hilfe von Auslandskapital die Wirtschaft wieder in Gang zu setzen und Arbeitsplätze zu erhalten. Ausführlich erläuterten wir die in Vorbereitung befindlichen Regelungen zur Arbeitslosenunterstützung, zum Vorruhestand, zur Finanzierung von Umschulungsmaßnahmen, zur Einrichtung von Arbeitsämtern. Und wir richteten den dringenden Appell an die Gewerkschaftsfunktionäre, einer weiteren Destabilisierung der wirtschaftlichen Lage entgegenzuwirken.

Offenbar war unser Auftreten nicht ohne Eindruck geblieben. Werner Peplowski schrieb mir am nächsten Tag, das Vorbereitungskomitee stimme dem Wirtschaftsreformkonzept im Grundsatz zu und es würde von seiner Seite auf dem bevorstehenden Kongreß keine Anwürfe gegen die Regierung geben.

Eine aufregende Sache war auch der Streik der Berliner Müllfahrer. An einem Wintermorgen mußte ich auf dem Weg zum Dienst an einer langen, langen Kette orangefarbener Müllfahrzeuge vorbei. Sie waren fein säuberlich zwischen Ministerratsgebäude und Alexanderplatz aufgestellt und mit Spruchbändern versehen

68

worden. Ihre Fahrer und Schaffner standen vor der Klosterstraße 47 wie in einer großen Traube beisammen. Hans Modrow war an diesem Tage nicht in Berlin, und so empfing mich mein Kollege Dr. Moreth bereits mit dem Vorschlag, wir sollten beide zu den Streikenden gehen. Obwohl es andere Minister in der Regierung gab, die sich dieser Sache hätten annehmen können, ging ich ohne zu zögern mit. Es war schließlich Freitag, und die Berliner Bürger, aber auch die Krankenhäuser, die Kaufhallen und andere öffentliche Einrichtungen mußten wissen, wann sie von den schnell anwachsenden Müllbergen erlöst würden.

Die Männer, zumeist in Arbeitsmontur, redeten nicht lange um die Dinge herum. Sie hatten klare Ziele und waren entschlossen, sie durchzusetzen. Sie fühlten sich vom Magistrat verladen; die Verhandlungen mit der Kombinatsleitung waren in die Sackgasse geraten. Sie kannten Verdienst und Arbeitsbedingungen ihrer Westberliner Kollegen. Gefordert wurde die Entflechtung des Kombinats und die Bildung selbständiger Fuhrhöfe. Dafür hatten sie Modelle berechnet. Sie bestanden auf Lohnerhöhungen, besserer gesundheitlicher Betreuung und darauf, wieder den Status von öffentlich Bediensteten zuerkannt zu bekommen mit Pensionierungsregeln wie im Westteil der Stadt.

Ich wußte von anderen Begebenheiten, daß man eine so aufgebrachte Schar zunächst einmal durch geduldiges Zuhören sanfter stimmen kann. Mein Angebot, mit den Sprechern der vielhundertköpfigen Truppe in das Ministerratsgebäude hineinzugehen und dort weiterzuverhandeln, war sicher verblüffend, wurde aber angenommen. Wir wärmten uns zunächst bei einer Tasse Kaffee auf. Es waren an die 25 Männer, die mit uns beisammen saßen. Einer hatte einen Radiorecorder mit und bat darum, das Gespräch – sozusagen als Indiz – aufzeichnen zu dürfen. Dagegen gab es keine Einwände. Ich schlug vor, die Kassetten anschließend abschreiben zu lassen, damit in den verschiedenen betroffenen Ministerien sofort die Realisierbarkeit der Forderungen geprüft werden könne.

So geschah es denn. Am Sonnabendmorgen trafen wir uns erneut – diesmal in Anwesenheit der zuständigen Regierungsvertreter. Es kam zu einem für beide Seiten annehmbaren Kompromiß, und ab Montag wurde die Stadt wieder entsorgt.

Der Titel „Wirtschaftsministerin" verdeckte einen großen Teil der Verantwortung, die ich als Stellvertreterin des Regierungschefs auch wahrzunehmen hatte. Es gab Tage, an denen die Hälfte meiner Arbeitszeit mit Aufgaben angefüllt war, die ich anstelle des Ministerpräsidenten auszuüben hatte. Mir war es gleich in den ersten Tagen übertragen worden, Prof. Dr. Peter-Klaus Budig als neuen Minister für Wissenschaft und Technik (LDPD) in sein Amt einzuführen und seinen Vorgänger, Dr. Herbert Weiz, in die Pension zu verabschieden.

Ein solcher Akt sollte sich wiederholen, als Gerhard Schürer auf lange geäußerten eigenen Wunsch, aber auch auf vielfältiges Verlangen seinen Posten als Vorsitzender der Staatlichen Plankommission zur Verfügung stellte. Die Berufung von Prof. Dr. Karl Grünheid zum neuen Chef dieses großen Apparates wurde damit verbunden, diesen zu einem Wirtschaftskomitee umzuprofilieren und gleichzeitig mit dem Personalabbau zu beginnen.

Spätestens zu diesem Zeitpunkt wurde deutlich, wie unglücklich die Ressortkonstruktion im Ministerrat war. Wir hatten kein einheitliches Wirtschaftsministerium, aber ein Wirtschaftskomitee. Man hatte auch erwogen, mir diese Behörde zu unterstellen. Obwohl ich manch-

70

mal unter dem Druck der Ereignisse nicht „nein" sagen konnte, dies war für mich keine diskutable Variante.

Eines Tages erhielt ich den Auftrag, kurzfristig mit dem vormaligen Minister für bezirksgeleitete Industrie zu sprechen. Er war von der Kaderabteilung des Ministerrates für die freie Stelle des Vorsitzenden des Staatlichen Vertragsgerichts vorgeschlagen worden. Diese Funktion hatte er früher schon einmal ausgeübt. Als diese Absicht dort bekannt wurde, flatterten etliche Protestschreiben, darunter leider auch anonyme Briefe, auf meinen Tisch. Ich hatte weder die Kraft noch den Willen, die Dinge so lange aufklären zu lassen, bis eventuell alle Angriffspunkte und Verdachtsmomente gegenstandslos geworden wären. So entschloß ich mich, ihm in dem Gespräch nahezulegen, das Amt von sich aus nicht anzutreten. Ich fand es fair, daß er mir entgegenkam und selbst die Konsequenzen zog.

Zu Gesprächen zu empfangen hatte ich Botschafter und Handelsräte. Einige von ihnen meldeten sich mehrmals an, um über die deutsch-deutsche Entwicklung und über die Wirtschaftsreform auf dem laufenden gehalten zu werden. Besonders angenehm sind meine Erinnerungen an die Zusammenkünfte mit dem Botschafter der Vereinigten Staaten von Amerika in der DDR, Richard Barkley. Es hätte nicht mehr lange gebraucht, und alle Probleme wären gelöst gewesen, die bis dahin der Gewährung der Meistbegünstigung seitens der USA gegenüber der DDR im Wege standen. Barkley war offenbar von unserer Regierung nicht unbeeindruckt geblieben. Er lud Hans Modrow und mich noch zu Empfängen in die USA-Botschaft ein, als wir längst keine staatliche Verantwortung mehr trugen. Auch als er sich kurz vor der deutschen Vereinigung aus Berlin verabschiedete, gehörten wir zu einem kleinen Kreis geladener Gäste. Intensive Gespräche in aufgeschlossener Atmosphäre

Christa Luft empfängt den Vizepräsidenten der EG-Kommission Frans Andriessen (3. v. r.) zu einem Gespräch am 4. Dezember 1989

fanden mit den Botschaftern der Niederlande, Finnlands, Schwedens, Ungarns, Bulgariens, Rumäniens, der Schweiz und Spaniens statt. Sofern es sich um die Vertreter westlicher Länder handelte, ging es mir darum, ihnen die Vorzüge des Investitionsstandorts DDR schmackhaft zu machen und sie für den raschen Abschluß von Investitionsschutzabkommen zu gewinnen.

Zu Besuch im Ministerrat war Frans Andriessen, der Kommissar für Außenbeziehungen der Europäischen Gemeinschaft. Er sondierte in der DDR die Lage, bevor er schließlich grünes Licht für den Abschluß des Abkommens zwischen der Europäischen Gemeinschaft und der DDR gab. Stark meinungsbildend hatte auf ihn das von mir erläuterte Wirtschaftsreformkonzept gewirkt. Es bleibt ein Verdienst der Regierung Modrow, die umfassende Zusammenarbeit der DDR mit der Europäischen Gemeinschaft unverzüglich in Gang gesetzt zu haben.

Beauftragt war ich, Freda Brown, die Vorsitzende der IdFF, zu empfangen. Ihr ging es um die Bekräftigung

72

des Gastrechtes, das ihrer Organisation bereits von Otto Grotewohl, dem ersten Ministerpräsidenten der DDR, gewährt worden war.

Als ein sehr origineller Gast erwies sich der Generaldirektor und Hauptaktionär der Swatch AG im schweizerischen Biel, der auch als Unternehmensberater tätige Nicolas Hayek. Er kam eigens mit einem Privatflugzeug zum vereinbarten Termin. Der kleine quirlige Mann hatte mit seiner bunten Plastikuhr eine schlagkräftige Waffe gegen die damals übermächtige Konkurrenz aus dem Fernen Osten geschmiedet und die Uhrenindustrie seiner Heimat vor dem Ruin gerettet. Hayek unterbreitete ermutigende Vorschläge für den Strukturwandel der DDR-Industrie. Er hielt durchaus nicht alles für marode. Gern hätte er uns zu einem „Swatch-Auto" und zu „Swatch-Möbeln" geraten. Infolge des schließlich vorgezogenen Volkskammerwahltermins und der Bildung einer neuen Regierung sind diese Projekte – wie er später bedauernd feststellte – nicht weiter verfolgt worden.

Ein Höhepunkt kurz vor Beendigung meiner Tätigkeit war der Besuch der Leipziger Frühjahrsmesse 1990. Bei dem von Gewandhauskapellmeister Kurt Masur dirigierten Eröffnungskonzert war ich die ranghöchste Vertreterin des Gastgeberlandes und saß mit meinen Ministerkollegen in der ersten Reihe der Empore. Ich will meine Gefühle nicht im einzelnen beschreiben, die mich an jenem Abend bewegten. Allzu gut waren mir noch die Bilderserien von der Politprominenz bei vorangegangenen Messen in Erinnerung. Auch die greisen Politbüromitglieder auf den Ehrenplätzen nebst ihren Gattinnen in den langen Roben. Für uns hatte dieser Abend keinen Schaueffektwert, sondern war Gelegenheit zur geistigen Erbauung.

Übernachtet habe ich – wie mir vom Protokoll vorgegeben – im Gästehaus des Ministerrats. Ich habe gewiß schon manches erstklassige Hotel kennengelernt, aber was in Leipzig an Eleganz und Luxus geboten wurde, schlug alles, was man sich ausmalen kann. Ich konnte mir gut vorstellen, daß es dort den ehemaligen Spitzenfunktionären und ihrem Anhang gefallen hat!

Am Vormittag des Folgetages war ich erstmals in meinem Leben an einem offiziellen Messerundgang beteiligt. Der Ministerpräsident war dazu aus Berlin angereist. Ein solches Journalisten- und Fotoreportergedränge hatte ich bis dahin noch nicht mitgemacht. Die Kabinen der besuchten Aussteller waren zeitweise beängstigend überfüllt, und man mußte Sorge um die Knöpfe an der Garderobe haben. Die Medienvertreter wollten so viel wie möglich von den Gesprächen an den Ständen mitbekommen. Aber sie interessierten sich auch für persönliche Voraussagen zum Ausgang der Volkskammerwahlen, für das künftige Schicksal der Leipziger Messe und für die Modalitäten und Wirkungen der Währungsunion zwischen der BRD und der DDR.

Nach einem vom Ministerpräsidenten gegebenen Empfang für hochrangige Messegäste besuchte ich am Nachmittag und am folgenden Tag DDR- und BRD-Aussteller. Bei den damaligen Kombinaten Schiffbau Rostock, SKET Magdeburg, Obertrikotagen u. a. konnte ich mich von der großen Nachfrage in West und Ost nach den angebotenen Erzeugnissen und der guten Auftragslage überzeugen. Solche Erlebnisse waren sehr wichtig, nahm doch das undifferenzierte, pauschale Gerede von der desolaten Wirtschaft der DDR seinen freien Lauf.

Zugegen war ich, als die Adam Opel AG und das Automobilwerk Eisenach einen Vertrag zur Gründung eines Joint ventures unterzeichneten. Mit dem Vorstandsvorsitzenden der Adam Opel AG, Louis Hughes, hatten

74

mein Ministerkollege Dr. Lauck und ich schon seit Wochen intensive Vorbereitungsgespräche geführt. Der dynamische Hughes hatte die Vertragsunterzeichnung am selben Tage eigentlich in Frankfurt/Main arrangieren wollen. Er tat mir auf meine Bitte hin den Gefallen, die Zeremonie medienwirksam in Leipzig stattfinden zu lassen. Das schlug auf dem Attraktivitätskonto dieser Messestadt positiv zu Buche. Ebenfalls unterzeichnet wurden Vereinbarungen zwischen der Volkswagen AG und dem PKW-Kombinat in Zwickau. VW-Chef Dr. Hahn gab eine vielbeachtete Pressekonferenz und lud mich dazu ein. Mit dem Chef der Stuttgarter Mercedes-Benz AG, Professor Werner Niefer, war ich bereits in Berlin zusammengekommen. Er stellte sein Projekt vor, sich am IFA-Nutzkraftwagenkombinat Ludwigsfelde zu beteiligen. Ein Kernpunkt der Verhandlungen mit den Automobilbauern war von unserer Seite immer gewesen, mit welcher Kooperationsvariante die meisten Arbeitsplätze bei den Finalproduzenten und den Zulieferbetrieben gesichert werden könnten. Auch der arbeitsplatzschaffende Auf- und Ausbau der Vertriebs- und Service- sowie Tankstellennetze stand jeweils mit auf der Tagesordnung. Wenn die Automobilindustrie in den neuen deutschen Bundesländern mit Hilfe verschiedener Formen der Kooperation früher als andere Branchen in den Sattel kommt, dann wurden die Grundsteine dafür bereits in der Zeit der Modrow-Regierung gelegt.

Zu meinen Obliegenheiten gehörte es, die DDR im Rat für Gegenseitige Wirtschaftshilfe zu vertreten. Durch meine dreijährige Tätigkeit als stellvertretende Direktorin des Internationalen Forschungsinstituts beim RGW in Moskau, die persönliche Bekanntschaft mit vielen Wirtschaftsexperten und die Kenntnis der russischen Sprache brachte ich dafür günstige Voraussetzungen mit.

75

An Tagungen des Exekutivkomitees des RGW in seinem zweiundzwanzigstöckigen Gebäude am Moskwa-Ufer hatte ich während meiner Moskauer Zeit mehr als zehnmal als Gast teilgenommen. An der 45. Tagung des RGW am 9. und 10. Januar 1990 in Sofia vertrat ich nun erstmals als Mitglied der Regierungsdelegation, also in offizieller Mission, die DDR.

Nach teilweise sehr kontroverser und insbesondere für die drei außereuropäischen Mitgliedsstaaten schmerzlicher Debatte wurde die Übereinkunft erzielt, die Zusammenarbeit im RGW auf marktwirtschaftliche Grundlage zu stellen. Das bedeutete vor allem, die noch dominierenden zwischenstaatlichen Beziehungen zugunsten solcher auf betrieblicher Ebene zurückzudrängen, den gegenseitigen Handel zu aktuellen Weltmarktpreisen abzuwickeln und in konvertierbaren Devisen zu verrechnen, anstatt künstliche Preise und transferable Rubel anzuwenden. Eine Arbeitsgruppe sollte die Modalitäten hierfür und Vorschläge für ein verändertes Statut des RGW ausarbeiten.

Die erste Tagung dieser Gruppe in Moskau fiel noch in meine Amtszeit, und ich kehrte – nun allerdings in ganz anderer Mission – an die Stätte zurück, die ich von meinem Aufenthalt in den Jahren 1978 bis 1981 gut kannte. Jener Auslandseinsatz hat im übrigen in meinem Leben eine nachhaltige Wirkung gehabt. Er bot Gelegenheit, alle europäischen RGW-Länder und die Mongolei zu besuchen und mehrmals im Auftrage des RGW-Sekretariats an Tagungen der Europäischen Wirtschaftskommission in Genf bzw. des Wirtschafts- und Sozialrates in New York teilzunehmen. Es waren auch die Jahre, in denen in Polen die von der Solidarność erzwungenen politischen Veränderungen in Gang gesetzt wurden und die polnische Regierung das Kriegsrecht verhängte. In diese Zeit fiel ebenfalls die von Breshnew befohlene –

oder zumindest nicht verhinderte – Invasion sowjetischer Truppen in Afghanistan. Ich erinnere mich an die durch die USA gegen Polen und die Sowjetunion verhängten Sanktionen. Dazu gehörte der Widerruf der Landegenehmigung für etliche Flüge der sowjetischen Luftfahrtgesellschaft Aeroflot in den Vereinigten Staaten, darunter in New York. So landete ich, aus Moskau kommend, im März 1981 dann notgedrungen in Washington und flog per Shuttle auf der Inlandslinie weiter nach New York.

Die polnischen Ereignisse ebenso wie der völkerrechtswidrige Einmarsch der Sowjetarmee in Afghanistan lösten in dem internationalen Kollektiv oft hitzige Diskussionen aus. Erste Zeichen eines beginnenden Bröckelns des einst für monolithisch gehaltenen sozialistischen Weltsystems deuteten sich an. Jene Jahre haben in weltwirtschaftlicher, weltpolitischer und auch weltanschaulicher Hinsicht wesentlich zur Erweiterung meines Horizonts beigetragen. Mein ohnehin kritischer Blick auf die politische Landschaft wurde weiter geschärft. Mir wurde klar, ohne durchgreifende Demokratisierung, ohne geistige Öffnung und Überwindung der Isolation von der westlichen Welt, ohne entschiedene Rüstungsbegrenzung und ohne grundlegenden Produktivitätsschub würde der Sozialismus bald an seine Grenzen geraten.

Nahm es da Wunder, daß das Gorbatschowsche Neue Denken, seine Politik der Perestroika und der Glasnost Mitte der 80er Jahre noch einmal, vielleicht letztmalig, neue Hoffnung keimen ließen?

Mit welcher Arroganz aber wurden diese Zeichen der Zeit von der Führungsclique in der DDR ignoriert, ja sogar diffamiert! Natürlich konnte und mußte man sich über die Machart dieser Politik streiten. Aber das änderte nichts daran, daß es zum Anliegen des Neuen Denkens keine Alternative gab.

Heimtückisches Erbe

Wenn einem plötzlich privat ein unerwünschtes Erbe angetragen wird, kann man es immerhin ausschlagen. Für eine Regierung geht das nicht. Sie muß wohl oder übel mit der vorgefundenen Hinterlassenschaft starten und umgehen. Wie das Erbe auf wirtschaftlichem Gebiet aussehen würde, davon hatte ich bei meinem Amtsantritt eine vage Vorstellung – oder, besser, eine böse Ahnung. Sie wurde dann aber von der Realität weit, weit übertroffen.

Bereits am 17. November, nachdem die Kandidaten für die einzelnen Ministerrats-Ressorts vorgestellt worden waren, mußte ich mich in den Beratungspausen der Volkskammer Fragen von Presse und Rundfunk stellen. Am meisten interessierte natürlich, welche Schwerpunkte ich mir in meiner Arbeit setzen wolle. Meine am nächsten Tag in den Zeitungen zu lesende Antwort war: „Wir übernehmen – bildlich gesehen – einen Scherbenhaufen. Das zwingt erstens zu einer schonungslosen, ungeschminkten Analyse der wirtschaftlichen Situation. Die ökonomische Lage unseres Landes ist äußerst ernst. Es gilt aber dennoch zu unterscheiden zwischen bedrohlichen Gleichgewichtsstörungen der Volkswirtschaft und den entwicklungsfähigen Grundlagen in den Betrieben. Gerade das zum Teil noch ungenutzte Kreativitäts- und Wachstumspotential muß schnell zur Geltung gebracht werden. Zweitens brauchen wir ein Programm zur Stabilisierung der Produktion, des Binnenmarktes, der Staatsfinanzen und der Außenwirtschaft. Und drittens schließ-

78

lich geht es um ein Wirtschaftsreformkonzept, das mit dem bisherigen System der Kommandowirtschaft bricht. Ziel des Wirtschaftens muß es sein, die tatsächlichen Bedürfnisse der Konsumenten, den wirklichen Bedarf der Anwender und Verbraucher zu befriedigen und nicht subjektiv vorgegebene Bilanzen zu erfüllen.

Ideal wäre es, wir könnten diese drei Dinge nacheinander tun. Dazu ist aber keine Zeit; sie müssen sich zeitlich überlagern. Und dennoch: Wenn der Bruch mit dem Überkommenen auch radikal sein muß, so darf das Abnabeln vom Alten nicht derart abrupt geschehen, daß es in ein wirtschaftliches Chaos führt."

Diesem Tenor, den ich bereits vor meiner Wahl öffentlich gemacht hatte, entsprach die Anlage des für den Ministerpräsidenten vorbereiteten Referats auf der Arbeitsberatung der Regierung mit den Generaldirektoren der zentralgeleiteten Kombinate und Außenhandelsbetriebe sowie den Vorsitzenden der Bezirkswirtschaftsräte und den Bezirksbaudirektoren am 9. Dezember in Berlin.

Diese Arbeitsberatung hatte – wie die Presse resümierte – nichts gemein mit den einstigen selbstherrlichen ZK-Seminaren, zu denen die Generaldirektoren regelmäßig zweimal im Jahr beordert worden waren. Dort, wo der absolutistische Herrscher Mittag keinerlei Widerspruch geduldet haben soll – Widerrede allerdings wohl auch gar nicht versucht wurde –, endeten die Zusammenkünfte stets mit unfreiwillig abgegebenen Selbstverpflichtungen. Wenn diese Erklärungen zur zusätzlichen Produktion von Autoreifen, Kaffeeautomaten, Nägeln und anderen Selbstverständlichkeiten am nächsten Tag in der Presse erschienen, dann war die Peinlichkeit nicht mehr zu überbieten.

Ich selbst habe Mittag zweimal in persona erlebt. Das war im September 1988 und 1989 anläßlich der sogenannten Bestarbeiterkonferenzen im großen Saal des

Palastes der Republik. Dorthin mußte ich von Amts wegen. Ich gehörte wohl zu den wenigen, die dieses Spektakel als Neulinge erlebten. Die meisten Anwesenden kannten sich und ließen abgestumpft über sich ergehen, was sie schon x-mal hinter sich gebracht hatten. Mehr noch als das bekannte missionarische Gehabe von Mittag pikierte mich, daß angesehene Kombinatsdirektoren es immer noch nicht leid waren, vor ihm devot Kratzfüße zu machen. Wenig später schon präsentierten einige von ihnen sich dann schnell als eifrige, bislang nur verhinderte Jünger Ludwig Erhards.

Zu unserer Arbeitsberatung waren die leitenden Vertreter der Wirtschaft mit neuem unternehmerischem Selbstbewußtsein gekommen, und sie machten davon reichlich Gebrauch. Wie nicht anders zu erwarten, gab es kontroverse Diskussionen darüber, was „radikale" Veränderungen wären. Den meisten Managern saß gewiß erstmalig ein massiver Druck ihrer Kollektive im Nacken. Einige sprachen von mit Ultimaten verbundenen Streikandrohungen. Die Werktätigen erwarteten klare Aussagen zum Plan 1990, vor allem aber zur Perspektive ihrer Betriebe. Nicht auf alle Fragen konnten während dieser Beratung befriedigende Antworten gegeben werden. Aber vereinbart wurde eine noch intensivere Teilnahme der „Wirtschaftskapitäne" am Bau des Reformkonzepts. Dazu sollte auch ein künftiger Unternehmerverband der DDR beitragen. Zustimmend wurde der Vorschlag aufgenommen, das Zentralinstitut für sozialistische Wirtschaftsführung in ein Institut für Unternehmensführung umzugestalten. Ihm kam schnell eine wichtige Rolle bei der Diskussion und Propagierung von Reformprojekten der Regierung und entsprechender Gesetzentwürfe zu.

Am 8. Dezember öffentlich eine Bestandsaufnahme vorzulegen, war keine Kleinigkeit gewesen, und das

80

konnte auch nur ein Anfang sein. Es gab keine zuverlässige, sondern nur eine in weiten Teilen geschönte Statistik. Natürlich war sie auch von der Methode nicht kompatibel zur Statistik der BRD oder der Europäischen Gemeinschaft.

Das sowie das Fehlen eines ökonomisch begründeten Wechselkurses zwischen der Mark der DDR und den Währungen westlicher Länder machten aussagefähige internationale Vergleiche fast unmöglich. Schon zu meiner Amtszeit wurde daher eine Anpassung der DDR-Statistik an die der Europäischen Gemeinschaft in die Wege geleitet.

Ein ständiger Stolperstein bei Zeitungsinterviews und Pressekonferenzen war in den ersten Wochen meiner Tätigkeit die Höhe der Auslandsschulden der DDR. In einem Gespräch mit der französischen Zeitung „Libération" Ende November hatte ich sie mit netto 10 Milliarden US-Dollar beziffert. Das war die mir damals bekannte Differenz zwischen der etwa doppelt so hohen Gesamtverschuldung und den eigenen Auslandsguthaben. Vor wenigen Wochen noch hatte man diese Größe nur hinter vorgehaltener Hand sagen dürfen.

Zwei lang gediente Ministerkollegen, die zu der Handvoll Leute mit intimer Kenntnis der Zahlungsbilanzlage der DDR gehörten, weihten mich dann großzügig in die tatsächliche Situation ein. Ich erfuhr auch, was die von westlichen Banken ausgewiesenen Guthaben der DDR in Höhe von 7 bis 9 Milliarden Dollar wirklich wert waren. Die Lage war weitaus dramatischer, als in meinem Interview zum Ausdruck gekommen. Mit rund 20 Milliarden US-Dollar hatten die äußeren Verbindlichkeiten sich 1989 gegenüber 1971 verzwanzigfacht. Insbesondere in den 70er Jahren waren von der damaligen Partei- und Staatsführung leichtfertig Schulden eingegangen worden. Der Inlandsverbrauch wuchs schneller als die eigene Leistung. Die Sozialpolitik wurde zu einem beträchtlichen Teil à Konto zunehmender Verpflichtungen gegenüber dem sogenannten nichtsozialistischen Wirtschaftsgebiet finanziert. Zwischen 1971 und 1980 hatte der Importüberschuß 11 Milliarden Dollar betragen. Die Hochzinspolitik Anfang der 80er Jahre, der Kreditboykott westlicher Länder auch gegenüber der DDR sowie steigende Rohstoffpreise verschärften die Zahlungsbilanzlage. Die unter Mißachtung von Rentabilitätsaspekten erzielten Exportüberschüsse der Jahre 1981 bis 1989 reichten nicht aus, um die Kredite zu tilgen und die aufgelaufenen Zinsen zu begleichen. Ab 1987 entwickelte sich der Import in konvertierbaren Devisen wiederum rascher als der Export. Der ökonomische und handelspolitische Spielraum der DDR engte sich immer mehr ein. Der oberste „Devisenbeschaffer" Schalck-Golodkowski hatte seine „große Zeit".

1983/84 steckte die DDR in der bis dahin größten Devisenklemme ihrer Geschichte. Als Mittelsmann von Honecker gelang es Schalck, den damaligen CSU-Vorsitzenden und bayrischen Ministerpräsidenten Strauß zur Hilfe zu bewegen. Strauß selbst kam ein solcher Deal gelegen. Jahrzehntelang hatte er freiwillig gegenüber den sozialistischen Ländern die Rolle eines „Bösewichts" gespielt, war er als Ost-West-Raufbold bekannt. Nun endlich suchte er im Osteuropafach eine neue Rolle, wollte sich flexibler in der Wahl seiner Mittel zeigen, ohne seine Grundeinstellung zu ändern. So fädelte er zweimal je einen ungebundenen Finanzkredit in Höhe von 1 Milliarde D-Mark ein. Für das Honecker-Regime bedeutete das die Stabilisierung der Zahlungsbilanz und damit die Wiederherstellung der internationalen Kreditwürdigkeit. Spektakuläre Umschuldungsverhandlungen, die enormen politischen Prestigeverlust bedeutet hätten, konnten so vermieden werden. Schlagartig blähte sich die Arroganz der politischen Machthaber weiter auf: Zeitgleich mit den „Strauß-Krediten" sank – wiederum aus Prestigegründen – die Inanspruchnahme des Swing, eines zinslosen Überziehungskredits für Käufe der DDR in der BRD. Seine Auslastung ging von noch 71 Prozent 1983 auf 31 Prozent 1988 zurück. Der niedrigste Stand war 1986 mit 22 Prozent erreicht worden. Das ließ sich propagandistisch hervorragend ausschlachten und kostete in Wahrheit weitere unrentable Exporte, um Devisen zu beschaffen, oder erzwang die Drosselung bitter notwendiger Importe. Mit zu den ersten Amtshandlungen der Modrow-Regierung gehörte es, ein solches Prestigegehabe zu unterbinden. Der Swing wurde voll genutzt.

Schalck mußte natürlich wissen, daß es wesentlich von ihm abhing, wann der an vielen Stellen geflickte Schlauch unweigerlich platzen würde. Ich fand es entwürdigend, daß ein kleiner Klüngel von Leuten so lange mit dem Volk hatte konspirativ Schicksal spielen dürfen. Auch der Bereich der Auslandsschulden war einer demokratischen Kontrolle total entzogen, mehr noch: Er gehörte sogar in der relativ kleinen Regierungsrunde jahrzehntelang zu den Tabuthemen.

Schalck trat nach dem Sturz von Mittag erstmals in einer Sendung des DDR-Fernsehens auf und wurde gewissermaßen bereits als dessen potentieller Nachfolger präsentiert. Vorher hatte er sich gern im Hintergrund gehalten. Er „brillierte" mit seiner Insiderkenntnis, nannte – als ginge ihn das nichts an – von Dramatik zeugende Wechselkursrelationen zwischen der Mark der DDR und dem Dollar bzw. der D-Mark. Ein paar Tage zuvor war das noch Vertrauliche Verschlußsache gewesen. Kein Wort darüber, daß mit seinem Wissen und Mittun sich seit Jahren das vollzog, was man später uns vorwarf: ein Ausverkauf der DDR.

Die Inlandsaufwendungen, um einen Dollar zu erwirtschaften, waren rapide gestiegen. Liquidität ging vor Rentabilität. Die produktive Akkumulation glitt unter die Schmerzgrenze. Die DDR zehrte von der Substanz. Man wollte sich nach außen keine Blöße geben und beglich pünktlich jede fällige Forderung. Aber um welchen Preis! Von Pflastersteinen aus Rügens Straßen bis zu Antiquitäten. Nichts blieb vom Export verschont, wenn sich nur ein Abnehmer fand.

Ich erinnere mich, wie empört gerade wir Außenwirte über diesen Fernsehauftritt waren. Seit Jahren, besser seit Jahrzehnten, hatte man uns daran gehindert, in Lehrbüchern, Monographien oder Artikeln die Probleme der Rentabilitätsentwicklung und der Zahlungsbilanzlage beim Namen zu nennen. Stets hatten unsere Publikationen einer unerbittlichen Zensur unterlegen. Mancher westliche Kollege mußte uns für oberflächlich halten. Und nun tauchte jemand auf und tat so, als habe er vom Baum der Erkenntnis genascht!

Im Ministerratsgebäude habe ich Schalck nur einmal während einer Beratung gesehen. Er sollte an der Vorbereitung des ersten deutsch-deutschen Nach-Wende-Gipfels im Dezember 1989 in Dresden mitwirken. Das war kurz bevor er im Zusammenhang mit den Ermittlungen gegen die Waffenhandel-IMES-GmbH bei Nacht und Nebel das Land verließ. Wie oft hatte auch ich am Runden Tisch und anderswo Fragen nach dem Devisenbeschaffungsmechanismus des Honecker-Regimes und dem Verbleib von Geldern beantworten sollen! Da saß Schalck schon längst in der Obhut ihm wohlgesonnener Leute. Da hätte die Justiz mühelos Zugriff gehabt!

Genesis des Reformkonzepts

„Planwirtschaft – Marktwirtschaft – oder was?" So lautete die Schlagzeile einer Donnerstag-Sendung des Deutschen Fernsehfunks wenige Tage nach Antritt der Regierung. Der lebhaften Zuschauerreaktion wegen – Kritik und Zuspruch hielten sich die Waage – wurde sie zwei Wochen später fortgesetzt. Ich gehörte zusammen mit meinem Ministerkollegen Dr. Halm und Vertretern aus Wissenschaft und Wirtschaftspraxis zu den Diskussionsteilnehmern.

Der Titel war eine Anspielung auf die Regierungserklärung. Dort wurde als wichtigste wirtschaftspolitische Aufgabe formuliert, die Wirtschaft der DDR aus der Krise herauszuführen, ihr Stabilität zu verleihen und neue Wachstumsimpulse zu geben. Mit der Mittagschen Kommandowirtschaft sollte in kürzester Frist gebrochen und zu einer „marktorientierten Planwirtschaft" übergegangen werden.

Wie auf die gesamte Programmatik, so hatte ich auch auf diese Aussage keinen Einfluß gehabt. Gleich den anderen Newcomern im Ministerrat machte ich die erste Bekanntschaft mit der Erklärung des Ministerpräsidenten, als er sie vor der Volkskammer abgab. Wir hatten in dieser Hinsicht weder den Abgeordneten noch denjenigen etwas voraus, die die Tagung am Bildschirm bzw. im Radio verfolgten. Was wir kannten, waren die Perestroika-Absichten Modrows, und dazu standen wir.

Auch das kennzeichnete die Ungewöhnlichkeit der Kabinettsbildung. Normalerweise raufen sich die Koali-

85

tionspartner über Wochen zusammen, ringen um ihre im Wahlkampf lange vorformulierten und präparierten Konzepte sowie um Personen. Gemeinsam schmieden sie daraufhin die Regierungsprogrammatik. In unserem Falle konnte das so nicht laufen. Nach der überraschenden Grenzöffnung und dem kurzfristigen Rücktritt der Stoph-Regierung mußte – um in dieser instabilen Situation schnell wieder Handlungsfähigkeit herzustellen – die Kabinettsformierung gewissermaßen als Sturzgeburt erfolgen. So gab es dann zuerst die Regierungserklärung mit den Zielen und Grundsätzen. Dann folgte die detaillierte Arbeit an den Konzepten für die Umgestaltung aller Bereiche der Gesellschaft, so auch der Wirtschaft. Präzisierungen und gar Korrekturen ursprünglicher Aussagen waren also nicht auszuschließen. Es wäre aber bestimmt mißdeutet worden und verwirrend gewesen, hätte ich schon kurz nach Amtsübernahme eine der tragenden Formulierungen in der Antrittsrede des Ministerpräsidenten öffentlich in Zweifel gezogen. Persönlich war mir jedoch klar, daß der Akzent einer „Marktorientierung" dem notwendigen grundlegenden Wandel der bisherigen Wirtschaftsordnung der DDR nicht gerecht wurde. Auch in zahlreichen Zuschriften von Theoretikern und Praktikern kam diese Befürchtung zum Ausdruck.

Obwohl das den Autoren der Regierungserklärung gewiß so nicht vorgeschwebt hatte, assoziierte der Begriff „marktorientierte Planwirtschaft" doch mehr das Vorhaben bloßer kosmetischer Operationen am alten System, seiner Sanierung, statt eines qualitativ neuen Herangehens an die Wirtschaftslenkung.

Ich trug diese meine Bedenken im Anschluß an die besagte zweite Fernsehsendung den anderen Diskussionsteilnehmern vor. Daraufhin bedeuteten mir Witho Holland, damals Sekretär des Zentralvorstandes der LDPD

86

und Mitglied der Volkskammer, sowie Gunter Halm, der von der NDPD gestellte Minister für Leichtindustrie, daß die Formulierung von der „marktorientierten Planwirtschaft" zu den Koalitionsabsprachen mit dem Ministerpräsidenten gehöre und man daran zumindest jetzt nicht rühren solle.

Die nächsten Tage geriet ich in immer tiefere innere Konflikte zwischen eigenem Wollen und dem Reglement, dem der einzelne in einer Mannschaft unterworfen ist. Ich war zwar nie Anhänger eines semantischen Aberglaubens, aber auch kein Freund von Begriffsakrobatik. Was not tat, war bis hin zur Sprache klare, unmißverständliche Zeichen zu setzen. Von dem gewohnten platten Gerede über die „Vervollkommnung" des bestehenden Systems, das sich angeblich so bewährt habe, wo nur in Ordnung zu bringen wäre, was noch nicht in Ordnung, wo das Erreichte nicht das Erreichbare sei, hatten die Leute die Nase gestrichen voll.

Als ich mein Amt in der Regierung mit dem speziellen Auftrag antrat, ein Wirtschaftsreformkonzept vorzulegen, tat ich das mit dem geistigen Rüstzeug, das ich aus eigener Forschungtätigkeit, vielen Auslandsaufenthalten und jahrelanger Zusammenarbeit mit Kollegen in Ost und West mitbrachte. An der Hochschule für Ökonomie hatte ich zu einer größeren Gruppe von Wissenschaftlern gehört, die seit Ende 1988 unter Verwendung von über Jahre selbst zusammengetragenem, unbestechlichem analytischem Material Gedanken und Vorschläge für einen grundlegenden Wandel in der Wirtschaft der DDR erarbeitete. Sie fanden in den bereits erwähnten Studien ihren Niederschlag, die in Vorbereitung auf den XII. Parteitag der SED im Sommer 1989 zentralen Partei- und Staatsorganen übergeben worden waren.

Auch Wirtschafts- und Gesellschaftswissenschaftler einiger anderer Einrichtungen legten Strategiepapiere vor. Auf Geheiß der damaligen Abteilung Wissenschaften beim ZK der SED waren sie alle vertraulich zu behandeln. Somit erfuhr die breite Öffentlichkeit bis zur Wende nichts von ihrem Inhalt. Man hatte verhindern wollen, daß Dinge, die eventuell auf den Widerspruch der Parteiführung stoßen, als nicht opportun gelten oder gar als aufrührerisch eingestuft werden könnten, auf dem Meinungsmarkt publik und gehandelt würden. Ein solcher praktizierter Verhaltenskodex – ergänzt um eine unnachgiebige Zensur von Büchern, Broschüren, Artikeln, Rundfunkkommentaren und dergleichen – mußte bei Außenstehenden den Eindruck hervorrufen, daß die DDR-Wirtschafts-, Sozial- und Geisteswissenschaftler „angepaßt“, pur „systemkonform“, letztlich wenig kreativ wären. Manchem Politiker diente das nach der Vereinigung Deutschlands als Vorwand, sie in Bausch und Bogen als „ideologiebelastet“ abzustempeln und Ausgrenzungen zu forcieren oder zumindest zu dulden.

Wer die Dinge hinter den Kulissen kennt, der konnte bei dem entwürdigenden undifferenzierten Vorgehen gegen Angehörige des Lehrkörpers geisteswissenschaftlicher Fachbereiche der Universitäten und Hochschulen aus den fünf neuen Bundesländern im Herbst und Winter 1990 nicht kaltbleiben.

Natürlich muß sich jeder von uns fragen lassen, ob er nicht zu lange in der Öffentlichkeit gewisse, längst anachronistische Rituale mitgemacht oder sie stillschweigend hingenommen und ertragen hat. Meine Antwort lautet „ja“. Und dennoch nehme ich für mich in Anspruch, zusammen mit anderen Fachkollegen längst vor der Wende und nicht nur im stillen Kämmerlein Signale gesetzt zu haben. In den Studien, deren Inhalt größtenteils bereits in die laufende Lehrarbeit einfloß, fochten wir für einen entschiedenen Zuwachs an Flexibilität und

Bewegungsspielraum der Betriebe. Das mußte mit dem Abbau von Kommandostrukturen einhergehen. Wir sprachen uns dafür aus, die Produktion auf die tatsächliche Nachfrage auszurichten, den Gewinn als hauptsächlichen Effektivitätsmaßstab anzuerkennen und das Leistungsprinzip konsequent durchzusetzen. Ökologische Erfordernisse und Folgen sollten bei allen ökonomischen Entscheidungen beachtet werden. Wahre Demokratie und Rechtsstaatlichkeit gehörten zu den Merkmalen einer von uns angestrebten Ordnung. Wir forderten die weltwirtschaftliche Öffnung der Volkswirtschaft und die Nutzung unterschiedlicher Formen der internationalen Arbeitsteilung als Produktivitätsfaktor.

Zu dem letztgenannten Problem hatten mein langjähriger Kollege Professor Eugen Faude und ich einen umfangreichen Beitrag für das „Neue Deutschland" geschrieben. Er erschien am 17. November, also just an dem Tag, als Hans Modrow in der Volkskammer meinen Namen unter den Kandidaten für ein Regierungsamt nannte. Ein solches Timing war weder beabsichtigt noch vorauszuahnen gewesen. Es war Zufall. Nun aber wußten zumindest ND-Leser, in welche Richtung meine Absichten gehen würden.

Unter dem Strich waren alle Studien, deren Extrakt wir nach der Wende auf mehreren stark besuchten Foren der Hochschule für Ökonomie öffentlich vorgestellt haben, ein Plädoyer für eine notwendige radikale Wirtschaftsreform, für einen Systemwandel. Es wäre aber unehrlich, zu verschweigen, daß wir einen Wechsel der Gesellschaftsordnung damals nicht ins Kalkül gezogen hatten.

Die Reaktion bei den Adressaten der Studien war – sofern es denn überhaupt eine gab – sehr differenziert. Ich erinnere mich an keinen Fall, da wir eine ausdrückliche Zustimmung erhalten hätten. So weit festlegen wollte man sich selbst dann nicht, wenn den Fakten und Schlüssen nichts entgegenzusetzen war. In der Regel wurde lediglich der Eingang der Papiere bestätigt. Aber gut erinnerlich ist mir, welch herbe Kritik es aus dem Hause Mittag im Spätsommer 1989 für eine Studie zur dringlichen Veränderung des Bilanzierungssystems in der Leichtindustrie gab. Man verstieg sich sogar dazu, den Autoren ein „gestörtes Verhältnis zur Politik der SED" vorzuwerfen. Ein solches Vokabular war gewöhnlich die letzte Warnung vor einem drohenden „Aus", wenn nicht sofort ein „Bußgang" eingelegt wurde und Widerruf erfolgte. Massive Einschüchterungen dieser Art verfehlten früher selten ihr Ziel. Nun aber ließen wir uns von Drohgebärden nicht mehr schocken. Einer fundierten Analyse und verantwortungsbewußt formulierten Vorschlägen konnte man mit Scharlatanerie und Ideologie, mit Durchhalteparolen nicht beikommen. Spezialisten anderer Einrichtungen – so auch des damaligen Instituts für sozialistische Wirtschaftsführung in Berlin-Rahnsdorf – stellten sich bei der anberaumten Begutachtung auf unsere Seite, und es kam zu keinem öffentlichen Skandal, auch nicht zu Nachteilen für die Autoren oder zu Schikanen gegenüber der Hochschule für Ökonomie insgesamt.

Stützen konnte ich mich bei der konzeptionellen Vorbereitung der Reform auch auf meine eigenen Arbeiten zur Analyse und zum Vergleich der Wirtschaftsmechanismen osteuropäischer Länder, darunter der schon seit vielen Jahren laufenden Experimente bzw. Reformprojekte Ungarns und Polens. Diese Untersuchungen hatte ich während meiner Moskauer Tätigkeit am RGW-Forschungsinstitut begonnen und nach meiner Rückkehr permanent fortgesetzt. Nachdenklich stimmten mich vor allem die besorgniserregenden Zusammenhänge zwischen strukturellem Wandel in der Wirtschaft, Arbeitslo-

90

sigkeit, Inflation und sinkender Realeinkommensent-
wicklung.

In dieser Zeit knüpfte ich auch vielfältige und intensive Kontakte zu Fachkollegen in Westeuropa und nach
Übersee. Mehrfach war ich z. B. zu wissenschaftlichen
Arbeitsberatungen des New-Yorker Instituts für Ost-
West-Sicherheitsstudien eingeladen, in deren Ergebnis
1989 ein Bericht mit dem Titel entstand: „Die Meisterung der Übergangsphase – die Integration der sich reformierenden sozialistischen Länder in die Weltwirtschaft."

Bei mir hatte sich im Laufe der Jahre die Erkenntnis
von der Notwendigkeit eines qualitativ neuen, auf Wettbewerb beruhenden Wirtschaftssystems verdichtet. Der
Mensch selbst sollte im Spiel von Angebot und Nachfrage frei entscheiden, womit, wann und wie er seine Bedürfnisse befriedigen will. Diese Entscheidung dürfte
ihm nicht länger durch Planvorgaben, Bilanzanteile und
Kontingente abgenommen oder sogar vorgeschrieben
werden. Der Markt müßte gegenüber seiner bisherigen
plakativen Rolle, die ihm der Plan zugestanden hatte,
unter einem völlig neuen Aspekt zum Tragen kommen:
als historische Errungenschaft der menschlichen Zivilisation. Nur so könnten sich Kreativität, Flexibilität und
Innovationsgeist entfalten. Der Markt ist das Medium, in
dem sich die Bürger tatsächlich als freie Konsumenten
emanzipieren. Das Wort „Emanzipation" scheint mir in
diesem Zusammenhang nicht nur angebracht, sondern
das einzig zutreffende überhaupt zu sein. Im Spiel der
Marktkräfte braucht der Mensch eine gute Portion
Selbstbewußtsein, Durchsetzungsvermögen, Entschei-
dungsfähigkeit, wenn er Subjekt bleiben und nicht schie-
res Objekt werden will.

Aus der geschichtlichen Erfahrung ist bekannt, daß im
Wettbewerb, im Spiel von Angebot und Nachfrage viel

Nützliches und Wertvolles, aber auch manch Absurdes und Verschwenderisches entsteht. Daher bleibt die marktwirtschaftliche Ordnung, wie es schon in der Antike beschrieben ist, eine Herausforderung an die menschliche Vernunft. So lesen wir z. B. bei Diogenes: „Wenn Sokrates über den Markt ging, sagte er immer wieder, auf die Überfülle der zum Verkauf angebotenen Waren hinblickend, im stillen zu sich: Wie viele Dinge gibt es doch, die ich nicht brauche."

In meinem schon beschriebenen Gewissenskonflikt siegte schließlich das bessere Wissen, die persönliche Einsicht über die anfangs geübte Disziplin. Erstmals öffentlich und im Alleingang habe ich Mitte Dezember in einem Interview für „Die Welt" von einer angestrebten marktwirtschaftlichen, d. h. auf Wettbewerb und Gewinnorientierung basierenden und einen starken privaten Sektor einschließenden Wirtschaftsordnung in der DDR gesprochen. Dabei war für mich klar, daß Marktwirtschaft nicht von sich aus sozial und umweltfreundlich ist. Es würde vielmehr entsprechender staatlicher Rahmenbedingungen und starker Interessenvertretungen der Arbeitnehmer bedürfen, um die Wirtschaft ständig auf diesem Kurs zu halten.

Ich ahnte natürlich, daß auf dem Wege dorthin nicht nur bei manchem Kollegen in der Regierung noch Hürden zu nehmen waren. Vor allem die erwachsene DDR-Bevölkerung würde sich in ihrem Verhalten zu mir öffentlich in zwei Lager polarisieren. Der eine, damals noch kleinere Teil würde jubeln, der andere, in jenen Tagen größere Teil, würde sich verraten fühlen. Das durfte auch gar nicht wundernehmen. Jahrzehntelang war von der Propaganda Marktwirtschaft mit Kapitalismus als historisch überlebter Gesellschaftsordnung gleichgesetzt und das Privateigentum an Produktionsmitteln einseitig als Grundlage von Ausbeutung charakterisiert und

92

letztlich diskreditiert worden. So wuchsen Distanz dazu und mentale Ablehnung. Andererseits galt das Volkseigentum trotz vieler Negativerfahrungen im Alltag als Inbegriff der Macht des Volkes.

An billigem Applaus war mir nicht gelegen. Den hätte ich leicht durch euphorisches Nachbeten klassischer marktwirtschaftlicher Lehrsätze erreichen können. Nur hätten sie in schreiendem Widerspruch zu unserer tatsächlichen Situation und den realen Möglichkeiten gestanden. Mir ging es um die vielen Menschen, denen geholfen werden mußte, die Marktwirtschaft überhaupt erst geistig anzunehmen. Die um sich greifenden Ausverkaufsdiskussionen zeigten die Sensibilität des Problems.

Und es blieb nicht bei Diskussionen. Nach meiner Rückkehr aus Düsseldorf, wo ich Mitte Januar über die Einführung der sozialen und ökologisch orientierten Marktwirtschaft in der DDR als Ziel der Modrow-Regierung gesprochen hatte, fand ich das Telegramm eines Betriebskollektivs aus dem sächsischen Raum vor. Dort wurde mit Streik gedroht, falls Ministerin Luft weiter die DDR-Wirtschaft „an den Westen ausliefert".

Es war kein Opportunismus, sondern Überzeugung, wenn ich in Reden, Interviews und Artikeln Marktwirtschaft nicht von vornherein mit dem gegenwärtigen Kapitalismus gleichsetzte. Mit welchem denn auch? Er hat so viele Gesichter! Markt- und Wettbewerbswirtschaft war und ist für mich ein Wirtschaftstyp und nicht automatisch mit einer bestimmten Gesellschaftsordnung zu identifizieren. Ich hielt und halte sie für ein ökonomisches System, das in seinem sozialen und ökologischen Charakter von den jeweiligen gesellschaftlichen Verhältnissen bestimmt wird. Marktwirtschaftliche Beziehungen entwickelten sich über Jahrtausende unter sehr unterschiedlichen Gesellschaftsformationen. Auch weisen sie in den einzelnen kapitaldominierten Ländern in Abhängigkeit von den konkreten historischen Gegebenheiten und dem politischen Kräfteverhältnis erhebliche Unterschiede in der ökologischen und sozialen Ausgestaltung, ja selbst in der Eigentumsordnung auf.

Marktwirtschaft bedeutet für mich das Bestehen von Eigentumspluralismus, der ein autonomes, auf hohe ökonomische Effektivität gerichtetes Handeln der Betriebe, Firmen, Unternehmen möglich macht. Sie existiert damit nicht unabhängig von ganz bestimmten Eigentumsformen, darunter von einem leistungsfähigen privaten Sektor und auch dessen Dominanz.

Die in Theorie und Praxis noch nicht beantwortete Frage lautet allerdings, ob das den entscheidenden Platz einnehmende Privateigentum Kapitalcharakter tragen muß oder auch, inwieweit zum Beispiel genossenschaftliches Eigentum die notwendige Selbständigkeit für marktwirtschaftliches Handeln gewährleisten kann. Nicht ein für allemal geklärt ist für mich, wie stark der Privatsektor in den sich reformierenden osteuropäischen Wirtschaften sein muß, um eine funktionsfähige Marktwirtschaft zu schaffen. Und schließlich: Sind Herausbildung von Marktmechanismen und Privatisierung nicht zwei verschiedene Konzepte? Vordringlich in den genannten Ländern ist eine marktkonforme Wirtschaftspolitik, d. h. Freigabe der Preise, Zulassung von Wettbewerb, Vertrags-, Berufs- und Niederlassungsfreiheit, Konvertierbarkeit der Währung. Eine solche Politik kann betrieben werden, bevor eine Privatisierungswelle in Gang gesetzt wird. Es war doch nicht schlechthin das Gemeineigentum, das zum Scheitern des Sozialismus geführt hat, sondern das Fehlen des Wettbewerbs, die Abschottung vom Weltmarkt.

Das Nichtgleichsetzen von Marktwirtschaft und Kapitalismus trug mir oft den Vorwurf ein, ich wolle nur mit Wortspielerei von dem notwendigen grundlegenden

94

Wandel der ökonomischen Verhältnisse ablenken. Andere meinten, ich würde einem dritten Weg das Wort reden, wie ihn erstmals der tschechoslowakische Ökonom Ota Šik in seinem gleichnamigen Buch als „humane Wirtschaftsdemokratie", als Mischtyp zwischen sozialistischer Planwirtschaft und kapitalistischer Marktwirtschaft beschrieben hatte. Behauptet wurde auch, ich hätte die deutsche Vereinigung verzögern wollen.

Unterstellungen und Verdächtigungen solcher Art gehören – wie ich am eigenen Leibe verspürte – zum politischen, nein, zum parteipolitischen Alltag. Sie waren aber selbst in der Phase des Suchens und Vortastens nicht zutreffend.

Natürlich hört sich manches, worum ich damals gerungen habe, nach beschlossenem und erst recht nach vollzogenem Anschluß der DDR an die BRD wie eine Utopie an. Ich habe aber keinen Grund, die Dinge heute anders darzustellen, als sie sich tatsächlich zugetragen haben. Daß in einem einheitlichen Deutschland auch in seinem östlichen Teil die ökonomische Ordnung von der existierenden kapitaldominierten Marktwirtschaft der BRD geprägt sein würde, war klar, seit der Einheitszug ins Rasen kam. Daß das aber in so stürmischem Tempo geschehen würde und alle eigenen Gestaltungsmöglichkeiten für eine neue Wirtschaftsordnung so rasch hinfällig bzw. aus der Hand gegeben würden, war bei der Erarbeitung des Reformpapiers weder von mir noch von den anderen Mitautoren vorausgesehen oder angenommen worden.

Es hat sich ja auch nach den inzwischen gesammelten Erfahrungen nicht ausgezahlt. Das marktwirtschaftliche Reglement der ehemaligen Bundesrepublik konnte nur als Blaupause für die fünf neuen Bundesländer empfohlen und gepriesen werden, wenn man von vornherein bereit war, die zwangsläufig entstehenden ökonomischen und sozialen Probleme, vor allem aber Chancenungleichheit einzukalkulieren und zu akzeptieren.

Einleuchten wollte und will mir nicht, weshalb wir, die wir damals gerade dabei waren, mit der Absage an die bürokratische Planwirtschaft eine heilige Kuh zu schlachten, nun mit der vorgefundenen Marktwirtschaft ein neues Tabu wie selbstverständlich akzeptieren sollten. Auch objektive westliche Politiker – von Ökonomen ganz abgesehen – leugnen nicht, daß die marktwirtschaftliche Ordnung keineswegs vollkommen, ideal ist. Der Markt, so geben sie zu, kann vieles, aber bei weitem nicht alles.

Weshalb nur sollte sich Marktwirtschaft partout nicht mit einem Recht auf Arbeit (nicht auf eine ganz bestimmte Tätigkeit und an einem ganz bestimmten Ort) vereinbaren lassen? Weshalb mußte die Forderung nach einem festzuschreibenden menschlichen Grundrecht ins Lächerliche gezogen werden mit dem Lambsdorffschen Hinweis, dann könne man auch das Recht auf Sonnenschein an hohen Feiertagen fordern? Ich hielt es für angebracht, die dienende Funktion der Wirtschaft anzumahnen und davor zu warnen, daß Wirtschaft schließlich zum Selbstzweck wird.

Noch vor Jahresende '89 hatte der ziemlich ausgereifte Entwurf einer in sich geschlossenen Wirtschaftsreform vorgelegen. Er war von elf Arbeitsgruppen der Regierung vorbereitet worden, denen mehr als 150 Wissenschaftler und Praktiker angehörten. Fachleute der Hochschule für Ökonomie sowie vieler anderer wissenschaftlicher Einrichtungen der DDR und zahlreiche sachkundige Vertreter aus Kombinaten, Betrieben und Ministerien saßen vom 4. bis 11. Januar 1990 auf einer Klausurtagung mit der etwa fünfzehnköpfigen Arbeitsgruppe „Wirtschaftsreform" aus meinem Verantwortungsbereich zusammen und erstritten einen sozial verträglichen Weg

96

in die Marktwirtschaft. Wirtschaftsexperten aller Parteien und Bürgerbewegungen konnten ihre Gedanken einbringen. Laufender Kontakt bestand zur Arbeitsgruppe Wirtschaft des Zentralen Runden Tisches. Die Massenmedien erhielten regelmäßige Informationen über den Stand der Arbeiten, über erreichten Konsens und noch vorhandenen Dissens.

Unvergeßlich ist für mich die Reaktion einiger Ministerkollegen aus den fünf Koalitionsparteien auf meinen Vortrag zur Wirtschaftsreform, den ich Anfang Januar 1990 im Wirtschaftskabinett der Regierung hielt. Als Anliegen stellte ich nicht den Bruch mit der zentralistischen Kommandowirtschaft oder ihren Umbau zu einer marktorientierten Planwirtschaft heraus, sondern begründete engagiert den unvermeidlichen Übergang zu einer sozialen Marktwirtschaft mit ökologischer Orientierung. Ich sah in der Runde verblüffte und auch skeptische Gesichter. Einige Anwesende konnten sich eines heftigen Widerspruchs, teilweise in belehrendem Ton vorgetragen, nicht enthalten. Der mir seit langem aus der Literatur gut bekannte amerikanische Ökonom John Kenneth Galbraith wurde als Autorität bemüht, um auf die Unverzichtbarkeit von Planung in einer modernen Industriegesellschaft hinzuweisen. Von ihm stammt der Satz, moderne Technologie zwinge unter allen Umständen zum Planen, und niemand dürfe verlangen, „daß Düsenverkehrsflugzeuge, Atomkraftwerke oder selbst Automobile im heutigen Umfang von Firmen hergestellt werden, die fluktuierenden Preisen und unbeeinflußter Nachfrage ausgesetzt sind".

In dieser Hinsicht benötigte ich aber wahrhaftig keine Hilfestellung. Planung im Sinne von langfristiger Vorausschau, strukturpolitischen Konzeptionen, Förderung bestimmter Branchen aus staatlichen Mitteln, Arbeit mit bewerteten Varianten und verschiedenen wirtschaftli-

97

chen Szenarien sah auch mein Konzept vor. Und eine Planung entsprechend dem uns aus vierzigjähriger Erfahrung gut bekannten und nun vielleicht nur etwas abzuändernden Muster hatte Galbraith natürlich nie im Auge gehabt.

Nach intensiver und kontroverser Debatte wurde im Wirtschaftskabinett schließlich ein Konsens erzielt, der der weiteren Arbeit am Reformkonzept zugrunde gelegt werden konnte. Ich glaube bis heute, daß mancher Minister ein solches Konzept damals mehr verbal als aus innerer Überzeugung mitgetragen hat. Denn es bedeutete ja, sich kompromißlos zur Chancengleichheit vielfältiger Eigentumsformen zu bekennen, einschließlich der privaten, zum Wettbewerb aller Marktteilnehmer als Grundprinzip des Wirtschaftens, zur Preisbildung im freien Spiel von Angebot und Nachfrage bei Begrenzung der staatlichen Hoheit auf wenige definierte Bereiche, zur außenwirtschaftlichen Öffnung der Volkswirtschaft, also zur Aufhebung des staatlichen Außenhandelsmonopols, zur Konvertierbarkeit der Landeswährung, zur Herausbildung eines Arbeits-, Kapital- und Wohnungsmarktes. Das kam zweifelsohne einer Zäsur, einem vollständigen Bruch mit dem bisherigen Verständnis von Wirtschaftsleitung gleich.

In der Beilage 1/1990 der auch durch meine Fürsprache nach mehrjähriger Unterbrechung nun wieder wöchentlich erscheinenden Zeitung „Die Wirtschaft" wurden Zielstellung, Grundrichtungen, Etappen und unmittelbare Maßnahmen der Wirtschaftsreform zur öffentlichen Diskussion gestellt. Am 5. Februar 1990 befaßte sich der Zentrale Runde Tisch mit dem Regierungskonzept zur Wirtschaftsreform. Nach intensiven Diskussionen, an denen sich die Vertreter aller Parteien und Bürgerbewegungen beteiligten, erhielt es den Zuspruch. Dieser bezog sich ausdrücklich auch auf eine der grundlegenden Prämissen für die vorgesehene und in den Anfängen bereits praktisch eingeleitete marktwirtschaftliche Transformation: Sie sollte in einem noch für mehrere Jahre politisch souveränen und ökonomisch selbständigen Staat DDR erfolgen und bei Nutzung von Erfahrungen der BRD eigenständig gestaltet werden. Deshalb zielte das Konzept z. B. auf die Erarbeitung von Gesetzen, die der DDR-Wirklichkeit gerecht wurden und nicht schlechthin auf die Übernahme der bestehenden bundesdeutschen Rechtsordnung. Deshalb begrenzte es auch den ausländischen Kapitalanteil an Gemeinschaftsunternehmen auf DDR-Territorium. Aus dem gleichen Grunde orientierte es auf die schrittweise Einführung der Konvertierbarkeit der Mark der DDR und nicht auf die Übernahme der D-Mark.

Bald sollte sich jedoch herausstellen, daß die genannte Prämisse so nicht haltbar war. Die ablaufenden Prozesse erlangten eine nicht voraussehbare und kaum vorstellbare Eigendynamik.

Treffen mit Wirtschaftskapitänen

„Passen Sie auf, daß Sie nicht zu kurz springen, Frau Luft", sagte der Präsident des Bundesverbandes der Deutschen Industrie bei einer unserer zahlreichen Begegnungen mit Bezug auf die 49-Prozent-Klausel des Joint-venture-Gesetzes. Überhaupt liebte Tyll Necker es, in Bildern zu sprechen. Den nach seinem Urteil ungemein schwierigen Akt, zwei so unterschiedliche Wirtschaftsgebiete über eine Wirtschafts- und Währungsunion direkt miteinander zu verkoppeln, verglich er mit dem Besteigen der Eiger-Nordwand im Winter. Das Zögern des privaten Kapitals mit Investitionen in Ostdeutschland umschrieb er mit dem Verhalten eines scheuen Rehs, das ja bekanntlich erst auf der Bildfläche erscheint, wenn das Äsen als sicher gilt. Im Angesicht der Quelle nicht zu verdursten, mahnte er nach der deutschen Vereinigung. Gemeint war, daß Finanzmittel zwar verfügbar seien, aus unterschiedlichen Gründen aber nicht zum Einsatz kämen.

Tyll Necker stand dem 80 000 private Industrieunternehmen repräsentierenden BDI von 1987 bis 1990 vor. Wie kaum ein anderer exponierter „Wessi" verschwieg er nie die Härten des Übergangs zur Marktwirtschaft. Und es gereicht ihm zur Ehre, daß er nicht nur vom grünen Tisch aus redete. Er ging vor Ort, war häufig wie ein Wanderprediger im Osten Deutschlands unterwegs. Crash-Kurse zum ABC der Marktwirtschaft im Deutschen Fernsehfunk waren mit seinem Namen und persönlichen Mitwirken verbunden.

Meine erste Bekanntschaft mit diesem stets gut gelaunten, im persönlichen Umgang ganz unverschnörkelten Mann rührte von Mitte Oktober 1989 her. Er war wie ich Teilnehmer des internationalen Symposiums im schleswig-holsteinischen Malente. Bei einem gemeinsamen Frühstück sollte ich ihm Grundidee und Funktionsweise des DDR-Planungssystems erläutern. Ich tat das, ohne meine innere Distanz zu diesem bürokratisch-zentralistischen und ineffizienten Mechanismus zu verbergen. Das konnte ich, ohne schauspielern zu müssen oder in Gewissenskonflikte zu geraten. Seit Monaten lagen die von Forschungskollektiven der Hochschule für Ökonomie erarbeiteten Studien vor, in denen gerade auch das Planungs- und Bilanzierungssystem der DDR einer heftigen Kritik unterzogen worden war. Mit einem Anflug von Sarkasmus fragte ich Herrn Necker, wie denn wohl ein Betrieb der Oberbekleidungsbranche in der BRD dem aktuellen Modetrend entsprechen könne, wenn die dafür notwendigen Accessoires wie Knöpfe, Reißverschlüsse, Schnallen usw. vor …zig Monaten und mitunter Jahren hätten geordert werden müssen?

Nach meiner Berufung in die Regierung habe ich den BDI-Präsidenten häufig bei offiziellen Anlässen getroffen. Ein Höhepunkt war zweifelsohne die am 13. Januar 1990 am Institut für Unternehmensführung in Berlin-Rahnsdorf veranstaltete erste deutsch-deutsche Wirtschaftskonferenz. Sie war bei dem Modrow-Kohl-Treffen Mitte Dezember in Dresden verabredet worden. Die hochkarätigen Teilnehmer der Westseite wurden von Tyll Necker angeführt. Weitere klangvolle Namen waren z. B. Edzard Reuter, Daimler-Benz-Chef, Carl Hahn, Vorstandsvorsitzender der Volkswagen AG, Heinz Ruhnau, Lufthansa-Chef, Ernst Pieper, Vorstandsvorsitzender der Salzgitter AG, und Horst Kramp, Präsident der Industrie- und Handelskammer zu Berlin.

Vom Bundeswirtschaftsministerium war Staatssekretär Dieter von Würzen anwesend, der nach dem 3. Oktober 1990 die Außenstelle dieses Ministeriums in Berlin leitete. Zugegen war auch Prof. Jochimsen, der Wirtschaftsminister von Nordrhein-Westfalen.

Ich hatte vor dieser illustren Gesellschaft das Hauptreferat zu halten. Das vollzog sich im Beisein der Medien. Erstmals sprach ich öffentlich von einem notwendigen radikalen Kurswechsel in der Ökonomie. Als Ziel der Modrow-Regierung nannte ich eine „Marktwirtschaft, die ökonomisch effizient gestaltet wird und sich als international wettbewerbsfähig erweist, die sozialen und ökologischen Erfordernissen gleichermaßen Rechnung trägt und zu ständiger Erneuerung fähig ist".

„Die Welt" reflektierte diese Veranstaltung am nächsten Tag unter der Überschrift „Kurz vor zwölf verordnet Frau Luft soziale Marktwirtschaft". Tyll Necker, der mit einer vorbereiteten Rede gekommen war, meinte, er könne sie nun weglegen. Ratschläge, die er uns hätte geben wollen, habe er zumeist in dem soeben gehörten Vortrag bereits verankert gefunden.

Edzard Reuter erklärte den Medien gegenüber, er sei beeindruckt von der Klarheit des Wirtschaftskonzepts. Unternehmen seines Landes könnten durch wirtschaftliche Kooperation und Engagement „einen Beitrag zur Stabilisierung des Wandels in der DDR leisten", betonte er im „Stern". Deshalb wolle er auch mit der Regierung unter Ministerpräsident Modrow verhandeln und nicht erst das Ergebnis der Wahlen am 6. Mai abwarten. Er sei gegen jede Art von Vabanquespiel. „Ich bin aber auch dagegen, zu sagen: Weg mit jedem, der früher Verantwortung getragen hat." Deshalb sei „für Entscheidungen gerade auch im Sinne der Demokratisierung und wirtschaftlichen Stabilisierung die Regierung als Ansprechpartner gefordert".

Christa Luft und Carl H. Hahn, der Vorsitzende des Vorstandes der Volkswagen AG, bei einem Arbeitsgespräch anläßlich der Wirtschaftsberatung DDR–BRD am 13. Januar 1990 in Berlin

Ich bin später oft gefragt worden, wie ich mich denn in diesem Kreis von dreißig Männern des Kapitals als einzige Frau gefühlt hätte. Hinter den Männern hätten doch Milliarden, hinter mir aber eine desolate Wirtschaft gestanden.

Nun, es war so, wie ich es dem „Sonntag" in einem kurz vor Beginn der Währungsunion gegebenen Interview gesagt habe: Ich hatte damals physisch und psychisch einen ganz besonders guten Tag. Es hat mir selber Spaß gemacht. Ich hatte mich zu diesem neuen Konzept durchgerungen, und insofern war es auch wichtig, zu merken, wie dieses Konzept ankam. Daß ein Herr Hahn vom Volkswagenwerk, ein Herr Ruhnau von der Lufthansa, ein Herr Pieper von der Salzgitter AG meinten, ja, wenn dieses Konzept in die Praxis überführt werden könnte, dann wäre die DDR schon auf einem richtigen Wege und dann würde das auch das Kapital anziehen, das gab mir durchaus Sicherheit. Und diese drei Herren haben in der damaligen Zeit bereits – trotz eines Joint-venture-Gesetzes, von dem man immer sagte, es sei halbherzig mit den 49 Prozent Beteiligung an größeren Objekten (für kleinere war ja ohnehin keine Beteiligungsgrenze festgelegt, man hat das bloß nicht so gern über die Medien gebracht) – Geschäfte gemacht. Da ist vieles ins Laufen gekommen, was heute hält. Natürlich war es für mich beeindruckend, dort als einzige Frau zu sein. Es war eine große Herausforderung. Ich bekam im Verlauf der Veranstaltung das Gefühl, daß es gelingt, und das hat mich dann auch beflügelt.

Ich kann mir gut vorstellen, daß einigen der anwesenden Herren anfangs nicht ganz wohl gewesen ist bei dem Gedanken daran, daß an diesem Tage eine – und dazu die einzige – Frau das erste und das letzte Wort haben sollte. Anmerken ließen sie es sich nicht. Dazu waren sie alle viel zu sehr Gentlemen. Aber zu spüren war schon nach den ersten Sätzen meiner Rede, wie das zu Beginn höfliche Interesse in professionelle, geschäftliche Aufmerksamkeit umschlug. Pausengesprächen entnahm ich, was den Ausschlag dafür gegeben hatte, daß man mich als „Frau vom Fach" annahm: Ich klebte nicht am

104

Manuskript für einen einstündigen Vortrag, sondern löste mich häufig davon, machte Ergänzungen, gab Kommentare, fügte Beispiele an.

Die Konferenz klang mit einem Empfang aus, an dem auch Hans Modrow teilnahm. Daß sich mancher Gast erst gegen Mitternacht verabschiedete, zeugt wohl von einem rundherum gelungenen Ereignis. Natürlich fuhr ich zufrieden und entspannt nach Hause. Die intensiven Vorbereitungsarbeiten hatten sich gelohnt, die Resonanz war durchweg positiv. Endlich stand mir ein etwas ruhigerer Sonntag bevor. Doch die Atempause war kurz. Bereits am Montag fielen Schatten auf das befriedigende Erlebnis.

Zwischen Konferenzende und Empfangsbeginn hatte es in Rahnsdorf eine Pressekonferenz gegeben. Sie verlief ohne Probleme und war für die Presseleute sehr ergiebig. Nachdem der offizielle Teil beendet war, blieben zwei Journalisten zurück. Einer fragte mich nach den weiteren Plänen zum Subventionsabbau, nachdem dies für Kinderbekleidung verkündet war. Da ich wußte, von welchen Medien sie kamen, und in der Annahme, dies habe mit der Pressekonferenz nichts mehr zu tun, gab ich in groben Stichworten Antwort. Im „Neuen Deutschland" stand dann zu lesen, was „am Rande der Rahnsdorfer Konferenz" zu erfahren gewesen sei: Die Regierung arbeite an einem Konzept des Abbaus der Subventionen, die allein bei Lebensmitteln zweistellige Milliardenbeträge erreichten. Wenn es dazu komme, sei ein personenbezogener Ausgleich in dreistelliger Höhe vorgesehen.

Schon am Montagmorgen hatte sich die Finanzministerin beim Ministerpräsidenten über mich beschwert. Als der mich zu sich rief, um die Sache zu bereinigen, lag auf seinem Tisch eine auf mich bezogene, an besagten ND-Artikel geheftete handgeschriebene Notiz seines wissenschaftlichen Mitarbeiters. Sie lautete: „Verbiete ihr doch endlich, daß sie über alles redet."

Das war es also, was trotz umfangreicher Medienberichterstattung von Rahnsdorf im Ministerrat übriggeblieben war. Manchem mag dieser Gang der Dinge gelegen gewesen sein, lenkte er doch ab von dem eindeutigen Punktsieg, den ich mit nach Hause gebracht hatte. Das Gespräch mit Hans Modrow verlief sehr sachlich. Er wußte die Angelegenheit einzuordnen.

Ein paar Tage später war ich offizieller Gast der Industrie- und Handelskammer Düsseldorf. Sie gab ihren Jahresempfang. Auf der Rednerliste standen außer dem Präsidenten der IHK, Rolf Schwarz-Schütte, und dem Rektor der Heinrich-Heine-Universität Düsseldorf, Professor Gert Kaiser, auch Dr. Eberhard Langer, Oberbürgermeister von – damals noch – Karl-Marx-Stadt, und ich. Meine Rede war stark angelehnt an den Vortrag auf der deutsch-deutschen Wirtschaftskonferenz, berücksichtigte aber bereits meine dort gesammelten Eindrücke.

Das Interesse des vielköpfigen Publikums, darunter des FDP-Vorsitzenden Graf Lambsdorff, war ungeteilt und das Presseecho überwiegend positiv. Beim anschließenden Abendessen saß ich mit dem Grafen an einem Tisch. Er meinte, es sei schon ein Erlebnis, aus ostdeutschem Munde das Wort Marktwirtschaft zu hören, wo die DDR-Offiziellen sich doch früher mit dem Planwirtschaftsvokabular überschlagen hätten. Er nannte ausdrücklich Mittag, mit dem man sich überhaupt nicht habe vernünftig unterhalten können. „Aber", fügte er hinzu, „bei aller Achtung vor Ihrem Konzept, die Schritte und Schnitte müssen viel radikaler sein."

An diesem Abend habe ich mir gedacht und später auch laut ausgesprochen: Wie hat dieser Mann mit der spitzen Zunge und dem oft herablassend wirkenden Auftreten eigentlich den Kontakt mit dem „göttlichen" Mit-

106

tag ertragen? War es nicht Lambsdorff, der häufig für ihn sozusagen den roten Teppich ausrollen ließ? Heute läßt sich das alles leicht mit der Unnachgiebigkeit des diplomatischen Protokolls erklären. Nur war es gegenüber Mitgliedern der Regierung Modrow, des „Hoffnungsträgers" vom Herbst, dann so unnachgiebig nicht mehr.

Weitere persönliche Begegnungen hatte ich mit dem FDP-Chef in der Folgezeit nicht. Aber über die Medien haben wir noch manchen Strauß miteinander ausgefochten. Je näher der März-Wahltermin rückte, desto heftiger, um nicht zusagen, aggressiver wurde der liberale Wirtschaftsexperte. Anfang Februar warb ich in einem Zeitungsinterview um Mittel der bundesdeutschen öffentlichen Hand im Rahmen eines Wirtschaftsverbunds zwischen beiden deutschen Staaten.

Ich sagte, Milliardenbeträge für beiden Seiten dienende infrastrukturelle Maßnahmen könnten sowohl durch drastische Abrüstung als auch aus der doch nun wohl überholten Förderung der Zonenrandgebiete frei werden. Der Graf rügte daraufhin empört meine angebliche Unkenntnis über den Sinn der Zonenrandförderung. Sicher rang er auch in jenen Territorien bereits um Wählerstimmen. Wenig später kam dieses Thema dann ja bei allen Parteien gar nicht mehr von der Tagesordnung.

Im selben Interview hatte ich betont, daß es mit mir als Wirtschaftsministerin den Verkauf eines Drittels der volkseigenen Industrie – wie in manchen Zeitungen vorgeschlagen – nicht geben würde. Die Reaktion des Grafen: Dann wird Frau Luft eben nicht Wirtschaftsministerin bleiben.

Natürlich bedurfte ich keiner Belehrung, daß Marktwirtschaft ohne Privatisierung nicht zu haben ist. Ich hatte mich dazu schon in einem Interview für die „Wirtschaftswoche" Anfang Dezember deutlich plaziert. Übri-

107

gens war die Reprivatisierung der 1972 enteigneten privaten und halbstaatlichen Betriebe bereits in die Wege geleitet. Aber erstens ging es bei den damaligen Presseartikeln um die Veräußerung eines beträchtlichen Teils des Volks-, besser: Staatseigentums mit dem Ziel, fällige Auslandsschulden zu begleichen. Ich hatte meine Zweifel, ob das ein vernünftiger, empfehlenswerter Weg sei. Zweitens stand Anfang Februar schon der vorgezogene Wahltermin fest. Und bis zum 18. März hätte sich auch rein praktisch eine Privatisierung weder in den genannten noch in geringeren Dimensionen bewerkstelligen lassen. Ganz abgesehen davon, daß sich am Runden Tisch für ein solches Projekt wohl auch keine Mehrheit gefunden hätte. Mir persönlich und vielen anderen ging es beim Thema „Volkseigentum" überhaupt nicht vordergründig um den Erhalt seiner rechtlichen Hülle. Die hatte wahrlich Effektivität und Innovation nicht befördert. Der Kern war vielmehr, es seinem sozialen Inhalt nach als dem Volke gehörend, unabhängig von der juristischen Form, zum Nutzen des Volkes zu bewahren und nicht zerfleddern zu lassen. Es ging darum, im Ansatz bereits erkennbaren Selbstbedienungsaktivitäten von Betriebsleitern entgegenzutreten, auf Verschleuderung an ausländische Investoren hinauslaufende Projekte zu unterbinden, praktikable Lösungen für den Aktienerwerb durch die Arbeitnehmer zu sichern. Und natürlich war an den Konditionen für den Verkauf eines Teiles des Staatseigentums an ausländische Interessenten und der günstigsten Art und Weise dafür zu arbeiten.

Bedauerlicherweise war ich wegen eines anderen Termins verhindert, an einer Podiumsdiskussion auf der Leipziger Frühjahrsmesse teilzunehmen. Lambsdorff war dort einer der Akteure und konnte sich die Bemerkung nicht verkneifen, daß Frau Luft von Marktwirtschaft viel zu wenig verstünde. Von Journalisten befragt,

108

wie ich das denn aufnähme, sagte ich kurz: „Bisher habe ich in der Annahme gelebt, Grafen hätten eine gute Kinderstube gehabt."

Zur Ehrenrettung des FDP-Chefs muß ich hinzufügen, daß er meinem persönlichen Mitarbeiter zuraunte, ich solle ihm seine Äußerungen nicht krummnehmen. Das sei nun mal der Tribut, den die Politik fordere.

Auf dem Programm meines Düsseldorf-Aufenthalts stand auch eine Zusammenkunft mit dem nordrhein-westfälischen Ministerpräsidenten Johannes Rau. Trotz einer fiebrigen Erkältung und daher versäumter Sitzung des eigenen Kabinetts hatte er dieses Treffen nicht abgesagt.

„Wir leben in einer Zeit, in der einem das Wort im Munde alt wird." – Das war das anschauliche Bild, das Rau in unserem Gespräch für die Dynamik der damaligen Vorgänge fand. Mir gefiel sein origineller Satz, und ich habe ihn später oft bei passender Gelegenheit wiederholt, nie jedoch, ohne auf den Urheber zu verweisen.

Ich warb bei dieser Begegnung um Vertrauen für die DDR und um Investitionsbereitschaft. Hauptgegenstand des Meinungsaustausches, an dem auch der Wirtschaftsminister des Rau-Kabinetts teilnahm, waren daher geeignete Projekte der Zusammenarbeit zwischen Nordrhein-Westfalen und der DDR. Meine Gesprächspartner unterstrichen ihr Interesse an einer Kooperation zwischen Kraftwerken, auf dem Gebiet der Entsorgungs- und Umwelttechnik, in der Eisen- und Stahlbranche, in der Druckindustrie und im Tourismus. Die Projekte, betonte Rau anschließend vor der wartenden Presse, sollten so schnell wie möglich realisiert werden. Das hänge aber von den Verhandlungen über die Vertragsgemeinschaft zwischen beiden deutschen Staaten ab. Diese Sätze fielen – wie gesagt – in der zweiten Januardekade 1990. Anfang Februar war dann auf der Bonner Seite von einer Vertragsgemeinschaft keine Rede mehr. Wieder ein Beispiel für das alternde Wort im eigenen Munde.

Der nordrhein-westfälische Landesvater informierte darüber, daß er je zwei Minister seines Kabinetts für ein Territorium in der DDR, den alten Länderstrukturen entsprechend, verantwortlich gemacht habe. Sie sollten Kontakte entwickeln und die kontinuierliche Zusammenarbeit fördern. Man war also schon dabei, sich auf neue föderalistische Strukturen im Osten Deutschlands einzurichten.

Johannes Rau kam auch auf seinen jüngsten Besuch in Ostberlin zu sprechen, dem ersten nach dem Fall der Mauer. Es war erstaunlich, daß dem Manne sofort aufgefallen war, was der Regierung der DDR seit Wochen Sorgen bereitete: die gemessen an früheren Zeiten vergleichsweise geringe Präsenz von Schutz- und Verkehrspolizei auf den Straßen. Er hielt die Rücknahme des vorher übertriebenen Einsatzes von Sicherheitskräften für wohltuend und ein gutes Zeichen, meinte aber, daß nun das notwendige Maß unterschritten sei. Man könne ja nicht einmal einen Uniformierten finden, um nach dem Weg zu fragen, wenn man sich verfahren hätte. Ein Staat müsse unter allen Umständen die öffentliche Ordnung gewährleisten.

Nach meiner Rückkehr gab ich diesen Eindruck Raus im Ministerrat wieder. Es stellte sich heraus, daß auch andere Ministerkollegen von ihren auswärtigen Besuchern bereits solche Hinweise bekommen hatten. Für den Innenminister Lothar Ahrendt mußten das Signale sein, die gebotene Normalität herzustellen, selbst wenn man die Zurückhaltung der Polizei in jenen Wochen verstehen konnte.

Zum Schluß unseres Gesprächs, das trotz des gesundheitlich angeschlagenen Gastgebers länger als vom Protokoll vorgesehen gedauert hatte, bat Johannes Rau darum, wir sollten uns gemeinsam im Gästebuch der Düsseldorfer Landesregierung verewigen.

Während des zweitägigen Januar-Besuchs in Düsseldorf und Bonn kam es zu weiteren interessanten und ergiebigen Gesprächen mit hochrangigen Vertretern der Industrie und des Bankwesens. Die Gesprächspartner vom BDI, vom DIHT, von der Dresdner Bank und der West LB sprachen sich befriedigt über den Wirtschaftsreformkurs der Modrow-Regierung aus. Besorgt waren sie – wie wir – über die anhaltende Ausreisewelle. Man müsse den Menschen schnell Hoffnungszeichen geben, Signale setzen, daß das Dableiben lohne. Es waren durchweg geeignete Vorschläge: nicht halbherzig, sondern konsequent, auch risikobereit den vorhandenen Initiativen von DDR-Bürgern unbürokratisch Entfaltungsmöglichkeiten zu geben, das lähmende Genehmigungssystem entschieden zu vereinfachen, die Gewerbe-, Vertrags- und Berufsfreiheit einzuführen, die Bevölkerung laufend über die Reformabsichten der Regierung und die nächsten praktischen Schritte zu informieren. All dies habe ich mit Hilfe meines Teams in Berlin schnell in die Wege zu leiten bzw. zu beschleunigen versucht. Erste Ergebnisse beim Abbau bürokratischer Hemmnisse wurden noch vor dem 18. März spürbar.

In mehreren Gesprächen erfolgten unterschwellig Hinweise auf sich in der BRD mehrendes Unverständnis, daß mancher Repräsentant der alten DDR-Machtstrukturen bereits wieder in Regierungsverantwortung stehe und nun bei verschiedenen Gelegenheiten geflissentlich versuche, die Reformbemühungen der Modrow-Regierung gegenüber westlichen Partnern zu verdeutlichen. Diese hielten eine Darlegung der Wirtschaftsreform durch nicht vorbelastete Vertreter für glaubwürdiger. Ich verstand diesen leisen Fingerzeig. In der Folge blieb

111

das bei der Zusammensetzung von offiziellen Verhandlungsdelegationen der DDR nicht unberücksichtigt.

Es gab auch eine ganze Reihe sehr praktischer Resultate: Der Präsident des DIHT, Hans Peter Stihl, schlug vor, Hilfe beim Aufbau einer leistungsfähigen Kammerorganisation in der DDR zu leisten. Er wie auch der Chef des BDI, Tyll Necker, boten an, DDR-Experten bei der Ausgestaltung des Steuer- und Gewerberechts zu beraten. Der Vorstandsvorsitzende der West LB, Friedel Neuber, erklärte die Bereitschaft seines Instituts, zur Entwicklung eines leistungsfähigen Geschäftsbankensystems in der DDR sofort die kostenlose Schulung von Bankangestellten zu übernehmen.

Dr. Röller, der Präsident des Bundesverbandes Deutscher Banken, sagte zu, zum gleichen Zweck ein Expertenteam der Dresdner Bank für längere Zeit nach Berlin zu entsenden. In keinem dieser Gespräche mit Spitzenvertretern der bundesdeutschen Geschäftswelt gewann ich das Gefühl, daß man mir gegenüber irgendwelche Vorbehalte habe. Jeder Meinungsaustausch verlief sehr sachlich. Politische Gegensätze und wechselseitiger Respekt schlossen sich nicht aus. Die Atmosphäre entbehrte fast nie einer gewissen Herzlichkeit. Hilfsangebote wurden von den Partnern nicht von oben herab oder besserwisserisch unterbreitet.

Daß sie auf längere Sicht dabei auch ihr eigenes Interesse nicht aus dem Auge verloren, gehörte zu den üblichen Spielregeln. Alles mußte sich letztlich „rechnen". Verschenkt wurde nichts. Überraschen durfte das niemand. Es zwang nur, unsererseits die zu erreichenden Ziele genau abzustecken. Mir schien, daß diese realistisch denkenden und nüchtern kalkulierenden Wirtschaftsleute der gegenseitig vorteilhaften Kooperation zwischen beiden allmählich zusammenwachsenden Teilen Deutschlands durchaus eine Chance gaben. An eine

Auf der KSZE-Wirtschaftskonferenz am 9. April 1990 trägt sich Christa Luft in das Goldene Buch der Stadt Bonn ein.

Währungsunion ab 1. Juli 1990 und an eine staatliche Vereinigung in weniger als neun Monaten glaubte damals in dem Kreise niemand.

Politikerbesuche am laufenden Band

„Frau Luft ist ganz in Ordnung, nur ist sie in der falschen Partei." Das war das Urteil von Professor Reimut Jochimsen, damals Minister für Wirtschaft, Mittelstand und Technologie in der Düsseldorfer Landesregierung, nach mehrmaligem Zusammentreffen, zuletzt auf der Leipziger Frühjahrsmesse 1990. So wie er mag mancher seiner Kollegen gedacht haben. Aber ist es für eine Partei nicht eher von Vorteil, Leute unterschiedlicher Couleur in ihren Reihen zu haben? Wie sähe doch die CDU aus, gäbe es dort nur die forschen Rühes und nicht auch die ausgewogeneren Süssmuths?

Professor Jochimsen, ein hochintelligenter Mann und charmanter Plauderer mit mir sehr sympathischen Bindungen zu Mecklenburg, schied bald aus der aktiven Politik aus.

Die Modrow-Regierung offiziell besucht und sich über das Wirtschaftskonzept informiert zu haben, gehörte damals nicht nur zum guten Ton, sondern war auch Teil des Wettlaufs zwischen den Bundesländern um möglichst gute Startchancen auf dem DDR-Territorium.

Lothar Späth und Björn Engholm, die Chefs von Baden-Württemberg und Schleswig-Holstein, gaben sich bei Hans Modrow die Klinke in die Hand. Der nordrhein-westfälische Landesvater Johannes Rau traf den DDR-Regierungschef auf der Frühjahrsmesse in Leipzig. Ein Gesprächspartner Modrows war auch der CDU-Bundestagsabgeordnete Professor Kurt Biedenkopf. Dr. Carl-Ludwig Wagner, der rheinland-pfälzische Ministerpräsident, und der Erste Bürgermeister der Freien und Hansestadt Hamburg, Dr. Henning Voscherau, warteten seiner Stellvertreterin mit einem Besuch auf.

Voscherau übrigens war in Begleitung von Professor Karl Schiller, jenes Mannes, der mir seit meiner Studenten- und Assistentenzeit aus der Fachliteratur ein Begriff war. Er ist der Erfinder der konzertierten Aktion zwischen Regierung, Unternehmerverbänden und Gewerkschaften. Von 1961 bis 1965 wirkte der Sozialdemokrat als Wirtschaftssenator in Westberlin, und 1966 bis 1972 bestimmte er als Minister maßgeblich den Wirtschaftskurs der Bundesregierung unter Kurt-Georg Kiesinger und Willy Brandt.

Äußerlich wirkte Schiller fast unverändert, und die kleinen Augen hüpften lustig hinter der Nickelbrille. Er, der sich während des Gesprächs zurückgehalten und aufmerksam der Vorstellung des Reformkonzepts gelauscht hatte, zuckte plötzlich zusammen, als hätte ihn jemand verletzt. Ursache dafür war meine Bemerkung, wir würden nach einem völlig neuen Grundmuster von Planung streben. Gemeint war der Abschied vom Prinzip des sogenannten demokratischen Zentralismus, von den pedantischen Vorgaben fast aller Details, von der strengen Bilanzierung und Kontingentierung. Aber das konnte nicht Verzicht auf staatliche Strukturpolitik und strategische Planung überhaupt bedeuten. Gewöhnlich gab es dazu auch kaum Widerspruch, denn jedes moderne Industrieland verfährt so.

Aber meine sicher ungeschickte Formulierung, dies als ein „anderes Grundmuster von Planung" zu bezeichnen, nährte bei meinem etwas mißtrauischen Gegenüber den Verdacht, daß hier jemand eine wirtschaftskosmetische Operation vorbereite, die aber das Übel nicht an der Wurzel packe.

Zu einer ähnlichen Reaktion Schillers kam es, als das

Gespräch sich der regulierenden Rolle von Angebot und Nachfrage und der damit verbundenen Freigabe der Preise zuwandte. Meinen Hinweis darauf, die DDR-Realität sei nicht dazu angetan, marktwirtschaftliches Lehrbuchwissen unbesehen zu praktizieren, und mein Plädoyer für ein – wenn auch schon sehr gerafftes – Stufenprogramm des Subventionsabbaus quittierte er mit einem mitleidigen Lächeln.

Ich fand es bedauerlich, daß das Zusammentreffen mit diesem interessanten Mann nicht ergiebiger ausfiel. Traute man uns wirklich nicht zu, die marktwirtschaftliche Philosophie zu begreifen? Konnte nur der imponieren, der im Wettstreit mit anderen am besten die bekannten marktwirtschaftlichen Prinzipien nachbetete? Das Erfordernis der damaligen Zeit war das jedenfalls nicht. Man stelle sich vor: Wenige Wochen nach der dilettantischen, völlig unvorbereiteten Grenzöffnung, bei zweieinhalbmal niedrigeren Nettolöhnen in der DDR gegenüber der BRD und immer noch anhaltendem Übersiedlerstrom hätte die „nicht legitimierte" Modrow-Regierung ohne Ausgleich die Preisstützungen für Lebensmittel gestrichen, die Mietpreisbindung aufgehoben, den Import liberalisiert und auf diese Weise die eigene Produktion ruiniert! Das hätte nicht nur im Lande zu einem politischen Skandal in der sehr bunten Landschaft von Parteien und Bürgerbewegungen geführt. Es hätte auch die Abstimmung mit den Füßen für beide Seiten unerträglich angefacht.

Was den Dissens in Sachen Planung anbetrifft, so weiß ich nicht, ob Professor Schiller ein paar Tage später eine Talkshow im DDR-Fernsehen verfolgt hat, an der Dr. Carl Hahn, der Vorstandsvorsitzende der Volkswagen-AG Wolfsburg, teilnahm. Wer in der Runde am meisten von der Unverzichtbarkeit der strategischen Planung sprach, wer nicht gewillt war, alles den Selbst-

116

heilungskräften des Marktes zu überlassen, das war dieser Mann, den ich bei vielen anderen Gelegenheiten später persönlich kennen- und seiner Sachlichkeit wegen schätzenlernen sollte. Er hatte zu den Begriffen Plan und Planung keinerlei Berührungsängste, so wie das bei manchen DDR-Managern und auch Wissenschaftlern damals zu spüren war. Wenn ich später in die Verlegenheit kam, die bewußte Vokabel zu verwenden, zitierte ich scherzhaft immer Herrn Hahn als meinen unverdächtigen Kronzeugen.

Noch lange mußte ich an das Zusammentreffen mit Schiller zurückdenken. Mir ging durch den Kopf, wie ich die Zeit erlebt hatte, in der dieser Professor auf der politischen Bühne agierte. Was wußte er von unseren damaligen Vorstößen und den Rückpfiffen, von der Courage, den Konflikten und bitteren Lernprozessen der DDR-Wissenschaftler?

Anfang der 60er Jahre hatte es im zweiten deutschen Staat den Versuch einer Korrektur des Wirtschaftskurses gegeben. Im Auftrage des Politbüros des ZK der SED befaßten sich Arbeitsgruppen aus Wirtschaftspraktikern und Wirtschaftswissenschaftlern, darunter Vertretern der Hochschule für Ökonomie, mit den Grundsätzen und der Funktionsweise eines neuen ökonomischen Systems. Das Verhältnis von Plan und Markt nahm dabei eine zentrale Rolle ein. Die Arbeitsgruppen empfahlen eine stärkere „Ausrichtung der Betriebe und Zweige auf den Markt". Sie plädierten für „eine richtige Stellung des Gewinns als Ausdruck der Ökonomie der Zeit und des Markverhaltens der Betriebe".

Ich war damals junge Assistentin und verfolgte interessiert die Diskussionen. Die gewonnenen Einsichten kamen auch meiner 1964 verteidigten Dissertation zu den Wirkungen der internationalen Arbeitsteilung und des Außenhandels auf die Arbeitsproduktivität in der Empfängerröhrenindustrie der DDR zugute. Meine Publikationsliste weist für jene Jahre mehrere Artikel zur Rolle des Marktes im System der Leitung und Planung aus.

Die den Markt respektierenden Erneuerungsversuche blieben in der Wirtschaftspraxis leider eine Episode. Subjektivismus und Bürokratie gewannen die Oberhand. Das warf auch Schatten auf die wissenschaftliche Arbeit. Mit meiner 1968 abgeschlossenen Habilitationsschrift zum Zusammenhang von ökonomischen und psychologischen Marktfaktoren hatte ich für manche ein recht politikfernes Thema gewählt. Für einige galt ich schlicht als „Spinner". Erst in der zweiten Hälfte der 70er Jahre erwies sich, daß ich mit dieser Arbeit wesentliche Grundlagen für eine Verkaufspsychologie im Außenhandel der DDR gelegt hatte.

Es liegt mir wirklich fern, mich im nachhinein zu dem hochzustilisieren, was man einen „Marktwirtschaftler" nennt. Das war ich weder von meiner Ausbildung her, noch gab es in der damaligen Praxis dafür einen Bedarf. Aber damit, was der Markt kann und wo er seine Grenzen hat, habe ich mich – wie viele meiner Kollegen – nicht erst seit der Wende beschäftigt. Der Markt war nach unseren Einsichten ohne Zweifel der unbestechliche Spiegel der eigenen Leistung. Dem freien Spiel der Marktkräfte sollte man jedoch nach unseren Beobachtungen dort nicht das Feld überlassen, wo es um wissenschaftsstrategische, strukturpolitische, ökologische und ethische Erfordernisse ging.

Interessierte und interessante Gesprächspartner waren in der Zeit zwischen November 1989 und März 1990 auch die Wirtschaftsminister fast aller anderen Bundesländer, so Hermann Schaufler von Baden-Württemberg, Rainer Brüderle von Rheinland-Pfalz, Walter Hirche von Niedersachsen. Mit ihnen allen kam es nach dem offiziellen Teil der Gespräche zu sehr aufgelockerten, angenehmen Unterhaltungen über verschiedenste Themen. Sie reichten von aktuellen politischen Ereignissen bis zum familiären Bereich. Eine gezwungene Atmosphäre mit Berührungsängsten gab es weder auf der einen noch der anderen Seite. Übrigens trugen diese und alle anderen Politikerbesuche Arbeitscharakter. Sie waren nicht, wie oft zu Honeckers Zeiten, nur Höflichkeitsvisiten oder Anlässe zur medienwirksamen Selbstbespiegelung. Auch war das Protokoll diesem Zweck angepaßt.

Mit August Lang, dem kantigen, gemütlichen Kollegen aus dem Freistaat Bayern, schloß sich während der Leipziger Frühjahrsmesse 1990 der Reigen der Wirtschaftsministerbesuche. Er sollte der erste sein, dem ich – dann schon wieder in meinem Wissenschaftsmetier – erneut begegnete. Das war, als er Ende August 1990 die Teilnehmer eines internationalen Symposiums in Wildbad Kreuth am Tegernsee begrüßte. Von den Reformvorgängen in Osteuropa versprach er sich auch größere Chancen für die bayrische Exportwirtschaft. 1989 – so illustrierte er seinen Gedanken – seien nur 3 Prozent der Ausfuhren des Freistaates in die RGW-Länder gegangen, d. h. so viel wie allein Schweden und die Hälfte von dem, was die kleine Schweiz den Bayern abnahm.

Mehrfache Zusammenkünfte in Berlin und Bonn gab es mit meinem Amtskollegen, Bundeswirtschaftsminister Helmut Haussmann. Auch hierbei handelte es sich nie um Anstandsbesuche oder formale Akte. Stets ging es um ganz praktische Fragen der Kooperation, und keines der Treffen verlief ohne konkrete Ergebnisse. Dazu gehörte zum Beispiel auch die Übereinkunft, daß von der DDR vorzubereitende rechtliche Regelungen im Entwurf mit Experten des Bonner Wirtschaftsministeriums beraten wurden. Das betraf unter anderem die Jointventure-Verordnung, die Verordnung über die Gewerbe-

119

freiheit, das Steueränderungsgesetz und das Niederlassungsgesetz.

Diese gegenseitige Information und Konsultation funktionierte gut, selbst wenn es nicht in jedem Einzelfall Konsens gab.

Auf diese laufenden engen Kontakte ist zurückzuführen, daß von der 49-Prozent-Klausel für die Begrenzung von Auslandskapital (was noch Kapital aus der BRD einschloß) an Gemeinschaftsunternehmen Klein- und Mittelbetriebe sowie Projekte von volkswirtschaftlicher Bedeutung ausdrücklich ausgenommen waren. Das bot nach meiner Ansicht damals genügend Spielraum für ernsthafte Interessenten. Es ist wohl eine Schutz- und Zweckbehauptung, wenn gesagt wird, die 49-Prozent-Klausel hätte Investoren abgeschreckt. Mir ist kein einziger solcher Fall bekannt. Im Gegenteil! Firmen mit echten Investitionsabsichten haben daran keinerlei Anstoß genommen. Die Volkswagen AG und die Lufthansa waren dafür renommierte Beispiele.

Es darf aber auch folgendes nicht übersehen werden: Die Volkskammer in ihrer damaligen Zusammensetzung hätte garantiert der notwendigen Änderung des Verfassungsartikels, der in der Industrie die Dominanz des Volkseigentums festschrieb, ohne besagte Beteiligungsgrenze für auswärtiges Kapital die Zustimmung versagt. Auch der Runde Tisch hätte das nicht hingenommen. Persönlich hielt ich zwar von dieser „Ausverkaufs"besorgnis gar nichts, aber sie war nun einmal da.

Und welch gewaltigen Sprung im Denken und Handeln hatte eine Regierung der DDR hier nicht ohnehin schon in den wenigen Wochen vollzogen! Noch Mitte Oktober 1989 auf dem Malenter Symposium war es den anwesenden Generaldirektoren von Außenhandelsbetrieben der DDR laut Direktive streng untersagt gewesen, offiziell in ihren Beiträgen oder inoffiziell am Rande

120

der Veranstaltung das damalige Tabu-Thema „Joint venture" zu berühren.

Erinnerlich ist mir, daß Helmut Haussmann kurz nach unserem ersten Gespräch in Berlin und eineinhalb Tage vor dem Treffen von Kohl und Modrow in Dresden mich abends zu Hause anrief. Er hatte gerade die Zusammensetzung der DDR-Delegation für Dresden zur Kenntnis genommen und mich auf der Liste vermißt. Er beschwor mich fast, doch unbedingt zu kommen, und sei es zum Fototermin. Nach seiner Ansicht fehlten sonst neue Gesichter und neue Handschriften.

Infolge anderer Aufgaben ließ sich das so kurzfristig nicht mehr einrichten. Aber durch dieses Gespräch fiel bei mir endgültig der Groschen: Reformabsichten konnten nur glaubhaft vermittelt werden, wenn das bis hin zur personellen Komposition von Delegationen und Expertengruppen sichtbar würde und wenn das auch in der Zusammensetzung des Ministerrates seinen Niederschlag fände. Im Januar gab es dann einen Wechsel in etlichen Ressorts.

Im Zusammenhang mit dem Besuch des französischen Staatspräsidenten Mitterrand vom 20. bis 22. Dezember informierten sich die beiden Minister für Industrie bzw. Handel Frankreichs, Fauroux und Rausch, bei mir über die Wirtschaftspläne der DDR und erkundeten die Chancen einer noch intensiveren Zusammenarbeit. Sie wollten – wie sie durchblicken ließen – die DDR nicht der BRD-Wirtschaft als „privaten Jagdgrund" überlassen. Leider kam es bis zu den Märzwahlen nicht zu auch öffentlich sichtbaren Zeichen eines verstärkten französischen Engagements. Mitterrand hatte im übrigen sein Befremden über den – wie er fand – äußerst dürftigen Personenschutz zu erkennen gegeben. Ihm war aber genau das zuteil geworden, was damals in der DDR bei Staatsbesuchen als Norm galt.

Im Januar hatte ich während meines ersten offiziellen Bonn-Aufenthaltes Gelegenheit, den Wirtschaftspolitischen Sprecher der SPD-Fraktion im Bundestag, Wolfgang Roth, persönlich kennenzulernen. Natürlich drehte sich das Gespräch in der SPD-Baracke vornehmlich um die akuten und die künftigen Probleme im Zusammenleben und Zusammenwachsen der beiden deutschen Staaten. Ein Kernpunkt war die gerade in den Medien Wogen schlagende Diskussion um einen „Lastenausgleich" der BRD gegenüber der DDR. Meinungen wurden ausgetauscht über geeignete Stufenregelungen für ein Umtauschverhältnis zwischen der Mark der DDR und der D-Mark.

Zur Sprache kamen mögliche Schritte der Bundesregierung zur Begrenzung des Zustroms von Bürgern aus der DDR. Auch Roth lehnte – wie vor Wochen bereits Schäuble – administrative Maßnahmen der Bundesregierung zum Stop der Übersiedlungen ab. Er machte sich jedoch gewisse Hoffnungen, daß auf Länderebene die Zuzugsmöglichkeiten beschränkt würden. So verwies er auf die in Baden-Württemberg angelaufene Diskussion eines SPD-Vorschlages, die Notaufnahmelager nicht auszudehnen und finanzielle Unterstützungen für DDR-Aussiedler einzustellen.

Das Gespräch mit Wolfgang Roth verlief in unverkrampfter Atmosphäre, ohne jegliche Berührungsängste. Der Gastgeber ermunterte mich sehr locker, mich unbedingt auf den Stuhl zu setzen, auf dem gewöhnlich der Parteivorsitzende Dr. Vogel bei Besprechungen säße. Ich tat ihm den Gefallen. Auch bei den nächsten, oft zufälligen Gelegenheiten begrüßte er mich stets sehr freundlich und suchte von sich aus den Kontakt.

Als dann im Laufe des Jahres das Wahlkampfbarometer stieg, konnte auch dieser von Natur aus unkomplizierte SPD-Mann sich wohl nicht ganz von Abgren-

122

zungsreaktionen freihalten. Ich habe eine ziemlich feine Ader dafür und spürte das am 9. Juli in Osnabrück. Ich war als ehemalige Wirtschaftsministerin und als Volkskammerabgeordnete von der dortigen Universität zu einer Podiumsdiskussion über die Konsequenzen der Währungsunion zwischen der BRD und der DDR eingeladen. Ursprünglich sollte Birgit Breuel, vormals Finanzministerin von Niedersachsen, meine Partnerin sein. Nach der dortigen Wahlniederlage der CDU sagte sie jedoch ab.

Kurzfristig wurde Wolfgang Roth gewonnen. Er hatte mit seiner Zusage zunächst gezögert, weil ein öffentliches Auftreten gemeinsam mit PDS-Mitgliedern in seiner Partei nicht so gern gesehen war. Wenn er sich doch entschloß, war es wohl auch ein Zeichen dafür, daß er mir persönlich gegenüber keine Vorbehalte hatte, sondern mich als Mensch und Fachkollegin achtete. Wir lagen in unseren Einschätzungen zu dem Problem des Abends gar nicht weit auseinander, und er nutzte die Diskussion vornehmlich zum Wahlkampf gegen die CDU. Ich spürte aber, daß er am Rande der Veranstaltung den Kontakt zu mir beschränkte. Schade, welche bisweilen verklemmten Verhaltensweisen parteipolitische Disziplin mitunter abverlangt!

Beeindruckt war ich von der Präzision und Weitsicht, mit der die Bundestagsabgeordnete der Grünen, Antje Vollmer, bei einem Besuch im Ministerrat Fragen nach dem RGW-Handel der DDR stellte und nach den Gefahren, die für diese Beziehungen aus dem Vereinigungsprozeß erwachsen könnten. Sie bereitete sich gerade auf eine Parlamentsdebatte vor. Wie genau sie und ihre Begleitung den Finger auf die richtige Stelle gelegt hatten, sollte sich Monate später bereits zeigen. Der Termin des Zusammentreffens mit Frau Vollmer wird mir nicht so schnell aus dem Gedächtnis schwinden. Ich wurde an dem Tag wieder ein Jahr älter. Und so trank ich den nachmittäglichen Geburtstagskaffee mit meinen „grünen Gästen". Sie konnten davon natürlich nichts ahnen.

Meine Ministerratskollegen hatten dieses Datum gespeichert, und da es auf einen Donnerstag fiel, waren alle zur regulären morgendlichen Ministerratstagung beisammen. Die warmherzigen Worte und guten Wünsche von Hans Modrow klingen mir noch im Ohr. In meinem Arbeitszimmer hatte ich schon vor der 8-Uhr-Sitzung viele sehr anrührende Zeichen der persönlichen Verbundenheit meiner Kollegen und Mitstreiter vorgefunden. Um der ansonsten sicher wieder sehr ernüchternd verlaufenden Tagung einen kleinen Farbtupfer zu geben, hatte ich vorsorglich eine Runde Sekt bestellt. Das hat es in dieser Mannschaft vorher und auch nachher nicht wieder gegeben.

Tags darauf besuchte ich meinen Amtskollegen Medgyessy, den ungarischen Stellvertreter des Ministerpräsidenten für Wirtschaft. Zu verhandeln war über die ins Stocken geratene Lieferung von IKARUS-Bussen. Wir fanden eine für beide Seiten annehmbare Lösung. Das Protokoll sah auch eine Visite beim damaligen Ministerpräsidenten Németh vor. Ich traf einen noch jungen, von Natur dynamischen, aber bereits resignierenden Mann an. Er war sich seines Anteils an den Veränderungen in Ungarn und in den Ost-West-Beziehungen wohl bewußt, sah ihn jedoch nicht honoriert.

Dieser Budapest-Besuch war im übrigen das einzige Mal, daß ich ganz auffällig von einem Schutz umgeben war. Bei einem knapp einstündigen mittäglichen Bummel durch die Innenstadt bahnten mir drei Sicherheitsbeamte den Weg durch die flanierende Menge. Mußte man dadurch nicht erst recht auffallen?

Erlebnisse mit Journalisten

Wieviel Zeit sie insgesamt gekostet haben, all die vielen Medienverpflichtungen, niemand hat das exakt gemessen. Als Regierungsmitglied gab ich zwischen dem 18. November 1989 und dem 18. März 1990 etwa 30 Interviews für Tageszeitungen und Zeitschriften und mindestens 35 Interviews für Rundfunkanstalten. Fünfmal nahm ich an Fernsehdiskussionen teil. Unzählige Male war ich auf nationalen und internationalen Pressekonferenzen sowie bei Pressegesprächen gefragt.

Dabei konnten rein aus Zeitgründen gar nicht alle Wünsche erfüllt werden. Einige von sich und dem Renommee ihres Mediums besonders überzeugte Journalisten nahmen dafür auf ihre Art gewissermaßen Revanche. So „Der Spiegel", der – wie ich erst hinterher erfuhr – mehrere Anläufe gemacht hatte, um zu einem Termin zu kommen. Eines Tages hieß es in meinem Vorzimmer, ein „Spiegel"-Journalist habe gemeint: „Na, da sie nicht wollte, haben wir selber etwas zusammengestellt." Und so war es dann auch. Gut getimt zum Auftakt des offiziellen Bonn-Besuches, erschien ein Artikel unter der Überschrift „Wirtschaftsministerin der DDR am Ende". Von einer „spröden Mecklenburgerin" war die Rede, „die allerdings gewandt mit dem Wort umgehen" könne. Vor zwei Wochen bei einer Zusammenkunft mit dreißig hochkarätigen Wirtschaftsvertretern aus der BRD – von der Westpresse noch hoch gefeiert –, hätte sie nun auf einer vom „Handelsblatt" im Berliner Palasthotel veranstalteten Podiumsdiskussion nur Häme geerntet.

Ein weiterer Teilnehmer am Podium war z. B. Wolfgang Schnur, der damalige Vorsitzende des Demokratischen Aufbruchs. Einer gewissen Pikanterie entbehrt es wohl nicht, wenn „Der Spiegel" ihm relativ hohe Noten gab. Schnur ließ sich zum Beispiel ob seiner damals wie heute falschen Behauptung feiern, die Mehrzahl der LPG-Bauern sehne sich nach privaten Formen des Wirtschaftens zurück. Es reichte eben, von der Opposition zu sein und unerhört demagogische Reden von sich zu geben. Bis er dann, als langjähriger bezahlter Stasispitzel enttarnt, in der Versenkung verschwand.

Hätte „Der Spiegel" lieber diesen Hintergrund sorgfältig recherchiert, anstatt über mich Dinge in die Welt zu setzen, die weder Hand noch Fuß hatten. Zwei Kostproben dafür aus besagtem Artikel:

Mag sein, daß unter den Hunderten von Außenwirtschaftsabsolventen, die durch meine Hände gegangen sind, auch der eine oder andere eine Tätigkeit im Ministerium für Leichtindustrie aufgenommen hat. Der typische Fall war das aber nicht. Gerade diesem untypischen Fall ist jedoch „Der Spiegel" auf die Spur gekommen oder, besser, auf den Leim gegangen. Der dort angeblich Befragte wußte zu berichten, daß man von mir „nichts als Politische Ökonomie des Sozialismus" habe hören können. Vielleicht hat der Betreffende – wenn es ihn denn gab – einfach etwas verwechselt?

Ein anderer Flop war der Bericht über die Verabschiedung der Rektorin aus dem Amt an der Hochschule für Ökonomie. Mit „versteinertem Gesicht" hätte sie die Rede ihres Nachfolgers angehört, der zu den Grundlagen für die geistige Entwicklung an der Hochschule neben dem Kommunistischen Manifest ausdrücklich auch die Bergpredigt und die deutsche Klassik gezählt habe. Welchen Widerspruch sollte es dazu wohl von meiner Seite geben? Hätte der ach so scharf sehende Reporter

126

doch ebenso gute Ohren gehabt, dann wäre ihm der herzliche Beifall nicht entgangen, den die scheidende Rektorin im überfüllten Auditorium maximum erhielt.

Es war dies meine nachhaltigste persönliche Erfahrung mit unseriösem Journalismus in dieser Zeit. Der Artikel sollte mich treffen, er tat auch weh, selbst wenn er eines solchen Gefühls nicht wert war. Aber ich – und dies traf wohl auf manchen meiner Minister-Kollegen auch zu – war psychologisch auf solche Art Pressekampagnen, Anwürfe und Angriffe überhaupt nicht vorbereitet. Ohne jegliche Einstimmung auf ein Regierungsamt war ich bar des Know-how, wie man öffentliche Verunglimpfungen verkraften und damit leben lernt.

Ich hatte natürlich verfolgt, daß Demokratien dabei waren, sich zu Mediokratien zu entwickeln. Ich wußte, daß Schmähungen vor aller Augen und Ohren in westlichen Ländern für Politiker zum Alltag gehören und sie so im Blickpunkt bleiben. Für mich jedoch war das eine völlig neue Erfahrung. Sie schmerzte anfangs um so mehr, als die frühere SED-Politprominenz eine überwiegend wohlwollende Resonanz in den West-Medien gefunden hatte. So gab selbst „Der Spiegel" am 23. Oktober 1989 zu, „dem alten, jetzt geschaßten SED-Chef Erich Honecker ... in freundlich-distanzierter Beziehung gestanden zu haben".

Mir wurde dann bald klar, weshalb der eine und der andere Journalist so etwa Anfang Februar '90 in der Kommentierung meiner Tätigkeit und meines Auftretens umschwenkte. Im November, Dezember und Januar hatte es nicht unkritische, aber vom Ton sachliche und inhaltlich ausgewogene Berichte gegeben. So schrieb zum Beispiel die „Frankfurter Allgemeine Zeitung" noch am 17. Januar: „Die Wirtschaftsministerin der DDR, Christa Luft, hat bei ihrem ersten Besuch in Bonn einen ruhigen und selbstbewußten Eindruck gemacht. Sie

127

wirkte nicht wie eine Politikerin, die unter dem starken Druck des Volkes steht." Der „General-Anzeiger" hob am selben Tag hervor: „Das Konzept, das die Ministerin vor Industriellen auf dem Wege zur Verwirklichung der Marktwirtschaft zeichnet, wird viele überzeugen."

Als dann am späten Abend des 28. Januar 1990 am Runden Tisch mit dem Ministerpräsidenten die Übereinkunft erzielt wurde, die Volkskammerwahlen vorzuziehen, begann schlagartig der Wahlkampf. Zum Ritual gehörte der Versuch einer öffentlichen Demontage des Ansehens, vor allem von SED-PDS-Regierungsmitgliedern. Bis dahin hatte man auch sie in der nicht einfachen Rolle von Stabilisatoren einer gewaltfreien und möglichst geordneten Entwicklung des gesellschaftlichen und wirtschaftlichen Lebens der DDR bis zu den ursprünglich für den 6. Mai angesetzten ersten freien Wahlen gesehen.

So berichtete zum Beispiel „Die Welt" vom 14. Dezember '89 über das Treffen des amerikanischen Außenministers Baker mit Modrow in Potsdam, „der Gast aus Washington habe den Übergangscharakter der DDR-Regierung hervorgehoben, die aber stützens- und stabilisierungswert sei. Es müsse eine ruhige und gewaltfreie Fortsetzung des Reformprogramms des Modrow-Kabinetts gewährleistet werden. Insofern solle auch die Kirche in der DDR stabilisierend wirken, damit Modrow bis zum 6. Mai seine Chance bekäme". Baker habe in einer Eindeutigkeit und Selbstverständlichkeit von diesem Kabinett gesprochen, daß er in Modrow selbst offensichtlich einen derzeit ernst zu nehmenden Politiker in der DDR sehe.

Auch später, als ich gar nicht mehr Ministerin war, gab es immer wieder mal Versuche von Rufschädigung. So beispielsweise, als ich unsere große Wohnung in einem City-Hochhaus aufgab – die Kinder waren inzwischen ausgeflogen – und in ein Reihenhaus in Treptow

128

zog. Durch einige Blätter wehte die Sensation: „Sie ist in eine Stasivilla am Majakowskiring in Pankow gezogen und ist Nachbarin von Egon Krenz." Der Wahlkampf gönnte sich in dem Jahr keine Pause. Er brauchte – koste es, was es wolle – seinen Stoff!

Erlebnisse mit fadem Beigeschmack waren die Kontakte zu solchen östlichen Journalisten, die noch vor Wochen den Repräsentanten des damaligen Systems fast nur zahme Fragen gestellt hatten, an deren Beantwortung in der Bevölkerung ohnehin kaum jemand interessiert war. Gewöhnlich waren die Fragen vorab brav eingereicht worden. Die Antworten wurden von Leuten des Apparates vorbereitet, von den Oberen dann in der Regel bei Interviews ohne jeden Blickkontakt zum Zuschauer oder Zuhörer monoton abgelesen, und das manchmal noch stockend.

Nun versuchten einige aus der journalistischen Zunft schnell die verlorenen Jahre nachzuholen, ihre lang geübten westlichen Kollegen gar zu überholen. Kurz, sie hatten sich gewandt „gewendet". Jetzt, da keinerlei Zivilcourage mehr dazu gehörte, sparten sie nicht mit dem, was zu ihrem beruflichen Handwerkszeug gehört, nämlich brisante und sensible Themen anzusprechen. Doch sie bohrten, als hätten die neuen Regierungsmitglieder (die längergedienten hielten sich mit Interviews ohnehin „bescheiden" zurück) für das wirtschaftliche Erbe der Vergangenheit, für die ökologischen Versäumnisse, die Korruptionsskandale oder die Schalck-Golodkowski-Machenschaften geradezustehen.

Überwiegend gab es jedoch für mich angenehme Erlebnisse, freundliche und ersprießliche Begegnungen mit Journalisten. Sie schätzten prompte und dennoch nicht oberflächliche Antworten. Sie wußten um die Arbeitslast des Gegenübers und versuchten, ihn nicht nur als Fachmann auszubeuten, sondern in ihm auch den Menschen zu sehen. In sympathischer Erinnerung sind mir Interviews mit japanischen und amerikanischen Fernsehteams, mit Journalisten des „Neuen Deutschland", der „Für Dich", von „Wir in Leipzig", der „Washington Post", der „Libération", der „Wirtschaftswoche", des „Wall Street Journal", des „Corriere della Sera", der „Welt", von „Le Monde", des „Standard", der „Basler Zeitung" und anderen.

In Vorbereitung des ersten Haussmann-Besuches bei der Modrow-Regierung Mitte Dezember hatten zwei „Welt"-Redakteure mit mir ein Interview gemacht und sehr ausgewogen wiedergegeben. Ihre abschließende Frage lautete: „Wird es angesichts ... des Versagens des realen Sozialismus auf der ganzen Linie überhaupt möglich sein, Vertrauen in der Bevölkerung für die SED, der Sie angehören, und für ihre Regierungsmannschaft darzustellen? Oder anders gefragt: Geht die Zeit nicht spätestens nach den freien Wahlen am 6. Mai 1990 (das war der damals anvisierte Termin) in der DDR über Sie hinweg?"

Ich habe darauf gesagt: „Also, erstens habe ich einen Beruf, in den ich immer wieder gern zurückgehe. Zweitens, wenn man ein Amt antritt, darf man nicht ein Verhalten an den Tag legen nach dem Motto: Am 7. Mai gibt es mich sowieso nicht mehr, folglich kochst du jetzt gleich auf halber Flamme – nach mir die Sintflut. Das wäre mein Stil nicht. Drittens: Jedes Wahlergebnis, das in diesem Lande im Rahmen freier, allgemeiner, geheimer Wahlen zustande kommt, wird die SED akzeptieren. Diese Regierung arbeitet für dieses Land und nicht für eine Partei."

Meines Wissens war das das erste Mal, daß solch eine These öffentlich vertreten wurde.

Mit Abstand einen kritischen Blick auf die Medienarbeit der Modrow-Regierung werfend, will ich nur zwei

130

Anmerkungen machen: Es gab keine Fernsehsendung, in der jeder einzelne Minister öffentlich vorgestellt und einem großen Publikum auch persönlich nähergebracht wurde. Um diese Möglichkeit habe ich die De-Maizière-Mannschaft beneidet.

Und unser Regierungssprecher! Diplomphilologe von Beruf und als Journalist aus langjähriger Auslandstätigkeit sehr erfahren – nur über das Medium Fernsehen etwas, wie man so sagt,* „herüberzubringen", das war seine Stärke gerade nicht. Einmal, als ich ihm vor einer Pressekonferenz kameradschaftlich riet, zu versuchen, die Stimme etwas zu modulieren, um manches besser an den Mann bringen zu können, entgegnete er: „Dann komm doch gleich selber mit!"

Resonanz im Volk

In meiner Rede als scheidende Rektorin der Hochschule für Ökonomie sagte ich am 19. Januar 1990: „Mit meinem Überwechseln von der Hochschule in den Ministerrat habe ich viel Arbeit, an die ich seit langem gewöhnt war, gegen noch mehr und anfangs für mich ungewohnte Arbeit eingetauscht. Das Motiv dafür, das kann ich guten Gewissens bekräftigen, war weder die Aussicht auf einen hohen oder überhaupt einen Orden noch die Zugangsmöglichkeit zu einem luxuriösen Ferienheim bzw. einem exklusiven Jagdrevier.

Der Beweggrund war einzig, in dramatischer Zeit angetragene Verantwortung nicht zu scheuen und in der Öffentlichkeit erworbenes Vertrauen zu rechtfertigen.

Aber dennoch wäre es nicht aufrichtig, würde ich verschweigen, daß es doch ein Privileg gibt, und das ist für mich das schönste: Es ist das Wissen darum, daß so viele ehrliche Menschen mitfiebern und die Daumen drükken, daß sie auf so vielfältige und oft rührende Weise ihre Sympathie bekunden und einen spüren lassen, daß man zu ihnen gehört."

Da bekam ich Blumengrüße per Fleurop. Ein spitzenumhäkeltes Taschentuch erinnert mich noch heute an eine freundliche Rentnerin. Selbstgebackener Kuchen sollte mich mit vielen guten Wünschen zum Durchhalten ermuntern. Eine junge Christin, tätig in der Altenpflege, übersandte mir richtige kleine Kunstwerke aus gepreßten Blumen. Ein Nußknacker wurde mir überreicht. Sicher nicht ohne Hintergedanken und in Anspielung auf die Schwere der Aufgaben. Eine Spreewaldpuppe, ein Räuchermännchen, sogar eine klingende Weihnachtspyramide finden sich unter den Souvenirs.

Ich hoffe, daß alle, die in dieser oder ähnlicher Weise an mich gedacht haben, damals von mir ein schriftliches Dankeschön erhielten. Obwohl ich mit jeder Minute geizen mußte, war mir eine handgeschriebene Reaktion auf solche Zeichen der Sympathie sehr wichtig.

Und dann waren da die Hunderte von Briefen, die seit dem 18. November 1989 und noch bis zum Herbst 1990 eingingen. Ihr Inhalt war mir der schönste Dank und der höchste Lohn für all die Alltagsmühen, den monatelangen Verzicht auf Freizeit, auf Musik, Bücher, auf anderweitige kulturelle Entspannung, auf ein geordnetes Familienleben und den Gedankenaustausch mit Freunden.

Die Zuschriften von Frauen und Männern, von jüngeren und älteren Bürgern, von Familien, von Parteilosen und parteigebundenen Menschen, von Angehörigen verschiedenster Berufsgruppen zeugten von so viel Anteilnahme, von menschlicher Wärme, von dem Bedürfnis, stützen, manchmal auch aufmuntern zu helfen. Dies alles hat mir viel Kraft gegeben. Ich fühlte mich von breiten Bevölkerungskreisen angenommen und aufgenommen.

Ein Gefühl von „die da oben und wir hier unten" ist in unserer Regierungszeit nach meinem Eindruck nie entstanden. Am besten spürte man das bei Foren, in der Kaufhalle, in der Sparkasse und natürlich auf der Straße. Zunächst trauten die Leute ihren Augen nicht, daß dort jemand aus der Regierung zu Fuß und ohne Begleitschutz unterwegs war. Nachdem sie merkten, es war keine Fata Morgana, eilten die einen zutraulich herbei und sagten: „Ihnen wollten wir schon lange mal die Hand drücken." Andere nutzten vertrauensvoll die Gelegenheit, schnell eine Sorge loszuwerden. Und manchem ging es um einen Rat für die Zukunft.

Ich kann mich an alle diese spontanen persönlichen Begegnungen gut erinnern. Sie bestätigten mir die unersetzliche Rolle eines unmittelbaren, ungefilterten Kontakts mit den Menschen, wenn man ihnen im wohlverstandenen Sinne dienen will. Nur so behält oder erhält man mit ihnen die gleiche Ebene im Denken und im Fühlen. Nur so entgeht man der Gefahr, auf einem Sockel stehend mit distanziert staunenden oder auch spöttischen Blicken verfolgt zu werden.

Die Mehrzahl der Briefeschreiber, Anrufer oder Gesprächspartner schätzte an der Arbeit von Regierungsmitgliedern besonders die Bereitschaft, in schwieriger Zeit uneigennützig Verantwortung zu übernehmen. Geachtet wurde die Courage, vor einem ökonomisch übermächtigen Verhandlungspartner nicht einfach zu kapitulieren, sondern eine eigene Position zu bewahren. Anklang fand das Bemühen, bei allen wirtschaftlichen Zukunftsprojekten von vornherein die sozialen Folgen im Auge und stets ein Herz für die sozial Schwachen zu haben.

Als Beispiel für den Geist vieler Zuschriften und auch mündlicher Äußerungen will ich einen Brief wiedergeben, den mir am 3. März eine parteilose Frau aus Leipzig geschrieben hat: „Ich möchte Ihnen in der noch verbleibenden Amtszeit ganz einfach meine Hochachtung von Frau zu Frau aussprechen. Sie haben sich in einer kritischen Zeit sehr engagiert und die Geschicke unseres Volkes mit in die eigenen Hände genommen. Dazu gehört nicht nur Sachkompetenz, sondern auch Mut zur Verantwortung und Entscheidung. Daß Sie es bisher mit Umsicht und Weitsicht getan haben, belegt manches, und ich glaube auch, daß Sie uns damit vor einem totalen Absturz bewahrt haben. Mir persönlich gaben Sie bis jetzt

134

immer noch ein gewisses Gefühl der Sicherheit, trotz aller Sorgen und Ängste, die uns nun heimsuchen. Denn, so der Gedanke im Hinterkopf: Die ‚Luft‘ wird es schon machen! Vielleicht deshalb, weil man spürte, daß Sie sich weder verkaufen noch auf irgendeine Weise weichschlagen lassen. Ich finde, das ist viel, zumal in einer Zeit, wo alles in Frage gestellt ist. Um so bewundernswerter finde ich Ihr Ringen um den Erhalt der sozialen Sicherheiten für die Menschen unseres Landes. Doch was wird nach dem 18. März sein? Eine Frage, die zur Zeit viele Menschen bewegt und deren Antwort uns wohl die Zukunft selbst bringen wird. Ich bin parteilos und arbeite seit über 30 Jahren im gleichen Betrieb. Auch hier gibt es in absehbarer Zeit Strukturveränderungen, und damit ist das Gespenst der Arbeitslosigkeit vielleicht in Sichtweite. Ich weiß nicht, ob da Umdenken allein genügt, um in der neuen Welt zurechtzukommen. Mit dem Sozialismus trifft man unsere Menschen am empfindlichsten und zugleich auch den lebensnotwendigsten Nerv. Hoffen wir also, daß die neue Regierung mit der gleichen Verantwortung an die Arbeit geht, so wie Sie es mit der Modrow-Regierung getan haben. Mir wird die ‚Luft‘ sehr fehlen, doch hoffentlich nicht ganz ausgehen."

Nicht wenige Zuschriften gingen bei mir auch aus der BRD ein. Zitieren will ich einen Pfarrer aus Süddeutschland. Er schrieb am 10. Februar, was vielen seiner Landsleute auf den Nägeln brannte: „In Ihrer Besonnenheit und Zurückhaltung gegenüber blitzschneller Vereinheitlichung verdienen Sie die Achtung aller sozial Denkenden in der BRD und das Vertrauen Ihrer Bürger in der DDR. Das möchte ich als Gemeindepfarrer stellvertretend aussprechen.

Es ist Ihnen sicher bekannt, daß die Makler und Finanzhaie der Bundesrepublik gierig lauern, die DDR-Immobilien unter sich teilen zu können wie eine Raubritterbeute. Von sozialer Verantwortung ist in der BRD sehr wenig übriggeblieben ... Wenn Sie gesetzliche Maßnahmen wählen, die möglichst nahe am BRD-Recht sind, und diese durchziehen, kann nach der Vereinigung die Sache erträglich laufen.

Nun, das überlegen Sie als Expertin viel genauer. Ich wollte nur meine Sorge zum Ausdruck bringen, weil in der BRD der Kapitalismus inzwischen sein brutales Gesicht zu zeigen beginnt (in der Aufbauphase war dies anders), und wollte Sie in Ihrer Sorgsamkeit bestärken, weil sich hierin Verantwortung und Liebe zu Ihren Leuten ausdrückt."

Mit Sicherheit haben nicht alle zur Feder gegriffen, denen ich weniger sympathisch war oder die an meiner Sicht auf die Dinge keinen Gefallen fanden. Die wenigen, die es taten, bekamen von mir auch eine sachliche Antwort, es sei denn, sie waren anonym geblieben. Letzteres ist zwar ganz selten vorgekommen, aber eine Kostprobe möchte ich nicht vorenthalten. Mit Poststempel vom 2. September 1990 – da gehörte ich der Regierung schon seit Monaten nicht mehr an – erhielt ich eine in Potsdam abgesandte Karte folgenden Wortlauts:

„Sehr geehrte Frau Professor!

Wir gratulieren zum Hauskaufvertrag. Sie wollen Kommunistin sein, einfach, bescheiden. Schämen Sie sich nicht, ein solches Haus zu kaufen – Sie Absahnerin der SED-Modrow-Regierung? Einfach zum Kotzen! Ein Freund der DSU."

Warum nur hat dieser forsche Absender sich gescheut, Namen und Adresse zu nennen? Ich hätte ihn aufklären können, daß er auf die „Superillu" hereingefallen ist. Während ich diese Zeilen schreibe, wohne ich immer noch zur Miete. Aber ich gestehe, wenn die Möglichkeit des Kaufs besteht, dann werde ich davon Gebrauch machen. In keinem Land der Welt ist das eine Frage des politischen Standorts oder des weltanschaulichen Bekenntnisses.

Bis ins Mark berührt hat mich, was am Rande der KSZE-Abschlußtagung in Bonn nach einem langen und sehr offenen Gespräch der Rektor einer großen bundesdeutschen Universität zu mir sagte: „Frau Luft – oder darf ich schon wieder sagen Frau Kollegin? –, mit Herrn Modrow und Ihnen bekam das politische System in der DDR plötzlich ein menschliches Gesicht."

Damit hatte er ausgedrückt, was wohl auch viele Menschen in der DDR empfanden, und dies ganz unabhängig von der Parteigebundenheit, der Weltanschauung, der Konfession oder dem Berufsstand. „Hans Modrow und Christa Luft sind Integrationspersonen", hieß es häufig in Briefen und Gesprächen. Gedacht war sicher an unser Bemühen, über parteipolitische Grenzen hinweg im Interesse der Menschen immer wieder den Konsens zu suchen, ohne uns dabei zu verkaufen. Gemeint mag aber auch unser Lebensstil gewesen sein, mit dem sich offenbar viele identifizieren konnten. Wir lebten privat ohne jeden Luxus. Wir hatten weder die Währung noch die Zeit, unsere Garderobe auf dem Kurfürstendamm zu kaufen. Wir schotteten uns in unserer Wohngegend nicht ab. Die Tür wurde jedem geöffnet, der einen Rat suchte oder ein Problem hatte, vorausgesetzt, man war schon zu Hause. Ich erinnere mich, daß ich des öfteren abends um 22.00 Uhr, manchmal noch um 23.00 Uhr Anrufe erhielt von besorgten, mitunter auch verzweifelten Bürgern. Ein junges Ehepaar mit zwei kleinen Kindern zum Beispiel klingelte aus einem Berliner Vorort an mehreren Abenden, und ich fühlte mich wie an einem Telefon des Vertrauens. Er war ein kleiner Angestellter bei den örtlichen Sicherheitsorganen, sie Sekretärin in einer SED-Kreisleitung gewesen. Beide hatten etwa zum selben Zeitpunkt die Kündigung erhalten. Ich habe ihnen nicht mit einer neuen Arbeitsstelle helfen können, wohl aber damit, daß ich ihnen geduldig zuhörte und Mut zusprach.

Eine Zeitlang konnte ich spätabends auch auf das regelmäßige Telefonat eines Ingenieurs aus dem thüringischen Raum warten. Er war zu Recht zornig über die immer noch bestehenden bürokratischen Hürden für Existenzgründer. Für ihn habe ich ein Gespräch mit meinem Staatssekretär im Ministerrat arrangiert. Er konnte es zunächst gar nicht fassen, daß sich eine stellvertretende Ministerpräsidentin tatsächlich für seine Probleme verwendete. Ich hatte das Gefühl, er war sogar ein bißchen traurig, daß es nun eigentlich keinen Grund mehr gab, mich weiter anzurufen. Und so vertraute er mir noch an, daß ihn seine Frau verlassen habe. Für ihn war das Gespräch mit mir also wenigstens an einigen Abenden in seinem verlassenen Heim eine willkommene Abwechslung und die Möglichkeit einer Kommunikation.

Als es immer klarer wurde, daß die Tage der Modrow-Regierung gezählt waren, sprach aus vielen Briefen von DDR-Bürgern und aus persönlichen Kontakten eine Art Schutzbedürfnis. Uns hatten sie am Fernseher bei der Arbeit verfolgt, uns vertrauten sie. Unbehagen, manchmal auch Furcht vor dem Neuen, dem noch Unbekannten, den Unwägbarkeiten wurden nicht verhehlt.

Ich habe stets versucht, den Briefschreibern mit einer sehr persönlich gehaltenen Antwort Kraft und Zuversicht zu geben. Ich habe ihnen und mir gewünscht, daß in der Zukunft nicht Kälte in den zwischenmenschlichen Beziehungen, Intoleranz, Ausländerfeindlichkeit und Ausgrenzung Andersdenkender die Oberhand gewännen, sondern Demokratie, Rechtsstaatlichkeit, Solidarität, Chancengleichheit und soziale Gerechtigkeit. Aber dies alles kommt natürlich nicht von selbst!

138

Der Runde Tisch
– seine Ecken und Kanten

Der Runde Tisch, das war rein äußerlich ein langge-
strecktes, geschlossenes Viereck, zunächst in einem Saal
des Berliner Dietrich-Bonhoeffer-Hauses und ab Jahresende im Schloß Niederschönhausen. Von der Stirnseite
aus dirigierten die drei Moderatoren vom Bund der
Evangelischen Kirchen und der Berliner Bischofskonfe-
renz einfühlsam und sachkundig das vielstimmige Or-
chester. Monsignore Dr. Karl-Heinz Ducke, Oberkir-
chenrat Martin Ziegler sowie Pastor Martin Lange entwickelten im Laufe der Zeit eine bewundernswerte Fer-
tigkeit, das Knäuel von schließlich 16 Parteien und politischen Bewegungen zu entwirren und Emotionen zu
dämpfen. Nach anfänglichen ermüdenden und fruchtlo-
sen Debatten um Verfahrensfragen konnten sie den Faden aufnehmen. Ein Computer half ihnen bei ihrer len-
kenden Arbeit. Sie kannten in jenen Wochen genau wie
wir weder einen Acht- noch einen Zehnstundentag. Als
ich mich im März 1990 von den drei um den inneren
Frieden in der DDR verdienstvollen Männern verabschiedete, riet ich ihnen, ihr Know-how der Meisterung
Runder Tische zu notieren und so für die Nachwelt festzuhalten. Sie schienen diese Idee auch bereits gehabt zu
haben.

Ebenfalls an der Stirnseite plaziert waren die Regierungsmitglieder, die zu den jeweiligen Tagesordnungs-
punkten geladen waren. Ich selbst saß dort dreimal.

Von linker Hand griffen die Vertreter der sogenannten
Altparteien in das Geschehen ein. Zu den Aktivsten wäh-

Dritter Runder Tisch am 22. Dezember 1989 im Dietrich-Bonhoeffer-Haus. Christa Luft gibt einen Bericht zur Wirtschafts- und Finanzlage der DDR

rend der von mir erlebten Tagungen gehörten Dr. Stief von der damaligen NDPD, später Staatssekretär im Innenministerium der letzten DDR-Regierung, Michael Koplanski von der DBD, die sich im Sommer 1990 auflöste und deren Mitglieder in anderen Parteien Zuflucht suchten oder aber ganz aus der politischen Arbeit ausstiegen, sowie Witho Holland, Sekretär des Zentralvorstandes der damaligen LDPD. Auch der CDU-Vorsitzende und – was er damals noch nicht ahnte – künftige Ministerpräsident Lothar de Maizière war einige Male präsent.

Als hätte ein Maître de plaisir mit der Plazierung andeuten wollen, daß die SED/PDS dabei war, sich vom Alten zu trennen und um Neues zu ringen, saßen ihre Vertreter auf der den Moderatoren gegenüberliegenden Tischseite neben denen des Demokratischen Aufbruchs und des Unabhängigen Frauenverbandes. Erinnerlich ist

140

mir, daß der geschniegelte Wolfgang Berghofer, frisch gewählter stellvertretender Vorsitzender der SED-PDS, mehrmals am Runden Tisch teilnahm. Am 21. Januar 1990 rief er zur Auflösung der Partei auf und verließ mit der gesamten Führung der Dresdener Bezirksorganisation spektakulär die SED-PDS. Auf lokaler Ebene, in vielen Kreisen und einigen Bezirken brachen danach die Parteistrukturen zusammen, lösten sich territoriale Parteiorganisationen auf. Bis zum 1. Parteitag der PDS Ende Februar 1990 eskalierte die Welle der Parteiaustritte. Darunter waren mehr und mehr Staats- und Wirtschaftsfunktionäre sowie Offiziere der Nationalen Volksarmee und der Volkspolizei.

Auf andere Mitglieder, die in jenen Tagen ebenfalls um ihren politischen Standort rangen, hatte die Berghofersche Aktion eher eine gegenteilige Wirkung. In eine Reihe mit dem Mann, der noch fünf Wochen zuvor auf dem außerordentlichen Parteitag der SED-PDS am 8./9. sowie am 16./17. Dezember 1989 so salbungsvoll und emotional überschwenglich agiert hatte, nun aber über Nacht sein altes Fell ab- und ein neues überstreifte, wollte auch ich mich nicht stellen. Das hatte weder etwas mit Sturheit oder Trotz zu tun, das war schon gar nicht heimliches Hoffen auf die Restauration des gestürzten Regimes. In der SED-PDS entwickelte sich schon dadurch ein ganz anderes Klima, daß sie sich nicht mehr die staatstragende Rolle anmaßte, daß garantiert keine Karrieristen mehr in ihren Reihen waren, die Parteiführung nicht mehr auf einem Sockel thronte und sich von der Basis feiern ließ. Verschiedene Plattformen riefen nicht sofort den Verdacht der Fraktionsbildung hervor. Zeitweilig gab es für meinen Geschmack allerdings zu viele solcher Plattformen.

Wenngleich ich einen anderen Namen für die Partei vorgezogen hätte, so stand „Sozialismus" für mich als eine Bewegung, gerichtet auf eine sozial gerechte, umweltfreundliche, demokratische, tolerante und humanistische Gesellschaft, die in hoher ökonomischer Effizienz und starker Innovationskraft ihre Grundlagen hat. Das bliebe auch außerhalb der Partei mein Ideal.

Auf derselben Seite des Runden Tisches wie Berghofer saß Wolfgang Schnur vom Demokratischen Aufbruch. Er präsentierte sich selbstbewußt schon frühzeitig öffentlich als neuer Ministerpräsident.

Seinetwegen wurde ich kurz vor Weihnachten plötzlich aus einer Kabinettssitzung herausgerufen. Es hieß, ich würde aus dem Büro der Bundestagspräsidentin verlangt. Der Urheber des Anrufs war Schnur. Er hatte mit Frau Süssmuth konferiert und ließ anschließend über mich die Regierung der DDR wissen, daß man sich in Bonn große Sorgen mache über den bevorstehenden weihnachtlichen Besucherstrom von West nach Ost und die damit zu erwartenden Versorgungsprobleme. Beim Treffen Modrow–Kohl Mitte Dezember in Dresden war bekanntlich vereinbart worden, ab 24. Dezember 1989 den visafreien Verkehr einzuführen. Schnur sagte ein unbeherrschbares Chaos voraus und unterbreitete Angebote: Die DDR solle kurzfristig Lebensmittel bei BRD-Firmen kaufen, die sozusagen die LKW schon beladen hätten und jede Minute starten könnten. Oder man solle über die Medien zu einer Lebensmittelspende für die DDR aufrufen bzw. an die Westbesucher appellieren, sich ihr Essen mitzubringen.

Ich antwortete Schnur: „Wir sind doch kein Katastrophengebiet, und mit einem Heuschreckenschwarm werden wir es schon nicht zu tun bekommen.“

So war es dann ja auch. Am 24./25. Dezember '89 reisten 821 000 DDR-Bürger gen Westen und 644 000 aus der BRD in die DDR, und soweit mir bekannt ist, brauchte keiner zu hungern.

142

Die rechte Seite des Runden Tisches nahmen die Abgesandten weiterer neuer Parteien und Bürgerbewegungen ein. Mit Reden und bohrenden Fragen brillierten vor allem Ibrahim Böhme, Mitbegründer und Vorsitzender der SPD, sowie Dr. Wolfgang Ullmann von der Bewegung Demokratie Jetzt, einer der Hauptinitiatoren des Runden Tisches.

Von beiden – wie auch von manchem anderen – ist mir das hohe Maß an kulturvollem Umgang miteinander erinnerlich. Für Ibrahim Böhme, der die Opposition vertrat, machte es keinen Unterschied, mich „von der Regierung" wie andere Frauen bei einer persönlichen Begegnung mit Handkuß zu begrüßen. Er fragte auch stets freundlich nach dem Befinden. Später in der Volkskammer hatte er mit seinen Fraktionskollegen manchen Streit auszufechten. Er war bestrebt, sein eigenes Profil und sein Urteil zu behalten und nicht in ein vorgefertigtes Korsett zu steigen.

Dr. Ullmann bin ich gewiß Antworten auf seine sehr konkreten Fragen z. B. nach dem zum Schalck-Imperium gehörenden Kunsthandel schuldig geblieben. Ihn interessierte, ob es sich beim Verkauf von Kunstwerken um Duplikate bzw. Kopien oder auch um Orginale gehandelt hatte, wer dafür die Gutachten erstellte, welchem Verwendungszweck die Erlöse zugeführt wurden usw. Nicht, daß ich irgend etwas vertuschen oder gar verheimlichen wollte! Ich wußte darüber nichts und lehnte es als Newcomer im Ministerrat auch ab, mich in diesen Dschungel hineinzufitzen. Immerhin gab es ja in der Regierung Insider, die dazu auskunftsfähig waren oder hätten sein müssen. Ihnen ist aber bei der Nominierung der Regierungsvertreter für die Termine am Runden Tisch stets Schonung widerfahren.

Aktiv am Runden Tisch waren Jutta Braband von der Vereinigten Linken, Ingrid Köppe und Reinhard Schult vom Neuen Forum. Letzterer nannte mich einst öffentlich eine Lügnerin. Ich hatte mich namens der Regierung zu einer begrenzten Beteiligung von 49 Prozent für Auslandskapital bei Gemeinschaftsunternehmen in der DDR bekannt. Damit befand ich mich in voller Übereinstimmung mit den Beschlüssen des Runden Tisches. Dessen Arbeitsgruppe Wirtschaft hatte gefordert, bei internationaler Kapitalbeteiligung eine Fremdbestimmung auszuschließen. Ein paar Tage darauf erschien in der Presse eine Notiz, wonach die Volkswagen AG Wolfsburg und die IFA-Werke Zwickau ein Joint venture mit einer Beteiligungsstruktur von 50:50 planten. Das veranlaßte Schult zu besagter Äußerung. In Wahrheit handelte es sich jedoch um die Bildung einer bis 30. 6. 1990 tätigen Vorgesellschaft zur Projektausarbeitung für die eventuelle Bildung eines gemeinsamen Betriebes. Jede Seite sollte sich zur Hälfte an dem einzubringenden Grundkapital von 400 000 D-Mark beteiligen.

Zu dem Mißverständnis hatte also eine unseriöse Pressenotiz beigetragen. Natürlich hat mich eine solche unberechtigte Anschuldigung betroffen gemacht, hat mich der Ton verletzt. Welcher Graben tat sich da ganz unnötig auf zwischen Menschen, die vom Wesen der Sache her doch hätten Verbündete sein können! Aber was wußte Reinhard Schult von mir? Daß ich zu einer neuen Regierungsmannschaft mit etlichen alten Gesichtern gehörte? Das nährte gewiß seinen Verdacht. Und bestenfalls kannte er aus der Zeitung meine Kurzbiographie. Nach Schema F angefertigt, unterschlug der Text das Wesentlichste. Unbekannten gegenüber mußte ich als eine Art „sozialistische Musterschülerin" erscheinen.

Und was wußte ich damals von der Entwicklung dieses jungen Mannes? Offenbarte sich hier nicht das ganze Dilemma der DDR-Oppositionellen und der Reformwil-

144

ligen, die viel zu langsam und damit zu spät zusammenfanden?

Seinem Wesen nach verstand sich der Runde Tisch als besondere Form der demokratischen Aktion, als beratendes Organ der Regierung der DDR und als ein Rahmen für das Gespräch zwischen den neuen politischen Kräften und den bereits etablierten Parteien. Er lehnte sich an Erfahrungen an, die in anderen Ländern, insbesondere in Polen, gesammelt worden waren.

Der erste Runde Tisch fand am 7. Dezember 1989 statt. Er trat danach jeweils montags zusammen und endete am 12. März 1990. Obwohl – wie es des öfteren hieß – durch niemanden und durch nichts legitimiert, spielte er in diesen Wochen doch die Rolle einer parallelen Volksvertretung neben dem Parlament.

Es war für die Regierung durchaus nicht einfach, zwei gesellschaftlichen Gremien gegenüber rechenschaftspflichtig und auf Wunsch immer präsent zu sein. Aber wichtiger als die Arbeitslast und ein Kompetenzstreit war die Stabilität der DDR, waren echte Fortschritte in der Demokratisierung der Gesellschaft. Dazu wie auch zum Entstehen einer Kultur des politischen Streits, zum Respekt vor der Meinung des Andersdenkenden, zum gemeinsamen Suchen nach konstruktiven Lösungen, zum Schaffen von Vertrauen durch Bürgernähe hat der Runde Tisch damals unersetzliche Beiträge geleistet. Er war kein demokratisches Feigenblatt. Den dort Agierenden, in der organisierten politisch gestaltenden Arbeit zumeist noch unerfahren, bot sich Gelegenheit, das Mitregieren zu erlernen.

Wenn doch das mittlere Wort in der Staatsbezeichnung „Deutsche Demokratische Republik" früher gehalten hätte, was es versprach, was alles wäre uns erspart geblieben!

Ausgespart wurde bei den Zusammenkünften und Debatten des Runden Tisches kaum ein gesellschaftlicher Bereich. Zentrale und immer wiederkehrende Themen waren die Auflösung des Staatssicherheitsapparates, die Aufklärung der Polizeiübergriffe auf Demonstranten am 7. und 8. Oktober 1989 in Berlin sowie die Fälschung der Wahlergebnisse vom 6. Mai 1989 und natürlich die aktuelle wirtschaftliche und soziale Lage. Regierungsmitglieder hatten hierzu Auskünfte zu geben und wurden besonders während der ersten Tagungen in eine Art Kreuzverhör genommen. Das brachte Spannungen mit sich. Beide Seiten hatten den Umgang miteinander erst zu lernen. Den Durchbruch hierbei erzielte der Ministerpräsident am 15. Januar 1990 mit einem überraschenden Besuch am Runden Tisch. Nach der vorangegangenen Tagung schien infolge ungeschickten Auftretens eines Regierungsbeauftragten zu den emotionsgeladenen Fragen der Stasi-Auflösung ein gemeinsames Streiten und Arbeiten kaum mehr möglich.

Mit Abstand betrachtet, halte ich das Zick-Zack-Herangehen an die Auflösung des Sicherheitsapparates, zunächst des Ministeriums für Staatssicherheit und des später geschaffenen Amtes für Nationale Sicherheit, für einen Grundfehler der Regierung Modrow. Natürlich gab es berechtigte Argumente, daß kein Land der Welt sich völlig in dieser Hinsicht entblößt. Nur, in der politisch gereizten Stimmung, die in der DDR vorherrschte, bei den hochschlagenden Gefühlen, dem angestauten Mißtrauen und den täglich neu aufgedeckten Fällen von Bespitzelung, Demütigung und Verfolgung durch die Stasi gab es keine Aussicht auf einen Ausgleich und auf eine vernünftige pragmatische Lösung.

Zu Recht moniert wurden am Runden Tisch auch die nicht bis zu Ende durchdachten und daher mehrmals zu korrigierenden Beschlüsse der Regierung zur Zahlung von Überbrückungsgeldern an Mitarbeiter, die im Zu-

146

sammenhang mit Strukturveränderungen und Rationalisierungsmaßnahmen aus dem Staatsdienst ausschieden und eine neue Arbeit aufzunehmen hatten. Selbst wenn diese Gelder besonders für die Bürgermeister der Gemeinden und kleineren Städte durchaus nicht üppig waren, wirkte dies dennoch wieder wie ein Privileg gegenüber anderen Berufsgruppen. Schade, daß einige Minister in der Regierung ihre diesbezüglichen Bedenken nicht hartnäckig genug vertreten haben.

Alles in allem kann ich nur wiederholen: Ohne den Runden Tisch wäre es nicht möglich gewesen, das komplizierte gesellschaftliche Leben im Lande aufrechtzuerhalten und die ersten freien und geheimen Wahlen vorzubereiten. Dennoch kann ihm ein Vorwurf nicht erspart bleiben. Unterschätzt wurde in diesem Gremium die Schnellebigkeit der Zeit, die vor allem die Beschäftigung mit Zukunftsproblemen erfordert hätte. Statt dessen dominierten zu lange die zwar verständlichen, aber wenig hilfreichen Intentionen, Licht in das Dunkel der Schalck-Machenschaften zu bringen oder Einzelheiten über die Auslandsverbindlichkeiten der DDR zu erfahren. Da sich alles vor der Fernsehkamera vollzog, waren oft Gratwanderungen der Regierungsvertreter erforderlich. Laufenden Ermittlungen durfte nicht vorgegriffen, manches im Geschäftsinteresse nicht auf dem offenen Markt ausgetragen und die Bevölkerung nicht unnötig verunsichert werden.

Für Irritationen, die durch die öffentlichen und oft kontroversen Debatten am Runden Tisch in der Bevölkerung entstehen, und für Panikreaktionen, die ausgelöst werden konnten, hatte es am 19. Februar 1990 ein ebenso anschauliches wie schmerzliches Beispiel gegeben. Seit Wochen wurde das Für und Wider des Subventionsabbaus für Grundnahrungsmittel und Tarife beraten. Die heftige Bevölkerungsreaktion auf die gestrichenen Stützungen für Kinderbekleidung und Kinderschuhe aber veranlaßte die Regierung zu besonderer Sorgfalt bei allen weiteren Schritten. Immerhin hatte es sich um eine Maßnahme gehandelt, die bei offener Grenze Hamstereinkäufern aus West und Ost das Geschäft verderben sollte, für die betroffenen DDR-Familien jedoch mit einer Ausgleichszahlung verbunden worden war.

Das Konzept des fast kompletten Subventionsabbaus lag im Detail und in mehreren Varianten vor. Es sollte zunächst einige Wochen öffentlich beraten werden. Natürlich war das Argument richtig, daß jeder Tag, an dem gezögert wurde, weitere ökonomische Verluste bringe. Die Bundesbürger und die Westberliner konnten selbst entsprechend den offiziellen Vereinbarungen 1 DM gegen 3 Mark der DDR eintauschen. Nicht wenige aber bedienten sich nach wie vor des Schwarzmarktkurses. Und dennoch ging es darum, das noch vorhandene Vertrauen zur Regierung nicht leichtfertig aufs Spiel zu setzen.

In der besagten Tagung des Runden Tisches jedoch forderten die Vertreter des Neuen Forums die Regierung coram publico nachdrücklich und fast ultimativ auf, unverzüglich den Subventionsabbau vorzunehmen. Dies erklang in den Wohnstuben landesweit wie ein Alarmsignal. Ein Ansturm auf die Kaufhallen setzte stehenden Fußes ein. Den Handelsminister Manfred Flegel erreichten stündlich neue Nachrichten aus allen Teilen der DDR über Angstkäufe und Hiobsbotschaften über leere Regale. Kurzfristige Lebensmittelimporte in Höhe vieler Millionen und Aufwendungen für zusätzliche Arbeits- und Transportleistungen mußten getätigt werden. Durch hartnäckige Anstrengungen vieler Beteiligter war es möglich, allmählich wieder eine stabile Versorgung zu gewährleisten und das Mißtrauen zurückzudrängen.

In diesem Zusammenhang ist vielleicht nachfolgende Übersicht ganz aufschlußreich:

148

Aufwendungen für die zusätzliche Bereitstellung von ausgewählten Waren des täglichen Bedarfs zur Sicherung der Versorgung unter den Bedingungen des erhöhten Abkaufs durch die Bevölkerung im Zeitraum vom 19. Februar bis 15. März 1990:

1. Zusätzliche Warenbereitstellung

3 400 t Teigwaren	2 670 T Valutamark
16 800 t Zucker	15 120 " "
6 800 t Mehl	2 700 " "
800 t Reis	800 " "
	21 290 T Valutamark

2. Aufwendungen für zusätzliche Arbeitsleistungen

Landwirtschaft	1 140 T Mark
Leichtindustrie	10 " "
Großhandel	1 500 " "
Volkseigener Einzelhandel	250 " "
Konsumgenossenschaftlicher Einzelhandel	185 " "
	3 085 T Mark

3. Zusätzliche Transportaufwendungen
   Handelstransport, Kraftverkehr usw.   10 335 T Mark

Erst im Februar und Anfang März 1990 war ein Konsens insoweit hergestellt, daß Schwerpunkte einer künftigen Gesellschafts- und Wirtschaftspolitik der DDR auf die Tagesordnung kamen, so das Wirtschaftsreformkonzept, ein Energie- und Umweltkonzept, Grundfragen der Sozial- und Kulturpolitik.

Die Krönung der Arbeit des Runden Tisches wurde mitnichten der im März vorgelegte Entwurf einer neuen Verfassung für die DDR, der am 17. Juni 1990 Gegenstand eines Volksentscheids sein sollte und durchaus auch für eine gesamtdeutsche Verfassung mit hätte Pate stehen können. Diesem Dokument war das gleiche Schicksal beschieden wie manchem anderen: Mehrheiten in der am 18. März 1990 gewählten Volkskammer walzten es nieder, ohne dafür auch nur ein einziges plausibles Argument nennen zu müssen.

Acht „Oppositionelle" in der Regierung

Hinterher gestanden sich beide Seiten, daß sie so etwas wie Herzklopfen gehabt hätten bei der ersten offiziellen Begegnung im Ministerrat. Die beiden Seiten, das waren der Ministerpräsident, sein Staatssekretär und ich und als unser Visavis die acht neuen Minister. Sie waren am 28. Januar vom Runden Tisch nominiert und tags darauf von der Volkskammer gewählt worden. Die Schwierigkeit für sie bestand darin, daß sie in der Regierung den Willen ihrer Sympathisanten zu vertreten, also „Opposition" zu bleiben hatten und gleichzeitig durch Insiderkenntnis das Maß des jeweils Möglichen erkennen, akzeptieren und auch öffentlich unterstützen mußten. Sie meisterten diese Situation ziemlich schnell.

Aber auch für Hans Modrow und mich war es eine noch ungewohnte Situation. Wir kannten unsere neuen Mitstreiter aus eigenem Erleben vom Runden Tisch. Den dortigen Spielregeln entsprechend, hatten wir uns wochenlang in sehr verschiedenen Rollen gegenübergesessen. Wir als Vertreter der Regierungsverantwortung tragenden Exekutive, sie als oppositioneller Teil einer „Quasi"-Legislative. Es ist wohl verständlich, daß es da anfangs noch psychologische Hemmschwellen zu überwinden galt. Das um so mehr, als im Januar von Angehörigen der Bürgerbewegungen der Rücktritt einiger Minister, darunter der Wirtschaftsministerin, gefordert worden war und ein Kippen der gesamten Regierung drohte.

Manfred Gerlach, der Vorsitzende der LDPD, der

151

nach dem Rücktritt von Krenz als Staatsratsvorsitzender amtierte, sprach sich am 19. Januar zur Lösung der Krise für den Eintritt der neuen Parteien und Bürgerbewegungen in die Regierung aus.

Nach seiner Vorstellung sollte die SED-PDS von ihr besetzte Ressorts dafür freimachen. Namen wurden bereits gehandelt; in der Gerüchteküche gärte es. Der psychologische Druck für die Betroffenen war unerträglich. Trotz alledem durfte man keine Minute die Zügel im Regierungsalltag schleifen lassen. Leicht hätte das ohnehin oft vor der Tür stehende Chaos dann auch ausbrechen können. Warnstreiks, die zu erheblichen Produktionsausfällen führten, massenweise Bomdendrohungen, die zu aufwendigen und belastenden Räumungen von Bahnhöfen, Kaufhallen, ja Kindergärten und Krankenhäusern zwangen, Brandstiftungen mit Millionenschäden und der Sturm auf die ehemalige Stasizentrale in der Berliner Normannenstraße waren nur einige Signale dafür.

Die der SED-PDS angehörenden Minister äußerten ihr Unverständnis für die Verlautbarungen. Niemandem konnten gravierende, ein solches Vorhaben rechtfertigende Fehler oder Versäumnisse nachgewiesen werden. Herbe Kritik äußerten sie auch am Vorstand der SED-PDS, der ohne Rücksprache oder wenigstens vorherige Information der Betroffenen öffentlich bereits auf einige Ministerposten in der Koalitionsregierung verzichtet hatte.

Ob all diese Zuspitzungen vermeidbar gewesen wären, hätten der Modrow-Regierung von Anfang an parteilose Experten z. B. aus den Bürgerbewegungen angehört, ist heute Spekulation. In jedem Falle mußte ein breiter Konsens gefunden werden.

Am 22. Januar drückte Hans Modrow vor dem Runden Tisch aus, wovon auch ich mich längst leiten ließ: „Um es nochmals und deutlich zu sagen: In meiner Ver-

152

antwortung vor dem Volk sehe ich mich nicht an eine Partei gebunden, obwohl ich einer Partei angehöre. Das gilt auch für die anderen Mitglieder meiner Partei in der Regierung." Und er wiederholte seinen bereits am 15. Januar an gleicher Stelle allen neuen Parteien und Bewegungen unterbreiteten Vorschlag, ihm Persönlichkeiten für die Beteiligung als Minister an der Regierungsarbeit zu benennen. Nachdrücklich bat er den Runden Tisch, allen Versuchen entgegenzutreten, die Regierung zu verschleißen.

Gar so schnell konnten sich die am Runden Tisch vertretenen oppositionellen Parteien und Bewegungen nicht zu einem Eintritt in die Regierung Modrow und damit zur Verantwortungsübernahme entscheiden. Sie vertagten mehrfach ihre Beratungen dazu.

Am 28. Januar verhandelte dann bis in die späten Abendstunden der Ministerpräsident mit Persönlichkeiten von den Regierungsparteien und der Opposition über eine neue Zusammensetzung des Kabinetts. Sein konkretes Angebot, z. B. das seit dem Rücktritt der Finanzministerin Uta Nickel noch freie Ressort zu übernehmen, stieß nicht auf Zuspruch. Die Einigung lautete schließlich so: In eine parteiunabhängige Übergangsregierung entsenden alle am Runden Tisch beteiligten oppositionellen Parteien und Gruppierungen einen Minister ohne Geschäftsbereich. Die Regierung benennt einen Minister als Regierungsbeauftragten für den Runden Tisch. Die Volkskammerwahlen werden auf den 18. März vorgezogen und die Kommunalwahlen am 6. Mai stattfinden.

Seit Ende Januar gab es nun also eine Regierung der nationalen Verantwortung, bestehend aus 13 Parteien und politischen Bewegungen. Es ist unzweifelhaft Hans Modrows Verdienst, durch diesen Schritt die DDR bis zu den ersten freien und geheimen Wahlen am 18. März re-

gierungsfähig gehalten zu haben. Was laut Regierungserklärung schon vorher hatte gelten sollen, jetzt wurde
es noch deutlicher: Es war keine Regierung einer Partei
oder einer Koalition weniger Parteien, es war eine Regierung des Volkes.

Einen sauberen Trennungsstrich zwischen Regierung
und Opposition hätte nach dem Herbst 1989 ohnehin
niemand ziehen können. In der Sprache der Politik ist
„Opposition" normalerweise die Bezeichnung für alle
Kräfte, die nicht der jeweiligen Exekutive angehören.
Das traf bis auf die fünf „Altparteien" auf alle anderen
am Runden Tisch vertretenen Parteien und Bürgerbewegungen zu. Aber was verdeckte dieser Sammelbegriff
nicht alles!

Die Opposition war in sich bei weitem nicht homogen.
Da gab es beispielsweise den Unabhängigen Frauenverband, das Neue Forum und die Vereinigte Linke, die für
eine noch längere Zeit andauernde eigenständige Entwicklung der DDR eintraten. Und da war z. B. der Demokratische Aufbruch, der die unverzügliche Einheit mit
der BRD anstrebte.

Aber auch die Regierungsparteien waren zunehmend
zerstritten. Die LDPD, die NDPD, die CDU und die
DBD lehnten für die Zeit nach den Volkskammerwahlen
den Eintritt in eine Regierung ab, in der auch die SED
oder später die PDS vertreten sei. Die CDU zog am
25. Januar sogar ultimativ ihre Minister aus der Regierung zurück und ließ sie ihre Ämter bis zum 9. Februar
geschäftsführend wahrnehmen.

Und die SED? War sie, war die von ihr gestellte Mini-
stergruppe ein „monolithischer Block"? Es wäre doch
wohl eine irrige Annahme, daß die Mitglieder der ehemaligen Blockparteien inzwischen alle vor Reform-
freude sprühten und die SED nur Konservative in sich

154

vereinte! Hätte ich z. B. ein auf den Übergang zu einer marktwirtschaftlichen Ordnung gerichtetes Reformkonzept vorlegen können, wenn ich auf grünes Licht dafür von der Partei hätte warten müssen, der ich angehörte? Eher war es umgekehrt: Dieses Reformkonzept hat die Arbeit an der Programmatik der späteren PDS beeinflußt. Die soziale und ökologisch orientierte Marktwirtschaft fand darin ihren Platz. Auch wenn es seltsam klingt, so entspricht es dennoch den Tatsachen: Vom Politbüro der SED und dem Parteivorstand der PDS gingen mir und wohl auch den meisten anderen Ministern gegenüber keine Versuche der politischen Einflußnahme aus. In der gesamten Zeit fanden lediglich zwei Zusammenkünfte mit dem Parteivorsitzenden Gregor Gysi statt. Die eine diente einer kritischen Aussprache über sein öffentliches Angebot, auf Ministerposten zu verzichten, die zweite der Vorbereitung der Volkskammerwahl. Für den PDS-Vorstand ergab sich also nicht die Notwendigkeit, sich erst noch zurückzuziehen, nachdem die „Opposition" ihre Mitarbeit von der Bildung einer parteiunabhängigen Regierung abhängig gemacht hatte.

Daß die acht Neuen in der Regierung Minister ohne Geschäftsbereich waren, minderte ihr Mitspracherecht bei keinem Thema. Ihr Wort war geachtet und floß in Entscheidungen ein. Es gab kein Gemurre oder hämisches Gelächter, wenn sie zu einer Rede oder einer Frage ansetzten, so wie fünf von ihnen das später in der demokratisch legitimierten Volkskammer des öfteren erfahren sollten.

Äußerlich hoben sie sich von anderen Ministerratskollegen ab. Sie verweigerten geschlossen den schwarzen Citroën als Dienstfahrzeug und bevorzugten statt dessen einen beigefarbenen Lada. Einige von ihnen erschienen zur Arbeit zumeist in einer Art Freizeitkleidung.

Die Neuen waren nicht separat am Beratungstisch pla-

155

Hans Modrow mit den Ministern ohne Geschäftsbereich; von links nach rechts: Walter Romberg, Sebastian Pflugbeil, Matthias Platzeck, Tatjana Böhm, Hans Modrow, Klaus Schlüter, Gerd Poppe, Rainer Eppelmann, Wolfgang Ullmann, Manfred Gerlach

ziert, sondern entsprechend dem Alphabet neben anderen Kabinettsmitgliedern. So saß denn Tatjana Böhm zwischen Außenhandelsminister Gerhard Beil und dem Minister für Wissenschaft und Forschung Peter-Klaus Budig.

Inhaltlich leistete jeder seinen Beitrag vor allem nach seinen beruflichen Erfahrungen und persönlichen Interessen sowie entsprechend dem Engagement seiner Berater. Dr. Wolfgang Ullmann z. B. von Demokratie Jetzt, einen der späteren Vizepräsidenten der Volkskammer, beschäftigte vor allem die treuhänderische Verwaltung des Volkseigentums und die Ausgabe von Anteilscheinen an die Bevölkerung. In gepflegter Sprache hielt er geschliffene Reden.

Dr. Walter Romberg, SPD-Mitglied und von Beruf Mathematiker, war Abrüstungsexperte und als aktives Mitglied der Friedensbewegung zugleich firm in Fragen der Dritten Welt. Er wurde intern bereits als Außenminister einer kommenden, SPD-geführten Regierung gehandelt. Statt dessen fand er sich schließlich in der De-Maizière-Mannschaft als Chef des schwierigen Finanzressorts wieder, mit dem harten Theo Waigel als Gegenspieler. Aber auch unter seinen Kollegen im Ministerrat sollte er in seiner aufrichtigen, offenen Art auf erbitterte Widersacher stoßen.

Einer davon war Staatssekretär Günther Krause von der CDU. Er beschuldigte den Kollegen von Adam Ries eines Tages öffentlich in einer Parlamentsdebatte, nicht zwischen 10 und 30 Milliarden DM unterscheiden zu können. Er demütigte ihn vor den Medien und bezichtigte ihn falscher Aussagen, sogar der Schwarzmalerei. Wenn man dieses Paar solo oder im Duett singen hörte, fiel einem unwillkürlich das Sprichwort ein: „Wahre Worte sind nicht immer schön, und schöne Worte sind nicht immer wahr."

Rainer Eppelmann, Vertreter des Demokratischen Aufbruchs, Pazifist und Friedenspfarrer, vertiefte sich von Anfang an in soldatische Angelegenheiten, besuchte Kasernen und focht engagiert und erfolgreich für einen Zivildienst von nicht längerer Dauer als der des aktiven Wehrdienstes. Nach eigenen Aussagen verlor er mit Wolfgang Schnur einen Freund, als der nach einigen gegenteiligen Beteuerungen und gar Ehrenerklärungen doch seine Stasi-Kollaboration zugeben und sein Amt als Parteivorsitzender abgeben mußte. Eppelmann avancierte zum Chef des Demokratischen Aufbruchs, einer Organisation, die bei ihrer Fusion mit der CDU noch ca. 3000 Mitglieder in ihren Reihen hatte. Mit knapp einem Prozent der Stimmen bei der Volkskammerwahl errang diese Organisation jedoch einen Posten im Kabinett, und Eppelmann wurde Minister für Abrüstung und Verteidigung.

Mit Umweltfragen befaßt war Matthias Platzeck von der Grünen Partei. Ihm schwebte z. B. die Schaffung von Nationalparks vor. In der Volkskammer wirkte er später als Vorsitzender der Fraktion Bündnis 90/Grüne.

Für eine Sozialcharta, die eine entscheidende Grundlage bei den Verhandlungen zum Einigungsvertrag bilden sollte, engagierten sich Tatjana Böhm vom Unabhängigen Frauenverband und Gerd Poppe von der Bürgerbewegung Frieden und Menschenrechte. Letzterer errang ein Volkskammermandat.

Sebastian Pflugbeil vom Neuen Forum spielte als Kernphysiker einen ehrgeizigen Part bei der sicherheitstechnischen Überprüfung und schließlichen Stillegung von Blöcken des Kernkraftwerkes Greifswald. Ein milder Winter machte es ihm leicht.

Kaum Erinnerungen habe ich noch an Klaus Schlüter von der Grünen Liga.

Ich hatte den Ministern ohne Geschäftsbereich die

Mitarbeit im Wirtschaftskabinett angeboten. Dr. Pflugbeil beteiligte sich daraufhin aktiv an der Diskussion der Grundlinien für ein neues Energiekonzept. Tatjana Böhm erhielt die tatkräftige Unterstützung meiner Arbeitsgruppe Wirtschaftsreform, als es darum ging, noch vor den Wahlen am 18. März der Volkskammer eine Sozialcharta zur Verabschiedung vorzulegen. Die junge Frau wird gewiß den ersten Tag in der Ministerrunde nicht vergessen. Sie traf verspätet ein, weil ihre Tochter von einem Kriminellen angefallen worden war. Es gab niemanden unter uns, der ihre Gefühle nicht geteilt hätte.

Die Zeit der Zusammenarbeit mit den acht „Oppositionellen" war nur kurz, aber für alle Regierungsmitglieder lehrreich.

Der Bonn-Besuch

Am 13. Februar, 8,15 Uhr, hob die Sondermaschine der Interflug in Berlin-Schönefeld ab. Die knappe Flugstunde nutzten der Ministerpräsident und die ihn begleitenden siebzehn Minister – jede Partei und jede Bürgerbewegung war in der Delegation vertreten – für einen Blick in die Presse. Von Hand zu Hand ging die Vortagsausgabe des „Spiegel" mit den bereits erwähnten tendenziösen Artikeln über Hans Modrow und mich.

Niemand hatte Zweifel über die Kompliziertheit der Situation, die uns erwartete. Rechtzeitig vor dem Besuchstermin hatte Kanzlerberater Teltschik nun auch noch den angeblich vor der Tür stehenden Zusammenbruch der Zahlungsfähigkeit der DDR in die Medien lanciert. Unabhängig vom konkreten politischen Standort der einzelnen Delegationsmitglieder war ein gewisses Bedürfnis zum Zusammenrücken spürbar. Das hatte sich bereits in den Vorbesprechungen angedeutet. Noch kam man doch aus einem selbständigen Land und repräsentierte dessen Regierung.

Genau wie beim Flug zur 45. RGW-Tagung nach Sofia saß ich mit Hans Modrow im „Salon" der Sondermaschine, einem etwa vier mal vier Meter großen Raum mit zwei drehbaren Sesseln, einem kleinen Tisch und einer Couch. Die anderen Mitreisenden und die Journalisten nahmen in den sich anschließenden Abteilen Platz. Auch bei dieser Reise mußte ich daran denken, wie sich doch die Sitten der Politprominenz in wenigen Monaten radikal verändert hatten.

160

Im Juli 1989 war ich das erste und bis zur Wende einzige Mal – dabei sehr zufällig – an Bord eines Sonderflugzeugs gewesen. Die Reise ging nach Moskau, wo die „Berliner Tage" stattfanden. Die Rektoren der Humboldt-Universität und der Berliner Hochschulen gehörten zur offiziellen Delegation, die unter Leitung des Politbüromitglieds Günter Schabowski stand. Ihm und seiner Gemahlin kam vom Protokoll der Salon zu. Ich wurde im hintersten der drei folgenden Abteile in der vorletzten Reihe plaziert. Alles ging streng nach Rangordnung. Eigentlich hätte ich überhaupt nicht dazugehört. Lehrverpflichtungen hatten mich gehindert, den bereits früher gestarteten Sonderzug zu nehmen. Daher kenne ich aus eigenem Erleben den Bordservice solcher Unternehmungen, von dem schon früher immer mal etwas durchgesickert war. So recht hatte ich aber den absurden Dingen, die da erzählt wurden, nie glauben wollen. Es hieß zum Beispiel, sogar das Toilettenpapier stamme aus dem Westen. Das war diesmal nicht der Fall. Dafür waren aber offenbar Lebens- und Genußmittel made in GDR der „Obrigkeit" nicht zuzumuten. Oder nahm sie eher in ihrer Weltfremdheit an, was es an Bord gab, sei Standardsortiment einer normalen DDR-Kaufhalle? Ich habe nach Rückkehr meinen Kollegen mit großem Befremden berichtet, wie auch in diesem Fall öffentlich Wasser gepredigt und heimlich Wein getrunken würde.

Weder auf dem Wege nach Sofia noch jetzt nach Bonn wurde uns irgend etwas angeboten, was nicht aus der DDR-Produktion stammte. Der Ministerpräsident hatte auch in dieser Hinsicht von Anfang an für klare Verhältnisse gesorgt. Wählen konnte man zwischen heißen Würstchen und belegten Broten. Kaffee und Kuchen wurden auf Wunsch gereicht. Hans Modrow, dessen Statur ein reichlicheres Zulangen vertragen hätte, griff sehr maßvoll zu. Das lag gewiß auch an dem enormen psychischen Druck des bevorstehenden Ereignisses.

Besonders er – aber letztlich wir alle – befanden uns auf dem Wege nach Bonn in einem nervenzehrenden Spannungsfeld: Da waren die hohen Erwartungen der DDR-Bürger an das Verhandlungsergebnis ihrer Regierung. Sie erhofften sich ein deutliches Signal dafür, daß sich das Dableiben lohne. Da war das sehr bestimmte, das eindeutige Mandat des Runden Tisches. Auf einen kurzen Nenner gebracht, lautete es, in den Verhandlungen über das künftige Verhältnis der beiden deutschen Staaten die Souveränität der DDR zu wahren und bis zu den Wahlen am 18. März keine Souveränitätsrechte abzutreten. Und da waren die unverkennbaren Intentionen der Bundesregierung, bis zu den inzwischen vorgezogenen Volkskammerwahlen „auf Zeit zu spielen".

Die mit dieser Situation verbundenen Gefühle und Herausforderungen prägten die letzten Gespräche, die Hans Modrow mit mir und anderen in den Salon gerufenen Ministern führte.

Nach Ankunft auf dem Flughafen Köln-Bonn stiegen der Ministerpräsident und seine Delegation in drei Hubschrauber der Bundeswehr um. Das bot Gelegenheit, auch einmal von oben herab auf die Bundeshauptstadt zu blicken. Die letzte kurze Wegstrecke bis zum Kanzleramt wurde in numerierten schwarzen Limousinen zurückgelegt. Ich fuhr im Wagen zwei.

Vor dem Ort des Geschehens flatterte die Fahne des Staates, aus dem der Besuch kam, munter neben der des Gastlandes. Der Regierungschef der BRD erwartete samt seiner Crew den Amtskollegen aus der DDR und seine Mannschaft. Das erste Händeschütteln war von einem Blitzlichtfeuerwerk Hunderter Bildreporter und Journalisten begleitet. Die Fotos gingen um die Welt. Es

162

folgte ein Vier-Augen-Gespräch der beiden Delegations-Chefs, während sich die Fachminister der DDR derweil mit ihren jeweiligen Bonner Ressortkollegen zu einer Runde trafen. Für mich war es die vierte offizielle Zusammenkuft mit Wirtschaftsminister Haussmann. Mit von der Bonner Partie waren die Ministerin für innerdeutsche Beziehungen, Dr. Dorothee Wilms, Arbeitsminister Dr. Norbert Blüm sowie Staatssekretär Köhler vom Finanzministerium. Mit letzterem kam es bald zu einem Schlagabtausch. Er zeigte sich sehr konsterniert darüber, daß da jemand bei der schönen Aussicht der DDR-Bürger auf die harte Deutsche Mark neben den Chancen einer Währungsunion auch die damit verbundenen Risiken betonte. Köhler war zweifelsohne ein exzellenter Fachmann in Geldfragen. Ich aber konnte nicht nur durch die Finanzbrille auf diese Sache sehen.

Den Kern des Gesprächs in der Runde bei Haussmann bildete der Bericht beider Seiten über den Realisierungsstand der bei unserem letzten Zusammentreffen erzielten Übereinkünfte. Ich konnte zum Beispiel darüber informieren, daß die Gewerbefreiheit für Handwerks-, Handels- und Dienstleistungsbetriebe beschlossen worden sei, daß an einem die Niederlassungsfreiheit regelnden Gesetz gearbeitet werde und die DDR-Regierung die Garantie der Tilgung und Zinszahlung für die ERP-Kredite übernehme. Haussmann legte dar, wie weit die Bundesregierung gekommen sei bei der Erstellung des ersten Nachtragshaushaltes für 1991, in den die ERP-Kredite einzuordnen waren.

Um 11.00 Uhr wechselte die Szenerie. Im NATO-Saal des Bundeskanzleramtes begannen die Verhandlungen, von Millionen Bürgern mit Spannung erwartet und auch international aufmerksam verfolgt. Was sich in diesem Rondell abspielte, wurde später oft peinlich, makaber und sogar eine Zumutung genannt. Im Zentrum der

Debatte stand natürlich die Wirtschafts-, Währungs- und Sozialunion als nächste Etappe auf dem Weg zur deutschen Einheit. Am 19. Dezember bei ihrem ersten Treffen in Dresden waren beide Regierungschefs sich noch darin einig gewesen, eine Vertragsgemeinschaft zu bilden. Kohl hatte darin eine Abmachung für eine Übergangszeit bis zur Überwindung der deutschen Teilung gesehen. Spätestens seit der Erklärung Modrows über „Deutschland einig Vaterland" mußte nun völlige Klarheit darüber bestehen, daß keine gesellschaftliche Kraft von Belang in der DDR sich der deutschen Einheit entgegenstellte. Aber die durch eine Wirtschafts-, Währungs- und Sozialunion ausgefüllte Vertragsgemeinschaft sollte nach unserem Verständnis ein Zwischenstadium auf dem mehrjährigen Weg dorthin sein. Dieser Zeithorizont galt auch deshalb als unverzichtbar, weil außenpolitisch noch viele Weichen zu stellen waren. Ging es doch immerhin um die Revision des im Ergebnis des zweiten Weltkrieges entstandenen Status quo und um die damit verbundenen Interessen der Siegermächte, insbesondere der Sowjetunion.

Bereits während der Verhandlungen im NATO-Saal wurde ich das Gefühl nicht los, daß dieser Besuch kaum substantielle Ergebnisse bringen würde, daß die Signale längst nicht mehr auf eine Konföderation gestellt seien. In einem Gespräch mit der „Welt" am 28. November 1990 bekannte der Bundeskanzler dann wohl erstmals auch öffentlich: „Schon auf dem Flugplatz von Dresden war mir nach zehn Minuten klar, daß es keine Übergangszeit mehr gäbe, daß das Regime am Ende sei. Und das alles hat sich dann ja erneut gezeigt bei der Öffnung des Brandenburger Tors. Modrow war eigentlich sehr selbstbewußt und hat geschickt die Rolle des ehrlichen Maklers gespielt nach dem Motto, er müsse auslöffeln, was andere eingebrockt haben. Er wollte bei seinem

164

Bonn-Besuch 15 Milliarden Mark mitnehmen. Für mich stand schon vor seiner Anreise fest, daß daraus nichts wird. Das Geld wäre in ein Faß ohne Boden geschüttet worden. Modrow war über unsere Ablehnung sichtlich bestürzt wie übrigens auch ein Teil der veröffentlichten Meinung."

In der Tat war es ein wesentliches Anliegen unseres Bonn-Besuches, über nicht rückzahlbare Ausgleichs- und Unterstützungszahlungen der BRD an die DDR zu verhandeln. Dafür kursierten auch die Begriffe „Lastenausgleich" und „Solidarbeitrag".

Ein prominenter öffentlicher Befürworter eines „Lastenausgleichs" war der CDU-Bundestagsabgeordnete Professor Biedenkopf. Er leitete einen solchen Ausgleich nicht – wie andere – aus Zinses-Zins-Rechnungen für die fast einseitig von der DDR getragenen Reparationsleistungen an die Sowjetunion ab. Er sah darin auch keine altruistische Hilfeleistung der BRD oder eine Bittstellung der DDR. Für ihn war das vielmehr vom Standpunkt der unterschiedlichen Nachkriegsentwicklung der beiden deutschen Staaten ein politisch und moralisch gerechtfertigter Anspruch der DDR, um die EG-Kompatibilität der DDR-Wirtschaft herzustellen.

Der Ministerpräsident der DDR und andere Regierungsvertreter, ich eingeschlossen, griffen in der Öffentlichkeit die Biedenkopfschen Überlegungen auf. Natürlich gab es von manchen Prominenten der BRD auch andere Töne. Sie zielten aber mehr auf die Unzweckmäßigkeit des Begriffs als gegen das Wesen der Sache. So hatte mich z. B. der wirtschaftspolitische Sprecher der SPD-Bundestagsfraktion, Wolfgang Roth, Mitte Januar in Bonn dazu seine Meinung wissen lassen.

Er ging davon aus, daß sich ein Lastenausgleich in der Art und Weise, wie er offiziell diskutiert wurde, nicht durchsetzen lasse. Dieser Begriff allein rufe psychologi-

165

sche Barrieren hervor. Er käme bei den Bundesbürgern so an, als solle ihnen etwas aus der Tasche gezogen werden, als sollten sie Altlasten ausgleichen. Mit Hinweis auf das in der BRD gegebene soziale Gefälle, mit Rücksicht auf die sozial schwachen Schichten schien ihm das psychologisch kein geeigneter Ansatz zu sein.

Ich war für diese Argumentation Roths aufgeschlossen, weil ich gegen die Kraft der Psychologie durchaus keine Einwände hatte. Hätten doch nur andere BRD-Politiker bei ihren Äußerungen zu DDR-Problemen sich öfter darüber Rechenschaft abverlangt, daß auch die Bürger dieses Teils Deutschlands psychologische Schwellen, eine psychologische Befindlichkeit haben.

Roth meinte, das Grundanliegen des sogenannten Lastenausgleichs könne in anderer Form umgesetzt werden. Er dachte an die Transferierung nicht rückzahlbarer Mittel für Investitionen in der Infrastruktur und den Umweltschutz als eine „Bringeschuld" oder „Bringepflicht" der BRD. Die Finanzierungsquellen dafür sah er in freiwerdenden Mitteln aus dem Verzicht auf Steuerentlastungen für Großunternehmen.

Das offizielle Bonn lehnte jedoch fünf Wochen vor den Volkskammerwahlen jede Debatte um einen Solidarbeitrag strikt ab. Gemutmaßt wurde, alte Strukturen könnten sich mit diesen Geldern verfestigen und eine nicht legitimierte Regierung könne keine bindenden Reformzusagen machen.

Warum brüskierte man nur derartig die oppositionellen Kräfte, die – wie auch die Vertreter der etablierten Parteien – am Runden Tisch einen Solidarbeitrag Bonns in Höhe von 10 bis 15 Milliarden D-Mark für angemessen hielten? Hatte Bonn nicht seit fast zwei Jahrzehnten der unter Honecker doch wohl weit weniger legitimierten DDR-Regierung als der jetzigen nach dem Eintritt der acht Oppositionellen Milliardenbeträge zukommen

166

lassen – bis hin zu Kopfgeldern für freigelassene politische Häftlinge?'Anstatt laut die Menschenrechtsverletzungen anzuprangern, hatte man ein lautloses kommerzielles Geschäft vorgezogen. Damals sei es angeblich um die Menschen in der DDR gegangen. Und was war jetzt mit den Brüdern und Schwestern? Warum behandelte man uns nicht wie Partner, sondern wie Gegner? Wäre es nicht sinnvoll gewesen, so schnell wie möglich Infrastrukturmaßnahmen in Gang zu setzen und dafür einen Teil des Solidarbeitrags zu verwenden? Das wäre übrigens dem westlichen Teil Deutschlands genauso zugute gekommen wie dem östlichen. Außerdem hätte es auf ausländisches Kapital frühzeitig anreizend und arbeitsplatzschaffend gewirkt.

Ich fand es in jenen Stunden und auch später sehr bedauerlich, daß das edle Thema „deutsche Einheit" dem gefräßigen Tier „Wahlkampf" vorgeworfen wurde. Die Profilierungssucht von Parteien war stärker ausgeprägt als das Parteinehmen für die langfristigen Interessen der Menschen. War es nicht zumindest zwielichtig, Gorbatschows Politik hoch zu bejubeln, aber die Reformkräfte der DDR im Regen stehen zu lassen, obwohl sie in Richtung Marktwirtschaft schon viel weiter gingen als der Vater der Perestroika? Mußte das nicht sehr nach Eroberung aussehen?

Dieser historische Augenblick in Bonn offenbarte viel davon, wie stark sich die beiden deutschen Staaten seit 1945 oder auch seit 1949 und besonders nach dem Bau der Mauer auseinandergelebt hatten. Was wußte man voneinander außer den ständig gepredigten Klischees? Was vom eigentlichen Denken, vom Fühlen, den Empfindungen? Obwohl beide Seiten häufig von nationaler Verantwortung, von nationaler Einheit redeten, in Wahrheit hat das Nationale in der Situation keine übergreifende Rolle gespielt. Man erhielt einen Vorgeschmack darauf, wie lange das Wiederzusammenwachsen im mentalen Bereich noch dauern würde.

Wenn ich mich im nachhinein an die Szenerie im NATO-Saal erinnere, habe ich – vereinfacht – folgendes Bild vor Augen: Die eine Seite fühlte sich von der Geschichte „heilig"gesprochen, die andere Seite wurde in ein Büßerhemd gesteckt. Treffend fand ich den Kommentar der „Frankfurter Rundschau" am folgenden Tag. Sie wertete den Besuch als „verpaßte Gelegenheit" und resümierte weiter: „Nun aber winkt dem anderen Teil Deutschlands ein bloßer Abklatsch der westlichen Zustände. Das mag vielen genügen. Aber Hektik und hochgehende Emotionen nehmen nun auch der Bundesrepublik alle Chancen, eigene Fehler zu korrigieren und Versäumnisse nachzuholen. Zum Schaden für beide Seiten."

Deutete sich hier nicht bereits die Gefahr an, daß für die DDR-Bürger der Mythos vom entwickelten Sozialismus durch den Mythos vom idealen Kapitalismus ersetzt werden sollte? Warum gefielen die Bonner Regierungspolitiker und insbesondere der Kanzler sich in völlig unangebrachten Siegerposen? Wollten sie ihr bis vor kurzem zur Schau getragenes joviales Verhalten zur früheren DDR-Führungsriege durch ein besonders forsches und unnachgiebiges Auftreten uns gegenüber schnell vergessen machen?

Breiten Raum in der Diskussion nahm der Meinungsaustausch darüber ein, wie und in welchem Tempo die schließliche Vereinigung der beiden deutschen Staaten konkret erfolgen solle. Die DDR-Delegation war sich darin einig, daß Artikel 23 des Grundgesetzes dafür kein geeigneter Weg sei. Es ginge nicht um eine erweiterte BRD, sondern um ein neues Deutschland, an dessen Anfang eine Volksabstimmung stehen sollte. Besonders Dr. Ullmann machte sich hierfür stark. Zu den Volkskammerwahlen traten er und seine politischen Freunde

168

sehr engagiert mit der Losung auf: „Artikel 23, kein Anschluß unter dieser Nummer." Matthias Platzeck machte keinen Hehl aus seinem Eindruck von einer gewissen „Fremdsteuerung" der politischen Prozesse in der DDR. Er bezog sich vor allem auf die massive Wahlkampfhilfe der CDU West für die CDU Ost. Rainer Eppelmann appellierte an die Bonner Delegation: „Lassen Sie uns ein wenig Zeit! Die DDR-Regierung versteht sich als Makler von 16 Millionen Menschen. Was wir brauchen, ist eine helfende Penizillinspritze, keine Totaloperation. Noch ist der Patient nicht tot."

Walter Romberg bat namens der SPD Ost um ein gemeinsames Wort beider deutscher Regierungen, in dem sie ihr Interesse an einer stabilen Entwicklung der DDR bis zu den März-Wahlen ausdrückten.

Bei aller Verschiedenheit dieser Oppositionsminister untereinander und bei mancher Diskrepanz in Einzel- und auch in Grundfragen zu ihren Kollegen der „etablierten" Parteien – bei dem historischen Bonn-Besuch am 13. Februar 1990 traten alle auf wie ein Mann. Das blieb auf den Bundeskanzler nicht ohne Eindruck.

Zwischen Hans Modrow und Außenhandelsminister Gerhard Beil plaziert, sprach ich von den insgesamt 15 Diskussionsrednern als fünfte, unmittelbar nach Bundesfinanzminister Theo Waigel. Er hatte noch einmal alle finanziellen Leistungen der BRD aufgelistet, die diese seit 1949 an die DDR gewährt habe. Er rügte es unverblümt, einen Solidarbeitrag zu fordern, ohne – wie er meinte – den Verwendungszweck offenzulegen. Ein leidenschaftliches Plädoyer gab er ab für eine schnelle Währungsunion. Andernfalls blute die DDR aus, und das BRD-Boot könne kentern. Voraussetzung seien jedoch exakte Informationen über die Währungslage der DDR und eine Beschleunigung marktwirtschaftlicher Reformen.

Ich nahm den Faden auf und sagte unter anderem:

169

„Eine schnelle Währungsunion ist eine faszinierende Idee und ein wünschenswertes Ziel. Wie bei allen Wünschen muß das Wie, die Machbarkeit, das Schrittmaß realistisch beurteilt werden. Ein rasches Tempo der Wirtschaftsreform in der DDR ist angezeigt, unabhängig davon, wann es zur Währungsunion kommt. Ob mit der Einführung der D-Mark in der DDR sich allerdings – wie erhofft – der Übersiedlerstrom entscheidend senkt, kann niemand voraussagen oder gar versprechen. Wahrscheinlich wird die Antwort zu gegebener Zeit eher negativ ausfallen, weil die Produktivitäts- und damit die Einkommensdifferenzen noch auf Jahre bestehen bleiben.

Wir alle sind uns hoffentlich im klaren, daß die Schaffung der Währungsunion nicht nur eine Frage des Fortschritts der Wirtschaftsreform in der DDR ist und der Installierung einiger finanzpolitischer Instrumente. Es geht vielmehr um tiefgreifende ökonomische, soziale und eigentumsrechtliche Fragen, die alle davon berührt sind. Die Interessen der Menschen sind also zutiefst betroffen. Die Bürger der DDR werden kaum einsehen, weshalb sie im Ergebnis des zweiten Weltkrieges durch Reparationsleistungen und eine aufgezwungene Wirtschaftsordnung viele Opfer bringen mußten und nun vielleicht zum zweiten Male viel verlieren werden. Das erregt die Bürger in der DDR momentan sehr, bringt kaum weniger Sorgen und Ängste hervor als der immer noch anhaltende Weggang von Menschen, so tragisch der natürlich ist."

Der Kanzler griff nach jedem Beitrag unserer Delegation ein. Er beschwor seine Absicht, binnen kurzer Zeit aus der DDR ein „blühendes Gemeinwesen" machen zu wollen. Vor allem aber dozierte er, gab Kommentare, verteilte Noten. Unbeteiligte Dritte hätten den Eindruck gewinnen müssen, hier seien nicht geladene, sondern

170

ungebetene Gäste im Saal. Unterschwellig klang das dann auch so, daß man die eigentlichen Verhandlungen erst mit einer frei gewählten, vom Volk legitimierten Regierung führen werde. Letztlich also vertane Zeit auf beiden Seiten.

Das schmale Ergebnis, nämlich die vereinbarte Bildung von Expertenkommissionen zur Analyse der Ausgangsbedingungen, der Schritte und Probleme bei der Einführung der DM in der DDR, hätte man auch telefonisch erreichen können.

Es gab in dem Saal wohl niemanden, der ein wirklich gutes Gefühl über den Gang der Dinge gehabt hätte. Johannes Rau umschrieb die Situation, an seine westlichen Kollegen gerichtet, mit dem Satz, dessentwegen er später oft angezählt wurde, so: „Ratschläge sind auch Schläge."

„Die Tageszeitung" faßte ihren Eindruck von den Verhandlungen unter der Überschrift zusammen: „Modrow wahrt sein bißchen Würde". Sie kommentierte: „Auf seine Kosten kam, wer miterleben wollte, wie ein Staat und seine Vertreter ihre verbleibende Würde wahren – auch und gerade wenn ein Helmut Kohl mit gewichtiger Miene gerade ihre Einverleibung angekündigt hat. Neben dem schmalen, blassen Hans Modrow thronend, hatte der Kanzler von allem gesprochen – nur nicht von der DDR. Die wirtschaftliche und politische Übernahme – eine Selbstverständlichkeit, die es kaum verdiente, gerechtfertigt zu werden. Modrow hatte fast während der ganzen Redezeit des Kanzlers auf den Tisch geblickt, hatte nur ein paar Mal aufgeschaut, als Kohl ungehemmt seine Forderungen an die Neuorganisation der DDR stellte.

Erst als er mit seinem Statement an der Reihe war, setzte sich Modrow kerzengerade hin, hob den Kopf ganz hoch und sprach, mit klarer lauter Stimme, von den geistigen Werten, die die DDR in ein vereinigtes

171

Modrow-Besuch in Bonn am 13. Februar 1990. Begrüßung durch den Bundeskanzler

Deutschland einbringen werde, etwas von den auch hierzulande bekannten Schriftstellern Stefan Heym, Christoph Hein und Christa Wolf. Er lobte die fleißigen Arbeiter und Bauern seines Landes, die materielle Werte einbringen, derer wir uns nicht zu schämen brauchen.

Über die Destabilisierungskampagne bundesdeutscher Politiker urteilte er fast ohne diplomatische Vorsicht: ob man den Preis der Wiedervereinigung nicht zu sehr zu Lasten des Volkes drücken wolle."

Programmgemäß folgte der offiziellen Gesprächsrunde am ersten Besuchstag ein gemeinsames Mittagessen im Palais Schaumburg. An einer langen Tafel war Hans Modrow rechts, ich links von Bundeskanzler Kohl plaziert. Mein linker Tischnachbar war der Ministerpräsident des Freistaates Bayern, Max Streibl, der „bayrische Löwe". Zusammen mit Johannes Rau, dem Landesvater von Nordrhein-Westfalen, und dem Westberliner Regierenden Bürgermeister Walter Momper repräsentierte er die Bundesländer. Mein Visavis waren Wirtschaftsmini-

172

ster Haussmann, Finanzminister Waigel und Arbeitsminister Blüm.

Tischreden sah das Protokoll nicht vor. Als Gastgeber bestimmte der autoritätsbewußte Bundeskanzler von Anfang bis Ende den Gesprächsverlauf, der seinen Kabinettsmitgliedern gegenüber im Ton außerordentlich locker war. Kohl ließ kaum einem anderen eine Chance. Besonders häufig mußte Norbert Blüm für die Frotzeleien seines Chefs herhalten. Unwillkürlich drängte sich einem das Bild von der pfälzischen Dampfwalze auf, das Journalisten für Kohl gefunden hatten. Haussmann wurde von Waigel wegen seiner Golfspielleidenschaft geneckt. In Erinnerung geblieben ist mir, daß Theo Waigel von seiner damals zwölfjährigen Tochter sprach, für die er Ostern Zeit haben wollte, um mit ihr gemeinsam etwas zu unternehmen. Bei mir verband sich das mit dem Gedanken, daß der sonst so hart und unnahbar wirkende Mann sicher auch weiche Züge habe.

Wohl um die angesichts der vormittäglichen Beratung etwas gedämpfte Stimmung zu überspielen, gab Helmut Kohl allerlei Anekdoten zum besten. Sichtlich Freude bereitete es ihm, wiederzugeben, welche kräftigen Worte er am Telefon benutzt habe, als der Graf (eine nähere Bezeichnung erübrigte sich) ihn eines Sonntagnachmittags einer Lappalie wegen zu Hause im Schlaf störte.

Hans Modrow nahm dosiert an der Konversation teil. Vielleicht wollte er dem pausenlos parlierenden Gastgeber nicht die Show stehlen, denn auch er kann – wenn aufgelegt – allein eine große Runde lange und gut unterhalten. Wahrscheinlich aber war er innerlich bereits mit der für den Nachmittag angesetzten Pressekonferenz beschäftigt. Welches Feuerwerk an Fragen da zu erwarten stand, war klar. Außerdem gab es ja noch den am Vortag erschienen „Spiegel"-Artikel, in dem darüber gemutmaßt wurde, ob und inwieweit der ehemalige Dresdener Parteichef in die Wahlfälschung und in die Zusammenstöße zwischen Polizei und Demonstranten verstrickt gewesen sei. Schon am Morgen bei der Ankunft hatten sich die Journalisten deswegen wie ein Bienenschwarm auf ihn gestürzt.

Auch ich ertappte mich hin und wieder dabei, daß meine Gedanken bereits zum nächsten Termin abschweiften.

Im brodelnden Kessel

Während des Bonn-Besuches wartete noch eine Sondermission auf mich. Es war der Wunsch des Amtskollegen Haussmann, daß wir beide Grußansprachen an den ersten Deutsch-Deutschen Marktplatz richten sollten. Dabei handelte es sich um ein vom Deutschen Industrie- und Handelstag organisiertes ganztägiges Treffen von klein- und mittelständischen Unternehmern aus der DDR und der BRD sowie aus beiden Teilen Berlins.

Die Veranstaltung stand unter der Schirmherrschaft des Präsidenten des DIHT, Hans Peter Stihl. Ort des Geschehens war das Internationale Congress-Centrum (ICC) auf dem Westberliner Messegelände am Funkturm.

Normalerweise werden Grußansprachen zu Beginn eines Meetings gehalten. So sah es das Wochen zuvor gedruckte und versandte Programm auch vor. Da beide Akteure zur fraglichen Zeit dann aber im NATO-Saal des Bundeshauses saßen, wurden aus den Grußansprachen schließlich für 17.00 Uhr angesetzte Abschlußreden.

Die beiden Wirtschaftsminister verabschiedeten sich vorzeitig vom offiziellen Mittagessen. Das war unabänderlich wegen des Flugtermins. Zugleich war es schade. Die Zeremonie hätte Gelegenheit geboten, in Tuchfühlung weitere Eindrücke von bestimmten Personen zu sammeln.

Der Flug von Köln-Bonn nach Berlin-Tegel war für 15.15 Uhr gebucht. Während der Fahrt zum Airport besprachen Helmut Haussmann und ich kurz unser Auftreten in Berlin. Wir kamen überein, jeder solle in seiner Rede eine erste persönliche Wertung der offiziellen Bonner Begegnung geben. Die knappe Flugstunde waren wir beide damit beschäftigt, uns Stichpunkte zu machen.

Pünktlich landete die Maschine von British Airways. Als erste zum Ausstieg gebeten, erreichten wir schnell den Ankunftstrakt des Flughafengebäudes. Dort erwartete mich unverhofft und sichtlich verstört mein Kabinettskollege Dr. Gunter Halm. Er, der in wenigen Minuten zum Flug nach Bonn starten wollte, hatte am Vormittag im ICC die Mittelstandspolitik der Modrow-Regierung erläutern sollen. Doch offenbar glaubte die erwartungsvoll gestimmte, vieltausendköpfige Zuhörerschaft aus West und Ost, nicht auf ihre Kosten gekommen zu sein. Gunter Halm wollte mich – und das fand ich kollegial – auf eine, wie er meinte, knisternde Atmosphäre, eine zornige, ja zum Teil aggressive Stimmung vorbereiten. Er sei wiederholt bei seinem Vortrag von Zwischenrufen unterbrochen, sogar zum Abbruch aufgefordert worden. Selbst mit Anstandsapplaus hätte man sehr gespart. Zu mehr Informationen zwischen Tür und Angel reichte weder seine noch meine Zeit. Ich wußte nun, was die Wirtschaftsministerin erwartete, und ich gestehe, daß ich der Sache nicht ohne Beklemmung entgegensah.

Rasch war das ICC erreicht. Unterwegs erfuhren Helmut Haussmann und ich noch einen weiteren Grund für die Gereiztheit mancher Teilnehmer aus der DDR und aus Ostberlin. Mangels ausreichender Parkflächen in der Nähe des Veranstaltungsortes hatten sie ihre PKW mir nichts dir nichts auch im Parkverbot abgestellt. Dies wohl in der Annahme, daß ihre Autotypen oder zumindest die Nummernschilder bei der Westberliner Polizei

176

Gnade vor Recht ergehen lassen würden. Aber was man im November und Dezember 1989 durchaus noch stillschweigend übersah, galt längst nicht mehr, und so war von 200 DM Abschleppgebühr die Rede. Hinzu kam für die Betroffenen die langwierige Suche nach dem fahrbaren Untersatz. Die Empörung hatte bereits Wogen geschlagen. Der Schirmherr sollte eingeschaltet werden, sie zu glätten. Wer letztlich die Kosten getragen hat, habe ich nicht weiter verfolgt. Eine bleibende marktwirtschaftliche Lehre für die Unternehmer der DDR oder solche, die es werden wollten, war dies Erlebnis gewiß. Wenn in der früher planwirtschaftlichen DDR eine solche Großveranstaltung organisiert worden wäre, dann hätten reservierte Parkflächen in der unmittelbaren Umgebung zum Ritual gehört.

Pünktlich um 17.00 Uhr (beim Abflug in Bonn hatte ich noch Zweifel, ob das so minutiös klappen würde) betraten Haussmann und ich, begleitet von Hans Peter Stihl, den brodelnden Kessel. Es gab anhaltenden Beifall. Das hob bei mir die Stimmung. Gleichzeitig war damit jedoch auch die Erwartungshaltung des Auditoriums angemahnt. Ein Blick von der hell erleuchteten Bühne, auf der wir zu dritt Platz nahmen, in den etwas dunkler gehaltenen riesigen Saal des ICC vermittelte den Eindruck eines Menschenmeeres. Baupolizeilich für 9000 Gäste zugelassen, so berichteten die Zeitungen am nächsten Morgen, hätten an die 12 000 Platz genommen und auch Gänge und Stufen besetzt.

Nie zuvor hatte ich vor so einer gewaltigen lebenden Kulisse gesprochen, wenngleich dies im ICC bereits mein zweiter Auftritt war. Einige Wochen vorher waren Bundesforschungsminister Riesenhuber und ich Hauptredner auf einer Veranstaltung des Magazins „Impulse" gewesen. Damals hatte ich den Saal in einer kleineren Variante kennengelernt. In Erinnerung ist mir von jener

Veranstaltung ein sehr kompetenter Ministerkollege und zudem ein brillanter Redner, der die Chance zum Wahlkampf für die CDU nutzte.

Als ich diesmal nach einer kurzen Eröffnung durch den Schirmherrn als erste ans Rednerpult gebeten wurde, hatte ich ein prickelndes Gefühl. Wie es um die Sentiments von Helmut Haussmann an diesem Abend stand, weiß ich nicht. Das einmalige Panorama jedenfalls beeindruckte auch ihn.

Bereits meine einleitenden Sätze, in denen ich die Organisation des ersten Deutsch-Deutschen Marktplatzes eine Pionierleistung des Präsidenten des DIHT nannte und ihm dazu gratulierte, wurden mit freundlichem Beifall quittiert. Das ermunterte durchaus. Und da ich aus den täglich eingehenden Zuschriften, Wünschen und Beschwerden, aber auch aus vielen persönlichen Gesprächen mit den Sorgen der DDR-Mittelständler sehr gut vertraut war, konzentrierte ich meine Rede auf Themen, die offenbar vormittags nicht deutlich genug plaziert worden waren. Daß ich ins Schwarze traf, war am wiederholten, lebhaften und mitunter starken Applaus zu spüren. Die Tuchfühlung mit dem Publikum war hergestellt, der Funke beiderseits übergesprungen.

Ich schloß den Vortrag verabredungsgemäß mit meiner persönlichen Sicht auf den Tag in Bonn. Die Chancen und Risiken, die sich für mich mit der vorzubereitenden Währungsunion verbanden, standen dabei im Zentrum. Wenngleich meine Voraussagen und Annahmen bei manchem der Anwesenden gewiß auf inneren Widerspruch gestoßen sind, so wurde auch dieser Teil der Rede mit Interesse angehört. Am Ende gab es mehr als Höflichkeitsapplaus, es war anhaltender Beifall, der wohl ehrlichen Herzens gespendet wurde.

Nicht minder freundlich wurde die Rede meines Amtskollegen aufgenommen. Sie war ein Hoheslied auf den

178

Mittelstand in der Marktwirtschaft. Ein Slogan des Abends, der bei mir haftenblieb und der später des öfteren wiederholt wurde, lautete: „Es ist dies die Zeit nicht der Bedenkens-, sondern der Hoffnungsträger." Gemünzt war der Satz auf all diejenigen, die bei der Diskussion um die Währungsunion nicht nur die Sonnenseiten zu benennen wußten, sondern auch die unvermeidlichen Schattenseiten nicht aussparten. Somit zielte er auch auf mich.

Ob der Redner von damals sich im Sommer, Herbst und Winter 1990 wohl noch manchmal an die „Bedenkensträgerin" erinnerte?

Der erste Deutsch-Deutsche Marktplatz ging zu Ende. Veranstalter und Teilnehmer schienen schließlich doch noch zufriedengestellt. Ich wußte: Du hast für die Regierung Modrow einen Punkt geholt. Dieses Gefühl verstärkte sich anschließend, als viele Anwesende einzeln oder in Gruppen nach vorn kamen, ihren Respekt für die Tätigkeit des Modrow-Teams zum Ausdruck brachten, Wünsche und Grüße übermittelten, vertrauensvoll auch manche Sorge äußerten. Und es gab wiederum unzählige Autogrammwünsche. Zuhörer kamen mit ihren Einladungen, Programmen, ja gar mit der „Für Dich" Nr. 49/89, in der die von mir sehr geschätzte Journalistin Dr. Christina Meinhardt eine Reportage über meinen Wechsel vom Rektorat der Hochschule für Ökonomie ins Amt des Ministerpräsidenten in der Klosterstraße publiziert hatte. Sie kamen auch mit Zeitungen, die Interviews mit mir enthielten.

Erfüllt habe ich jeden mündlich oder schriftlich vorgetragenen Autogrammwunsch, obgleich ich mich innerlich dagegen sträubte. Ich weiß nicht, wie es Künstlern ergeht, bei denen das ja sozusagen zum Beruf gehört. Getröstet habe ich mich dann damit, daß Politik in dieser sensiblen Übergangszeit eben oft eine hohe Kunst war.

Für gut zwei Stunden trennten sich die Wege der beiden Akteure. Während Minister Haussmann zum Fernsehstudio fuhr, um an einer schon zum Wahlkampf gehörenden Diskussionsrunde teilzunehmen, hatte ich es an diesem Abend leichter. Bei einem offiziellen Essen auf dem Funkturm genoß ich den Blick über das abendliche Berlin. Fast konnte ich in die Fenster meiner damals noch unweit des Ostberliner Fernsehturms gelegenen Wohnung schauen.

Vom Rückflug nach Bonn ist mir in Erinnerung geblieben, daß eine Stewardeß Zeitschriften herumreichte, darunter den besagten „Spiegel" mit dem häßlichen Artikel über die Wirtschaftsministerin der DDR. Helmut Haussmann – war er nur Gentleman, war er ein verständnisvoller Kollege mit eigenen Presseerfahrungen oder vielleicht einfach Realist? – nahm sich demonstrativ die Illustrierte „Bunte".

Im Spätsommer 1990 sollte sich medienwirksam über ihm Unmut der eigenen Parteiführung zusammenballen. Drei Monate vor der gesamtdeutschen Wahl fing die FDP an, eines ihrer Regierungsmitglieder öffentlich zu demontieren. Der Parteivorsitzende Graf Lambsdorff, der sich gern mit dem Nimbus des „eigentlichen" Wirtschaftsministers umgab, einen Sitz am Bonner Kabinettstisch aber verschmähte, hatte seine Fittiche über den Bangemann-Nachfolger im Wirtschaftsressort eingezogen. Das alles hatte wohl mit Haussmann selber nur bedingt etwas zu tun. In Wahrheit setzte das Gerangel um Machtpositionen in einer Nach-Lambsdorffschen FDP ein.

Der zweite Besuchstag verlief von der Atmosphäre ganz entspannt. Die acht neuen Ministerkollegen absolvierten ihr eigenes Programm. Der Ministerpräsident und wir übrigen Delegationsmitglieder führten Informationsge-

180

spräche mit prominenten Vertretern der Wirtschaft und des Bankwesens. Zu einem angeregten Meinungsaustausch kam es mit Dr. Klaus Murmann, dem Präsidenten der Bundesvereinigung Deutscher Arbeitgeberverbände. Er hatte Vor-Ort-Kenntnisse von DDR-Betrieben, sprach anerkennend von der Qualität der Facharbeiterausbildung und verbarg nicht seine Beobachtung, daß – gemessen am bundesdeutschen Standard – der Arbeitskräftebesatz zu hoch sei. Besorgt zeigte sich Murmann über die Abwanderung gerade der qualifiziertesten Menschen. So hätten sich in jüngster Zeit sieben Ingenieure aus langjährigen DDR-Partnerbetrieben in seinem Unternehmen beworben.

Interessant und aufschlußreich war das Gespräch mit Bankmanagern, angeführt von Dr. Wolfgang Röller, dem Präsidenten des Bundesverbandes Deutscher Banken und Vorstandssprecher der Dresdner Bank. Sie sagten rundheraus, daß das von der Bundesregierung unterbreitete Angebot einer schnellen Währungsunion mit der DDR bei Übernahme der D-Mark als alleiniges Zahlungsmittel nur politisch motiviert sein könnte. Aus ökonomischer Sicht dürfe nicht übersehen werden, daß die Einkommensunterschiede zwischen beiden Teilen Deutschlands bestehen bleiben und die Abwanderung von Ost nach West nicht zum Stehen käme. Infolge des Produktivitätsgefälles würde schlagartig eine hohe Arbeitslosigkeit eintreten. Das Interesse zur Kapitalanlage in der DDR werde nicht gefördert, Joint ventures würden gar weitgehend uninteressant.

Röller distanzierte sich von Kanzlerberater Horst Teltschik, der die These von der angeblich kurz bevorstehenden Zahlungsunfähigkeit der DDR in die Welt gesetzt hatte. Es blieb nicht ohne Wirkung, daß der Präsident des Bundesverbandes Deutscher Banken sich anschließend vor der wartenden Presse in aller Öffentlichkeit gegen solche allzu durchsichtigen Bankrottgerüchte wandte. Das verfehlte auch international seine Wirkung nicht.

Das Ende des vormittäglichen Gesprächsreigens bildete eine Zusammenkunft mit dem Bremer Historiker Professor Arno Peters, der durch seinen Reparations-Ausgleichs-Plan bekanntgeworden ist. Dieser Mann im siebenten Lebensjahrzehnt zeigte sich trotz seiner Gehbehinderung äußerst vital. Bereits vor siebenundzwanzig Jahren hatte Peters seinen Plan beiden deutschen Regierungen erstmals vorgelegt. Zu jener Zeit wurde er totgeschwiegen. Der Grund: Peters hatte ungeschminkt dargestellt, daß von den 100 Milliarden Mark deutscher Reparationszahlungen an die Siegermächte des zweiten Weltkriegs Ostdeutschland 98 Prozent und Westdeutschland 2 Prozent zu begleichen hatte. Zu dieser unproportionalen Lastenverteilung war es gekommen, weil jede Siegermacht die ihr zustehenden Reparationen aus der eigenen Besatzungszone entnahm. Wen nimmt es wunder, daß beiden deutschen Regierungen – aus unterschiedlichen Gründen zwar – an der Popularisierung dieser Wahrheit nicht gelegen war? Die BRD ging darüber hinweg, weil sie ihre Zahlungen an die DDR so lange wie möglich hinauszögern wollte. Die DDR verschwieg die Angelegenheit, um nicht antisowjetische Emotionen zu wecken.

Zur Jahreswende 1989/90 übergab Peters seinen Reparations-Ausgleichs-Plan erneut an die Regierungen beider deutscher Staaten. Dieses Mal unterstützten Bremer Hochschullehrer und Senatoren seine Initiative. Der Einwohnerzahl entsprechend und unter Berücksichtigung von Zins und Zinseszins präsentierte der Historiker der Bundesregierung einen Schuldschein von 727,1 Milliarden DM zugunsten der DDR.

Das anhaltende Hickhack um den Lastenausgleich

182

und die ablehnende Haltung Bonns gegenüber einem Solidarbeitrag für die DDR hatten Peters bewogen, während unseres Bonn-Aufenthaltes um einen Gesprächstermin zu bitten. Er appellierte leidenschaftlich an uns, gerade auch im Zusammenhang mit der nun in Aussicht stehenden Währungsunion, nicht von der BRD „Hilfen zu erbetteln", sondern „Schulden einzuklagen". Hans Modrow dankte Peters in unser aller Namen für dessen Engagement und die moralische Stütze. Daß der an die BRD-Adresse aufgemachte „Schuldschein" durch die DDR so bald nicht einlösbar sein würde, daran bestand auf unserer Seite kein Zweifel. Aber wir stimmten mit Peters überein, die ungleiche Lastenverteilung nach dem zweiten Weltkrieg ins öffentliche Bewußtsein zu rufen. Eine internationale wissenschaftliche Reparationskonferenz in Berlin schien dafür geeignet. Sie war langfristig für Ende Oktober 1990 geplant und sollte von der Humboldt-Universität ausgerichtet werden. Als die Vereinigung Deutschlands am 3. Oktober feststand, erwies sich der Konferenztermin als ungünstig. Den bereits gewonnenen Rednern und geladenen Gästen wurde abgesagt. Für die Wissenschaft hat sich das Thema aber wohl noch nicht erledigt.

Am zweiten Besuchstag sah das Protokoll ein von Finanzminister Waigel für die DDR-Delegation gegebenes offizielles Mittagessen vor.

Auf dem Weg dorthin fingen mich Presseleute ab und fragten nach meiner persönlichen Bilanz über die Ergebnisse der Verhandlungen in Bonn. Am meisten interessierte die Journalisten, ob das Bonner Finanzministerium wohl gründlich genug vorbereitet gewesen sei auf das Thema Währungsunion. Ich verneinte das mit dem Hinweis, ein Konzept sei nur schwer auszumachen gewesen. Damit revanchierte ich mich in gewisser Weise für die öffentliche Schelte und die Vorwürfe Waigels an

Christa Luft trägt sich im Beisein von Johannes Rau in das Gästebuch der nordrhein-westfälischen Landesregierung ein

die Regierung der DDR und auch an mich persönlich. Wir würden – so hieß es oft aus seiner Ecke – die tatsächliche Haushaltslage und die wirklichen Auslandsschulden nicht offenlegen und auch andere Informationen zurückhalten. „Ich werfe den Bonner Finanzexperten doch auch keine böse Absicht vor – fuhr ich fort –, wenn sie für ihren Nachtragshaushalt und damit die Bewilligung der ERP-Kredite an private DDR-Unternehmen Monate benötigen. Und das, obwohl sie über ein übersichtliches Zahlenwerk und eingespielte Mechanismen verfügen. Warum aber unterstellt man uns Unehrlichkeit und Verzögerungstaktik, wenn es einfach seine Zeit dauert, sich in dem verworrenen Mittagschen Datendickicht und dem verästelten Schalckschen Devisenimperium zurechtzufinden?"

Was ich dann erlebte, war ein Musterbeispiel für gut funktionierende Informationskanäle: Als ich nach weni-

184

gen Minuten zur Runde der zum Mittagessen Geladenen stieß – sie standen zu einem Begrüßungstrunk beieinander – mußte Theo Waigel bereits über mein Interview ins Bild gesetzt worden sein. Er begrüßte mich entsprechend distanziert. Daß meine Vermutung richtig war, bestätigte sich, als der Gastgeber sich gleich nach dem Mittagessen vor der wartenden Presse äußerte. Auf den Seitenstich eines Journalisten, Bonn könne sich mangels exakter Daten und solider Berechnungen doch im Hinblick auf die Folgen der Währungsunion noch gar nicht sicher fühlen, gab Waigel scharf zurück: „Das ist die Meinung von Frau Luft. Ich sehe das anders." Und weil er schon einmal dabei war, teilte er auf eine entsprechende Frage gleich noch den nächsten Hieb aus und wischte den Reparations-Ausgleichs-Plan von Peters brüsk als unseriös und indiskutabel vom Tisch.

Das war bei diesem Besuch unser letzter Eindruck vom offiziellen Bonn.

Beim Rückflug wurden bereits erste Gedanken zur personellen Zusammensetzung des DDR-Teils der verabredeten deutsch-deutschen Expertenkommission zur Vorbereitung der Währungsunion ausgetauscht. In Erwartung eines Siegs der SPD bei den Volkskammerwahlen am 18. März schien Minister Dr. Walter Romberg ein geeigneter Leiter. So wurde es dann auch am nächsten Morgen während der turnusmäßigen Ministerratssitzung beschlossen.

Vor- und Nachwehen der Währungsunion

Natürlich wußten beide deutsche Staaten, daß Bonn mit seiner starken Wirtschaft, seinen Kapitalexporten sowie einer relativ stabilen Haushaltslage in den bevorstehenden Gesprächen die besseren Karten besaß. Hinzu kam – gewissermaßen als Joker – die für die DDR-Bürger reizvolle harte Deutsche Mark. Unsere Wirtschaft hingegen brauchte, um auf die Beine zu kommen, dringend eine Modernisierung und damit Kapitalzufuhr. Unmittelbar vor einem Kollaps stand sie jedoch nach meinen Informationen nicht.

Ihr Hauptproblem war, daß größere Teile von Industrie und Landwirtschaft international nicht wettbewerbsfähig waren und einer direkten Konfrontation mit dem Weltmarkt nicht gewachsen sein würden.

Auf diesem Hintergrund hatte die Modrow-Regierung bereits das bisherige Tabu „Gemeinschaftsunternehmen mit Beteiligung ausländischen Kapitals" aufgehoben. Die Reprivatisierung der 1972 enteigneten privaten und halbstaatlichen Betriebe war eingeleitet worden. Die Verhandlungen mit Bonn über ERP-Kredite liefen auf Hochtouren. Mindestens ebenso wichtig wie all dies blieb aber, innere Akkumulationsquellen zu stärken, einen Teil der notwendigen beträchtlichen Investitionsmittel längerfristig selbst zu erwirtschaften. Dem diente die intensive Arbeit an einem volkswirtschaftlichen Strukturkonzept, das auch die Frage einschloß, wie die Investitionspolitik in kapitalintensiven Bereichen aussehen

186

müßte, wenn die Einheit Deutschlands schneller, als damals noch angenommen, herbeigeführt würde.

In diese Situation hinein „platzte" über die Medien am 7. Februar 1990 der von der Bundesregierung offiziell verkündete Vorschlag zur Bildung einer Währungsunion mit der DDR. Eine schriftliche Mitteilung erging dazu nicht. Eine Zeitlang vorher schon war ein solches Projekt – von Wirtschafts- und Finanzexperten unverbindlich erörtert – in der bundesdeutschen Presse aufgetaucht. Für die Eile, mit der ein so weitreichendes, geschichtlich beispielloses und in seinen Konsequenzen nicht zu überschauendes Vorhaben in die öffentliche Debatte gebracht und verfolgt wurde, mußte ein Slogan herhalten, der Anfang des Jahres besonders im Süden der DDR häufig bei Demonstrationen auf Transparenten mitgeführt wurde: „Kommt die DM, bleiben wir, kommt sie nicht, gehn wir zu ihr."

Der Runde Tisch in Berlin beschäftigte sich am 5. Februar zum wiederholten Male mit der aktuellen Situation unserer Wirtschaft. Ich gab dazu den Bericht und nutzte die Gelegenheit, vor laufender Kamera auch zu den genannten Pressestimmen Stellung zu nehmen. Nach Lage der Dinge war ich das erste Regierungsmitglied, das dies tat. Es hatte dazu weder einen speziellen Auftrag noch eine vorherige Abstimmung und auch keine Zuarbeit gegeben. Niemand im Ministerrat hatte zu jenem Zeitpunkt mit dem dann wenig später regierungsamtlichen Verhandlungsangebot Bonns gerechnet.

Es war ganz einfach mein Bedürfnis, die vielen Zuschauer und Zuhörer des Runden Tisches durch sachliche Argumentation teilnehmen zu lassen am Abwägen aller Vor- und Nachteile einer kurzfristig eingeführten Währungsunion zwischen beiden deutschen Staaten.

Ich siedelte ein solches Projekt im Spannungsfeld zwischen großen Chancen und beträchtlichen Risiken an.

187

Wer – so fragte ich – würde sich als Konsument nicht darüber freuen, mit der harten D-Mark unbeschränkten Zugang zu einem breiten und bunten Warenangebot zu bekommen, darunter zu vielem, was man so lange hatte entbehren müssen? Wer wäre wohl nicht froh darüber, endlich nicht mehr Tourist zweiter Klasse zu sein? Die Betriebe erhielten mit der konvertierbaren Währung jederzeit Zugang zu Material beliebiger Qualität, zu dringend benötigten Ersatzteilen. Die den Import extrem verteuernden Zuschläge würden wegfallen und die Selbstkosten allein dadurch spürbar sinken.

Natürlich – so führte ich aus und war als Außenwirt durchaus in meinem Element – erleichtere und befördere die Einführung der D-Mark auch die Integration des Wirtschaftsgebietes DDR in die Weltwirtschaft. Die unmittelbare Konfrontation mit dem Weltmarkt würde den Wettbewerbsdruck auf die Betriebe erhöhen, Innovationsanreize und unternehmerische Initiative hervorbringen. Mit Hilfe dieser starken Währung könnte es der DDR gewiß besser als anderen sich reformierenden osteuropäischen Ländern gelingen, die marktwirtschaftliche Transformation ohne größeres Inflationsrisiko, ohne Gefahr für die Stabilität des Geldwertes zu meistern. In- und ausländische Unternehmen könnten unbestechlich disponieren, Zahlungsbilanz-, Gewinntransfer- und ähnliche Probleme entfielen. Ein „Länderrisiko DDR" bestünde für westliche Kapitalgeber nicht mehr. Dies alles wären zweifelsfrei spürbare Vorteile.

Allerdings bedeute, so ergänzte ich, die Übernahme der D-Mark auch die Abtretung der währungspolitischen Souveränität der DDR an die Bundesbank in Frankfurt/Main. Ökonomisch hieße das zugleich, auf die Möglichkeit von Wechselkursveränderungen zu verzichten.

(Dieses Instrument wird international nicht selten als

188

„Außenpuffer" genutzt, um die Wirtschaft produktivitätsschwacher Länder durch Verbilligung ihrer Währung wettbewerbsfähiger zu machen und sich so zeitweilig überlegener Konkurrenten zu erwehren. Es steht dann zur Anpassung nicht mehr zur Verfügung.)

Die Wirtschaft der DDR werde völlig ungeschützt dem rauhen Wind des Weltmarktes, der scharfen internationalen Konkurrenz ausgesetzt. Massenhafte Betriebskonkurse in Industrie und Landwirtschaft seien die Folge. Arbeitslosigkeit als ein bislang nicht bekanntes Phänomen würde das Land überziehen und sozialen Zündstoff hervorbringen. Der bisherige, wenn auch höchst bescheidene, aber immerhin sichere soziale Standard könne von vielen nicht gehalten werden. Eine Garantie, daß die Einführung der D-Mark den Übersiedlerstrom von Ost nach West stoppt, könne niemand geben. Das seien die Risiken, mit denen man rechnen müsse.

Ich endete mit dem Vorschlag, die Währungsunion zum Gegenstand eines Volksentscheids zu machen. Eingewandt wurde später oft, beim Plebiszit könne man nur Fragen stellen, die mit „ja" oder „nein" beantwortbar seien. Und ob man denn wirklich fragen sollte: Sind Sie für oder gegen die Einführung der D-Mark? Formal waren die Einwände berechtigt. Mir ging es aber gar nicht in erster Linie um das Aussehen eines Stimmzettels oder die technische Machbarkeit. Mein Anliegen war es vielmehr, die gesellschaftliche Tragweite eines solchen Projekts wie die Währungsunion ins Bewußtsein zu rufen. Es sollte klarwerden, daß die D-Mark nicht schlechthin zusätzlich in den Alltag der DDR-Bürger trete und ihn bereichere, aber vieles vom Bisherigen, Gewohnten, auch Liebgewordenen erhalten bliebe. Ich wollte deutlich machen, daß sich mit der konvertierbaren Währung der Alltag der Menschen grundlegend verändern, für Überkommenes kaum Platz bleiben und sich das Wertesystem völlig verkehren würde. Diese Dimensionen hatte ich mit dem Hinweis auf den Volksentscheid andeuten wollen.

Westlichen Politikern war diese Reichweite ebenfalls völlig bewußt. Sogar der sonst so wortgewaltige Bundesfinanzminister Waigel leugnete nicht die Sinnfälligkeit eines solchen Vorschlages, weil mit der Währungshoheit ein Staat letztlich auch seine politische Selbständigkeit verliert.

Meine Argumentation am Runden Tisch war durchaus nicht nur einem Denkmodell entsprungen. Es gab ja bereits seit der Grenzöffnung am 9. November 1989 erste praktische Erfahrungen, was unmittelbare Konfrontation mit den weltwirtschaftlichen Gegebenheiten bedeutet. Ein Teil der Bevölkerungsnachfrage, insbesondere nach industriellen Konsumgütern, wanderte in die BRD ab. Dadurch entstand in den Betrieben ein plötzlicher Rationalisierungsdruck. Gerade die flexiblen, qualifizierten Fachkräfte verließen die DDR. Westliche Produkte wurden auf dem Markt der DDR – damals zu einem Kurs von 1:3 – angeboten und begannen zunehmend, einheimische Erzeugnisse zu verdrängen.

Ich konnte mir gut vorstellen, zu welch katastrophalen Folgen die Aufgabe der Währungssouveränität, also die kurzfristige generelle Einführung der D-Mark, führen würde. Der eigentliche Schock stand doch noch bevor. Natürlich hätte man einen zeitweiligen Schutz des Binnenmarktes der DDR organisieren können, um ihren Unternehmen eine Übergangs- und Anpassungszeit zu gewähren. Aber dafür waren die Bonner Verhandlungspartner von Anfang an nicht zu begeistern.

Ministerratskollegen gaben mir nach Rückkehr vom Runden Tisch zu erkennen, daß sie meinen Argumenten folgten.

Auch tags darauf kam es beim Treffen mit einem

190

Manne, der es wissen mußte, zu einer bemerkenswerten Übereinstimmung. Am 6. Februar war der Präsident der Deutschen Bundesbank, Karl Otto Pöhl, zu einem Arbeitsbesuch beim damaligen Präsidenten der Staatsbank der DDR, Horst Kaminsky. Nachmittags waren beide zu einem Gespräch mit mir verabredet. Pöhl, ein Mann mit – wie mir schien – trockenem Humor, gilt nicht nur als sehr erfahren. Auch sein Einfluß auf den internationalen Finanzmärkten ist in Expertenkreisen unbestritten. So ist der ehemalige Wirtschaftsjournalist, den Bundeskanzler Schmidt später in seinen Stab holte, auch der aussichtsreichste Kandidat für die Leitung einer europäischen Zentralbank, deren Schaffung er schon lange auf seiner Wunschliste stehen hat. Dabei versäumte er nie den Hinweis, daß einer Europäischen Währungsunion eine gut funktionierende Wirtschaftsunion mit einem gemeinsamen Wirtschaftsraum vorausgehen muß.

Der Bundesbankpräsident war über meine Rede vom Vortag am Runden Tisch voll im Bilde. Er teilte die Schlußfolgerung, daß es ökonomisch nicht sinnvoll und sozial äußerst riskant sei, zunächst eine Währungsunion und über diese zeitverzögert eine Wirtschaftsunion herzustellen. Wie ich plädierte er dafür, schrittweise, aber ohne Zeitverzug, eine Angleichung der noch sehr unterschiedlichen wirtschaftlichen, rechtlichen und sozialen Rahmenbedingungen vorzunehmen und diesen Prozeß dann mit einer gemeinsamen Währung zu krönen. Favorisiert wurde in unserem Gespräch wie vorher bereits in Zusammenkünften mit Vorstandsmitgliedern der Dresdner Bank als geeignetste Lösung ein Verbund zwischen den Währungen beider deutscher Staaten. Sie sollten – und dies war noch ein umstrittener Punkt – durch einen festen oder flexiblen Wechselkurs verkoppelt sein. Wir verabschiedeten uns in der Gewißheit, in entscheidenden währungspolitischen Fragen des weiteren deutsch-deutschen Verhältnisses Einvernehmen zu haben. So spiegelte sich das auch in den Medien wider.

Am nächsten Tag – nach wie langer Zeit hatte ich mal wieder einen freien Abend – erlebte ich bei den 19.30-Uhr-Nachrichten des Fernsehens so etwas wie einen Erdrutsch. Im Anschluß an eine Kabinettssitzung, bei der es um die Währungsunion gegangen war, trat der Bundesbankpräsident vor die Presse und warb um Verständnis für seine veränderte Position. Er, der so überzeugt von einem längeren Zeitraum für das währungspolitische Zusammenwachsen der beiden deutschen Staaten ausgegangen war, hatte nun den weitaus kürzeren Zeitplan des Bundeskanzlers akzeptieren müssen. Die Bundesbank ist laut Statut zwar unabhängig, aber der Regierung gegenüber dennoch zur Loyalität verpflichtet.

Ich wußte und weiß es zu schätzen, daß Pöhl über unser Gespräch nicht einfach hinwegging, sondern mir seinen abrupten Sinneswandel zu erklären versuchte. In meinem Bonner Hotelzimmer fand ich am 13. Februar seine Zeilen und einen prächtigen Strauß gelber Rosen vor. Zwei Arme brauchte man, ihn zu umfassen.

So führte denn der Politiker Pöhl gegen die Meinung des Wirtschaftlers Pöhl die Währungsunion bereits am 1. Juli 1990 durch. In der Übertragung der währungspolitischen Souveränität der DDR auf die Deutsche Bundesbank und in der Limitierung der 1:1 umzutauschenden Beträge sehen Kenner die Handschrift des Bankpräsidenten.

Seit Amtsantritt im Jahre 1980 sah Karl Otto Pöhl seine Hauptaufgabe in der Bekämpfung der Inflation. Das hatte er sich auch bei der Währungsunion als Ziel gesetzt. Immerhin erhielten die Bürger der DDR von einem Tag auf den anderen die Verfügungsmöglichkeit über 25 Milliarden D-Mark. Niemand wagte eine zuverlässige Prognose, ob sie wohl in einen Kaufrausch verfallen würden, dessen Folge ein Preisauftrieb und eine Geldentwertung gewesen wären.

Auf einer von der „Frankfurter Allgemeinen Zeitung" Ende Oktober 1990 im Berliner Hotel „Steigenberger" organisierten Vortragsveranstaltung resümierte der Bundesbankpräsident nach viermonatiger Erfahrung, daß die Währungsunion technisch gut gelungen sei. In kürzester Frist – so erfuhren die geladenen Gäste, unter denen auch ich war – wären auf dem Gebiet der ehemaligen DDR fünfzehn Filialen der Deutschen Bundesbank geschaffen worden. Sie hätten rasch tausend Mitarbeiter aus Ost- und dreihundert Mitarbeiter aus Westdeutschland angestellt. Fünfhundert Tonnen Geldscheine seien ohne Zwischenfälle in die DDR transportiert worden. Befürchtungen, es könne zu einem Inflationsstoß kommen, hätten sich als unbegründet erwiesen. Die rapide gestiegene Nachfrage der DDR-Bürger nach westlichen Produkten konnte dank der hohen Exportüberschüsse der BRD durch zusätzliche Importe gedeckt werden.

Abgesehen von dieser technischen Perfektion – in ökonomischer und sozialer Hinsicht hat sich die überstürzte Währungsunion nicht nur als Wagnis bestätigt. Sie hat im Hinblick auf ihr eigentliches Anliegen, den Übersiedlerstrom zu stoppen bzw. drastisch einzudämmen, sogar versagt. So deutlich kam das beim Bundesbankpräsidenten nicht zum Ausdruck. Aber um die Übersiedlerproblematik konnte er keinen Bogen machen. Wenngleich eine offizielle Statistik dazu nicht mehr verfügbar ist, sprechen Schätzungen von mindestens 130 000 ehemaligen DDR-Bürgern, die allein zwischen dem 1. Juli und Ende 1990 in die BRD gezogen sind. Für 1991 werden abermals 180 000 vorausgesagt. Hinzu kommen sollen eine halbe Million Pendler. Das sind wohl eher optimistische Prognosen.

Es war also gekommen, wie von mir befürchtet. Mit der Einführung der D-Mark am 1. Juli 1990 wurde „über Nacht" die Wirtschaftsordnung der BRD übernommen. Die politische Entscheidung, mittels der D-Mark den schnellen Anschluß der DDR an die BRD zu sichern, ließ ihrer Wirtschaft kaum Wettbewerbschancen. Die DDR wurde ohne Schonfrist und Schutzmaßnahmen an ein ökonomisch leistungsfähiges, den Menschen aber in seiner Philosophie noch weitgehend unbekanntes marktwirtschaftliches System angekoppelt. Das war ein weltgeschichtlich bisher einmaliger Vorgang. Ich wußte sehr gut, warum andere sich reformierende Länder für die Transformation von der zentralistischen Kommandowirtschaft zur Marktwirtschaft mehrere Jahre ansetzen. Ein Hauptgrund dafür ist der notwendige Strukturwandel. Weichen sind für eine international wettbewerbsfähige Wirtschaft zu stellen und dazu Eigentumsverhältnisse, Betriebsgrößen und -typen sowie Produktionsstrukturen herauszubilden, die im harten Konkurrenzkampf Bestand haben. Dies alles war in der DDR bis zum 1. Juli nicht geleistet und somit ein Wechsel auf die Zukunft gezogen worden.

Die Regierung de Maizière setzte bedingungslos auf die Selbstheilungskräfte des Marktes, die Investitionsversprechen des westdeutschen Großkapitals und die schnelle Expansion des Mittelstandes. Regulierungs- und Steuerungsmaßnahmen des Marktes wurden erst gar nicht in Erwägung gezogen.

Inkompetenz und Verantwortungslosigkeit zeigten sich insbesondere im unmittelbaren Vorfeld der Währungsunion. Es wurden weder tragfähige Konzepte für die Sanierung der Wirtschaft und für ihre Umstrukturierung ausgearbeitet noch Maßnahmen zur Aufrechterhaltung der Nachfrage nach DDR-Produkten getroffen. Statt dessen wurden Waren- und Kapitalmarkt den großen Banken, Handelsketten und Versicherungsgesellschaften zum Nulltarif übereignet. Verluste von zirka 10 Milliarden Mark allein durch das pauschale Räumen von Warenlagern waren nur der Auftakt zum Ausverkauf der Wirtschaft. Massenhafte Firmenzusammenbrüche und rapide ansteigende Arbeitslosigkeit waren die Folge. Ende Dezember 1990 betrug die Zahl der Arbeitslosen 570 000 (das waren 6 Prozent der Erwerbstätigen) und die Zahl der Kurzarbeiter 1,7 Millionen. Zusammengenommen belief sich die Arbeitslosenquote auf 15 bis 20 Prozent. Das soziale Konfliktpotential drohte in Deutschland anzuschwellen. Von Arbeitsbeschaffungsprogrammen und Umschulungsmaßnahmen in der ehemaligen DDR war viel die Rede, schnell in Gang kamen sie nicht. Um wirkungsvolle Investitionsanreize für Kapital aus den alten Bundesländern und aus westlichen Ländern entbrannte ein Streit.

All dies war in den Grundkonturen voraussehbar. Allerdings hat die Praxis meine Vorahnungen gar noch übertroffen. Insofern bereue ich nicht, lange vor der Währungsunion neben deren Chancen auch ihre Risiken benannt zu haben. Mein Motiv für den Vorschlag eines Währungsverbundes war nicht, die Einheit Deutschlands zu verzögern, wozu die Währungsunion ja der erste und entscheidende Schritt war. Mir ging es darum, von den Bürgern vermeidbare soziale Härten abzuwenden. Erneut erwies sich, wofür es in der Geschichte bereits zahlreiche Beispiele gibt: Das ökonomisch Vernünftige wird nicht unbedingt und automatisch zur vernünftigen Politik.

Zweifelhafte Analogie

Mir ist gut erinnerlich, daß im Vorfeld der Währungsunion dem östlichen Teil Deutschlands von Politikern und Journalisten lautstark die Wiederholung des Wirtschaftsbooms prophezeit wurde, wie er nach der Währungsreform im Juni 1948 in den damaligen Westzonen stattgefunden hatte. Damit sollte allen Skeptikern und Kritikern der Wind aus den Segeln genommen werden.

Natürlich hätte auch ich mir einen so steilen Start gern gewünscht. (Damals kam es immerhin zu einem jährlichen Wachstum des Bruttosozialprodukts von 6,8 Prozent und zu einem Anstieg der Beschäftigten um rund 5 Millionen.) Aber war eine solche Annahme auch realistisch? Ich hatte und habe aus mehreren Gründen meine Zweifel.

Ungeachtet vieler zwangswirtschaftlicher Maßnahmen während des Naziregimes war nach dem Kriege in den drei deutschen Westzonen die privatwirtschaftliche Eigentumsordnung als Grundlage der von Ludwig Erhard eingeführten Marktwirtschaft noch voll ausgeprägt. In der DDR hingegen dominierte Mitte 1990 das Staatseigentum. Eine pluralistische Eigentumsordnung mit vorherrschendem Privateigentum begann sich erst herauszubilden. Die Privatisierung unter der Regie der Treuhandanstalt schritt mühevoll und äußerst widersprüchlich voran. In vielen Betrieben entstand Leerlauf. Von Produktionszuwachs konnte keine Rede sein. Nicht schwarze, rote Zahlen wurden geschrieben.

Intakt war seinerzeit in den westlichen Teilen

Deutschlands auch die privatwirtschaftliche Rechtsordnung. Insbesondere das Bürgerliche Gesetzbuch und das Handelsgesetzbuch, das GmbH-Gesetz und das Aktienrecht, die Handwerks- und die Kammerordnung – um nur Beispiele zu nennen – waren den Managern, den Gewerbetreibenden, Handwerkern, ja den Arbeitnehmern vertraut. Wirtschaftsprüfer, Steuerberater, Notare, Rechtsanwälte, Werbefachleute, Designer, Marketingspezialisten und ähnliche Berufsgruppen gehörten zum Wirtschaftsalltag. Es gab nicht die Anlaufschwierigkeiten im Umgang mit neuen Gesetzen, wie sie für die DDR nach dem Außerkraftsetzen der planwirtschaftlichen Grundsätzen verpflichteten Rechtsordnung typisch waren.

Die Westzonen konnten 1948 im wesentlichen an die Wirtschaftsstrukturen Vorkriegsdeutschlands anknüpfen. Die DDR-Wirtschaft aber stand mit der Währungsunion vor der Notwendigkeit, einen grundlegenden Strukturwandel herbeizuführen, ein Prozeß, der mit der De-facto-Mitgliedschaft in der EG verschärft wurde.

Nicht unerwähnt bleiben darf, daß das ehemalige Westdeutschland über einen durch fehlende Konvertibilität der Währung und durch Außenzölle geschützten Binnenmarkt verfügte. Die einheimische Industrie und Landwirtschaft sahen sich nicht schonungslos mit der internationalen Konkurrenz konfrontiert, die damals ohnehin noch schwächer ausgeprägt war. Die DDR hingegen verlor mit der eigenen Währung auch den Schutzschild Währungskurs. Ihre Betriebe waren über Nacht dem scharfen Wind des Weltmarktes voll ausgesetzt.

Das „Wirtschaftswunder" der 50er Jahre wurde auch ermöglicht, weil noch weitgehend auf Umweltinvestitionen verzichtet worden war. Im Osten Deutschlands hieß es demgegenüber, ohne Zeitverzug die extremen Altlasten an Umweltschäden abzubauen.

Schließlich noch ein Unterschied: Für die Westzonen

und die spätere BRD war damals eine starke Zuwanderung von hochqualifizierten Arbeitskräften typisch. In den ostdeutschen Ländern aber hält die Abwanderung gerade hochqualifizierter Menschen an.

Es finden sich also nur schwer Analogien. Dennoch verdient das taktische Vorgehen Ludwig Erhards in jener Zeit höchste Aufmerksamkeit. Er scheute z. B. auch unter marktwirtschaftlicher Flagge nicht vor Wirtschaftslenkungsmaßnahmen zurück, wenn sie sinnvoll erschienen. Er ging ungewöhnliche Wege der Finanzierung beim Wohnungsbau und führte über hohe Zuwachsraten bei Neubauten diesen Wirtschaftszweig nur allmählich in die Marktwirtschaft. Dem Ausbau einer leistungsfähigen Infrastruktur dienten zu Erhards Zeiten überproportional hohe Anteile am Staatshaushalt. Der reinvestierte Gewinn wurde steuerlich begünstigt. Das alles müßte auch heute möglich sein, wenn man darauf verzichten könnte, das über vier Jahrzehnte gewachsene Modell „Westdeutschland" als Blaupause zu nutzen und undifferenziert einer DDR-Wirtschaft im Umbruch überzustülpen. Besondere Verhältnisse erfordern besondere Maßnahmen.

Es lag auf der Hand: Von selbst würde es nicht zu einem „marktwirtschaftlichen Urknall" kommen. „Wohlstand für alle" würde sich nicht von allein einstellen. Anstatt die Selbstheilungskräfte des Marktes anzubeten, mußte es um den schwerpunktmäßigen Ausbau der Verkehrsinfrastruktur und des Kommunikationswesens im Ostteil Deutschlands gehen. Dorthin waren Mittel der öffentlichen Hand zu lenken. Das hätte frühzeitig einen entsprechenden Reiz auf private Investoren ausgeübt.

War es nicht abzusehen, daß die Währungsunion den Kopfsturz der DDR-Wirtschaft in die Weltkonkurrenz bedeutet, daß ganze Regionen austrocknen würden, wenn ihre typischen Produktionen sterben, obwohl sie sanierungs- und überlebensfähig gewesen wären? Mit einem soliden Strukturkonzept hätte dem entgegengewirkt und verhindert werden müssen, daß die ostdeutsche Wirtschaft zu einer bloßen Filiale westdeutscher Unternehmen wird.

Gab es eine Alternative?

Was ist besser beim Übergang von der Kommando- zur Marktwirtschaft – der schmerzhafte „Kopfsprung ins eiskalte Wasser" oder ein allmähliches Gewöhnen an immer kühler werdende Temperaturen?

Diese Frage wird sicher noch lange kontrovers diskutiert und unterschiedlich beantwortet werden. Es gibt nicht wenige Politiker und auch Wissenschaftler, die den „Kopfsprung" favorisieren, ihn für unumgänglich, für den einzig aussichtsreichen und praktikablen Weg halten. Sie bemühen zum Vergleich gern den Straßenverkehr. Dort könne man bei einer Umstellung vom Links- auf den Rechtsverkehr auch nicht erst einmal probeweise mit den Bussen anfangen.

Ich hatte und habe keinen Zweifel, daß die marktwirtschaftliche Transformation sich nicht endlos lange hinziehen darf. Der Gesundungsprozeß der Wirtschaft würde sich verzögern, alte, überlebte Strukturen könnten sich verfestigen, die Menschen verlören die Geduld und den Glauben an den Erfolg des Systemwandels. Einige Länder Osteuropas zahlen bereits solches Lehrgeld. Nach sechsjähriger Diskussion um die Perestroika ohne ermutigende Resultate schwankt die Stimmung der sowjetischen Bevölkerung zwischen Explosion und Resignation.

War aber die Schocktherapie, wie sie für die DDR mit der überstürzten Währungsunion praktiziert wurde, die Alternative zu einem solch quälenden Übergang?

Seit der getroffenen politischen Entscheidung ist jede

Antwort, ob es für unseren Fall eine andere Option gegeben hätte, völlig hypothetisch. Ich war und bin allerdings der Ansicht, daß das Konzept einer zwei- bis dreijährigen Überführung der DDR-Ökonomie auf marktwirtschaftliche Bedingungen nicht von vornherein aussichtslos sein mußte. Etwa bis Ende Januar 1990 hatte es zumindest noch gewisse Chancen gegeben. Sie nur aus eigener Kraft einzulösen, wäre aber zu keiner Zeit möglich gewesen.

Neuen Atem für eine solche Übergangsfrist konnte man aus der möglich werdenden Senkung der Verteidigungsausgaben schöpfen. Enorme materielle und finanzielle Mittel wurden durch die in Angriff genommene Auflösung des Sicherheitsapparates frei. Begonnen wurde mit dem Abbau aufgeblähter zentralistischer Leitungsstrukturen. Alle diese nach der politischen Wende reifenden Früchte – geerntet in einer relativ selbständigen DDR – hätten für die Sanierung ihrer modernisierungsbedürftigen Wirtschaft eingesetzt werden können. Das gleiche trifft zu für die Erlöse aus der Privatisierung von Staatseigentum, darunter auch dem Verkauf von Botschaftsgebäuden der DDR, wie er nach dem 3. Oktober völlig selbstverständlich erfolgte. Nur verschwanden diese Mittel dann im gesamtdeutschen Haushalt. Der Osthandel hätte – wenigstens bis Ende 1990 – in transferablen Rubeln weitergeführt und eine gleitende Umstrukturierung der Produktpaletten mit zunehmender Westorientierung begonnen werden können. Eine Flut von Betriebskonkursen mit massenweiser Vernichtung von Arbeitsplätzen wäre so vermeidbar gewesen. Unverhoffter ökonomischer Spielraum erwuchs, als sich mit der Aufdeckung und Durchforstung des weit verzweigten Schalckschen Kontennetzes und der gehorteten Edelmetalle die Schuldenlage der DDR um etwa 3 Milliarden DM entspannte.

Alles in allem war die wirtschaftliche Lage unseres Landes wesentlich günstiger als die der meisten anderen osteuropäischen Staaten, die sich auf den marktwirtschaftlichen Weg begeben hatten. Aber mit der offenen Grenze zu einem reichen Nachbarn gleicher Nationalität und Sprache war das zugleich ein historisch einmaliges Spezifikum. So hätte es der Bereitschaft der Bundesregierung bedurft, nach Wegfall von Gründen für politisches Asyl alle ökonomischen Vergünstigungen (finanzielle Zuwendungen, bevorzugte Zuweisung von Wohnraum, Erteilung der Arbeitserlaubnis) für Übersiedler aus der DDR sofort einzustellen. Damit wäre der breite Strom abwandernder Menschen entschieden eingedämmt worden. Ein oft verwendetes Argument, dies hätte dazu geführt, neue Mauern zu errichten und die Freizügigkeit einzuschränken, ist nicht stichhaltig. Unmittelbar nach Einführung der Währungsunion sind die genannten Maßnahmen regierungsamtlich ohnehin ergriffen worden.

Ein Solidarbeitrag der Bundesrepublik, eine Anschubfinanzierung, hätte dazu dienen können, auf dem Territorium der ehemaligen DDR Infrastrukturmaßnahmen in Gang zu setzen. Damit wäre für die Menschen ein Hoffnungs- und Achtungszeichen gesetzt und Arbeit geschaffen worden.

Diskutabel wäre auch eine Übergangshilfe in Form eines monatlichen „Bürgergeldes" von etwa 50 bis 100 DM pro Kopf gewesen. Sie hätte an die Verpflichtung der DDR-Regierung zur schnellstmöglichen Einführung eines marktwirtschaftlichen Systems gebunden werden können. Die für den Konsum verfügbaren Einkommen der DDR-Bürger wären um 10–15% angehoben, die Übersiedlerwelle stark reduziert und dringende humanitäre Probleme gelöst worden.

Die zeitweilige Finanzierung eines solchen „Bürgergeldes" wäre, wie ich meine, billiger geworden als die nun übereilt einsetzende „Einklagbarkeit" des grundgesetzlich garantierten Rechts auf vergleichbare Lebensverhältnisse und Entfaltungsmöglichkeiten für alle Deutschen. In jedem Fall aber wäre ein totaler Niedergang der DDR-Wirtschaft, ihr Herabsinken zu einer bloßen Konkursmasse, vermieden worden.

Diese Art von Hilfe hätte die politische Atempause verschaffen können, um das Wohlstandsgefälle zwischen den beiden Teilen Deutschlands abzubauen und den Prozeß der staatlichen Einigung, einschließlich des Zusammenwachsens zu einem einheitlichen Währungs- und Wirtschaftsgebiet, in der gebotenen Gründlichkeit vorzubereiten. Das leistungsfähige Wirtschaftspotential der BRD bot die Chance, den Übergang der DDR zur Marktwirtschaft sozial und ökologisch so verträglich wie möglich zu gestalten. Das wäre langfristig im Interesse der Menschen beider Teile Deutschlands gewesen. Diese Chance wurde jedoch durch die Vereinnahmungspolitik der Bundesregierung mit willfähriger Hilfe der Regierungsparteien der DDR zunichte gemacht.

Wer einwendet, der Preis für eine solche Übergangsfrist wäre ein Hinausschieben der deutschen Einheit gewesen, reduziert diese auf ihre politische Dimension. Die Einheit bleibt indes unvollendet, wenn sie nicht auch wirtschaftlich, sozial und mental vollzogen wird. Gewiß, die Politiker, die die schnelle Einführung der deutsch-deutschen Währungsunion beschlossen, hatten die Ungeduld vieler DDR-Bürger auf ihrer Seite. Sie wollten die D-Mark lieber früher als später. Aber eine Politik, die Weitsicht für sich in Anspruch nimmt, durfte die Öffentlichkeit in Ost und West nicht über die Folgen einer Sturzgeburt im unklaren lassen: Die einheitliche Währung, die harte D-Mark ist im deutschen Einigungsprozeß eine ganz entscheidende Sache, aber bei weitem nicht die einzige. Die Menschen müssen durch die tägliche Arbeit selbst Einfluß darauf nehmen können, wie ihr Einkommen ist. Arbeitslosen-, Kurzarbeiter-, Vorruhestandsgelder – so wichtig sie in Notsituationen für die Betroffenen sind – vermitteln nicht das Bewußtsein von Gleichwertigkeit. Es widerspricht auch dem Einigungsgedanken, wenn den Menschen durch ein geringeres Einkommen für vergleichbare Leistung auf längere Zeit „Zweitklassigkeit" signalisiert wird.

Selbst wenn für Ostdeutschland inzwischen belanglos, so bleibt die Debatte um das Für und Wider von Übergangszeiten historisch doch von prinzipieller Bedeutung. Die Erfahrungen der fünf neuen Bundesländer zeigen deutlich, daß ebenso dramatisch wie die ökonomischen die außerökonomischen Herausforderungen der unvorbereiteten, schockartigen Konfrontation mit der Marktwirtschaft sind.

In dem beispiellos kurzen Übergangszeitraum reduzierte sich die Vorbereitung auf die marktwirtschaftlichen Bedingungen im Grunde auf die Annahme entsprechender Gesetze und die Schaffung adäquater Institutionen. Mit den ökonomischen und sozialen Folgen des Systemwechsels wurde von den Verantwortlichen in Ost und West vornehmlich in Form von Rechengrößen operiert: Zahl der zu erwartenden Firmenzusammenbrüche, Höhe von notwendigen Liquiditätskrediten, erforderliche Beträge für Arbeitslosenversicherung und Kurzarbeitergeld, Größe der Sozialzuschläge, Investitionsanreize usw. Daß da aber der MENSCH mit all seinen Wertvorstellungen, seiner Gefühlswelt, seinen Erwartungen und Hoffnungen und nicht nur als „human capital" beteiligt und betroffen ist, das spielte kaum eine Rolle. Es wurde nicht mit seinen Emotionen und auch Depressionen, nicht mit der Gefahr aufkommender Lethargie und des erneuten Verkriechens in Nischen gerechnet. Im Gegenteil. Man unterstellte als ganz selbstverständlich einen automatischen Zusammenhang zwischen dem Übergang zur Marktwirtschaft und dem Entstehen einer Aufbruchstimmung. Blauäugig sprachen Vertreter der De-Maizière-Regierung davon, es würden schon alle „die Ärmel aufkrempeln". Wie aber soll eine solche Aufbruchmentalität aufkommen, wenn bei einem Großteil der erwerbstätigen Bevölkerung eine vierzigjährige Arbeitserfahrungswelt zusammenbricht und mangels Arbeitsplätzen keine neuen Erfahrungen gemacht werden können? Wenn Frauen, für die Arbeit in der Regel nie nur ein Mittel zum Broterwerb gewesen war, sondern auch der Ort sozialer Kommunikation, plötzlich kaum noch Chancen für eine berufliche Tätigkeit sehen? Wer kümmerte sich darum, daß für sie wie für die Arbeitslosen und die Hunderttausende von unfreiwilligen Vorruheständlern rechtzeitig neue Möglichkeiten und Stätten sozialer Verankerung in Vereinen, Verbänden, Sozialeinrichtungen usw. geschaffen wurden?

Wer hat die Wirkungen in Rechnung gestellt, die mit dem Kulturschock für die ehemaligen DDR-Bürger, mit dem Wechsel von einer Kulturordnung in die andere, verbunden sind?

Wer hat die Folgen vorbedacht, die mit dem Erleben und Erlernen einer völlig neuen Skala sozialer Werte verbunden sind?

Dies alles ist vernachlässigt worden und braucht doch seine Zeit! Infolge des Sprungs in die Marktwirtschaft fehlte diese Zeit. Sie wird damit aber weder verkürzt noch gar eingespart werden können. Sie bleibt ganz einfach nachzuholen.

Mein Fazit lautet also: Ökonomisch wäre eine besonnenere Gangart auf beiden Seiten verkraftbar und sozial für Ost und West wünschenswert gewesen. Politisch gab es dafür dennoch in dem einen wie dem anderen Teil

Deutschlands keine Mehrheiten. Das war schmerzlich. Aber an den Realitäten konnte man nicht vorbei, zumal bereits erste Signale für das auftauchten, was später das „Wunder von Stawropol" genannt wurde. Gemeint ist das Treffen von Kohl und Gorbatschow im gleichnamigen Ort am 16. Juli 1990, bei dem letzterer die ehedem für abwegig gehaltene Bereitschaft der sowjetischen Seite erklärte, die DDR aus dem Warschauer Vertrag zu entlassen und ihre Zugehörigkeit zur NATO akzeptierte.

Möglicherweise verband Gorbatschow mit der Vereinigung Deutschlands die Hoffnung, daß diese als Beispiel für die Errichtung des gemeinsamen europäischen Hauses dienen würde. Was mag ihm dann aber wohl im Winter 1990/91 durch den Kopf gegangen sein? Das war die Zeit, da der unzulänglich ausgehandelte Einigungsvertrag – statt Baustein zum europäischen Haus zu sein – skrupellosen Geschäftemachern im Schatten des Golfkrieges und der Spannungen in Osteuropa Gelegenheit bot, die ehemalige DDR als Beute zu vernaschen.

Selbsttäuschung wäre es, anzunehmen, in einem nicht am 3. Oktober, sondern in zwei bis drei Jahren entstandenen einheitlichen Deutschland hätten die neuen Bundesländer ein gegenüber der Marktwirtschaft der BRD relativ eigenständiges, ein weitgehend selbst gestaltetes marktwirtschaftliches System haben können. Aber gehört es ins Reich der Illusionen, davon auszugehen, daß durch ein geordnetes Zusammenführen zweier Wirtschaften in sozial und ökologisch besonders sensiblen Bereichen auch etwas Neues hätte entstehen oder wenigstens in Angriff genommen werden können? Mit dem angeschlagenen Eilzugtempo wurde diese Chance vorerst vertan.

Muß, was bisher nicht gelang, fortan dauerhaft zum Tabu werden?

Damit es nicht zu Mißverständnissen kommt: Keine Wirtschaftsordnung hat so wie die Marktwirtschaft Kreativität, Individualität, Produktivität gefördert und dazu beigetragen, Bedürfnisse breiter Schichten der Bevölkerung zu befriedigen. Insofern kann es weder um ihre Verunglimpfung noch gar um ihre Überwindung gehen. Aber zugleich darf das zweifelsfreie Scheitern der Kommandowirtschaft unseren Blick nicht vor den objektiven Widersprüchen und auch Fehlleistungen des Marktsystems trüben. Oder wie anders soll man z. B. den Fakt werten, daß sich die Zahl der Sozialhilfeempfänger in den Altbundesländern nach offiziellen Angaben von 2,3 Millionen im Jahre 1970 auf rund vier Millionen Ende 1990 nahezu verdoppelt hat? 120 000 Menschen haben kein Dach über dem Kopf, weitere 200 000 leben in Notunterkünften, eine Million in heruntergekommenen Wohnungen.

Gewiß ist Armut in Deutschland nicht gleichbedeutend mit Hunger. Obdachlosigkeit führt in den Wintermonaten nur ausnahmsweise zum Tod durch Erfrieren. Wer nach dem Gesetz Anspruch auf „Hilfe zum Lebensunterhalt" hat, fällt allemal in das soziale Netz. Trotzdem bleiben Arbeitslosigkeit (vor allem als Langzeitarbeitslosigkeit), Kurzarbeit oder Unterbeschäftigung eine Form sozialer Diskriminierung. Sie trifft zuallererst die Alten, die Schwachen, die Frauen. Warum muß die Kluft zwischen den unverdient Armen und den Gutverdienenden immer tiefer werden? Soll Arbeitslosigkeit wirklich stillschweigend auf ewig als Preis für den Wohlstand akzeptiert werden? Wäre es für eines der wohlhabendsten Länder der Welt nicht doch ein edles, zugegeben ein hochgestecktes Ziel und der viel beschworenen Unantastbarkeit der Würde des Menschen angemessen, das bisher im Grundgesetz verankerte Recht auf freie Wahl des Arbeitsplatzes durch ein Recht auf Arbeit zu ergänzen? Wäre es nicht erstrebenswert, dem Recht auf Freizügigkeit das auf eine Wohnung hinzuzufügen? Nicht der Zurückdrängung der Marktkräfte rede ich das Wort, sondern ihrer immer besseren Verknüpfung mit den sozialen Grundrechten der Menschen. Das bleibt eine Herausforderung für die Politik und ein Wirkungsfeld der Gewerkschaften, Berufs- und Interessenverbände, anderer Mitbestimmungskörperschaften und der Öffentlichkeit überhaupt. Nur so kann die Marktwirtschaft als das funktionieren, was sie sein soll: Mittel zum Zweck, nicht Selbstzweck.

Ob die marktwirtschaftliche Logik sozial und ökologisch verträglich durchgesetzt werden kann, ist eine Frage des gesellschaftlichen Umfelds. Auch jeder von uns kann es mitgestalten.

Was nun? Was tun!

An einem Herbstabend – wenige Monate nach der am 1. Juli eingeführten Währungsunion – telefonierte ein langjähriger Kollege mit mir. Seit eh und je ein Meistererzähler politischer Witze, fragte er wie gewöhnlich:

„Weißt du schon das Neueste? Nein? Erich Honecker soll das Bundesverdienstkreuz erhalten. Warum? Weil er der BRD vierzig Jahre die DDR-Bürger vom Halse gehalten hat."

Für kurze Zeit war ich amüsiert. Dann setzte Nachdenklichkeit ein. Welch vielfältige Deutungen ließ die Pointe doch zu! Wie viele Fragen warf sie auf! Zeichnete sich in der großen Familie der Deutschen zwischen den Ossis und den Wessis schon so schnell ab, was fast in jeder kleinen Familie unter den Verwandten früher oder später auftritt? Solange es für ein Zusammenkommen keine oder kaum Chancen gibt, schreibt man sich gegenseitig liebevolle Briefe und malt sich aus, wie schön alltägliche Gemeinsamkeit wäre. Gibt es dann plötzlich für ein häufiges Wiedersehen keine Schranken mehr und ist der erste Freudentaumel darüber vorbei, greifen nicht selten Zwietracht und Neid um sich, werden die Verwandten einander rasch wieder leid.

Erwies sich die wohlklingende These bereits als Seifenblase, die Deutschen in Ost und West hätten aus über Jahrzehnte der Trennung hinweg hochgehaltenem Nationalgefühl den schnellen Einheitsgang eingelegt? War der sich wandelnde Ruf vieler Ostdeutscher von „Wir sind das Volk" zu „Wir sind ein Volk" nur Ausdruck na-

209

tionaler Zusammengehörigkeit oder zugleich und vielleicht besonders sozialer Anspruch? Entsprang nicht daraus ihre Erwartung, Teilung könne nur durch Teilen überwunden werden? War für die Bundesbürger die Nation tatsächlich der höchste Wert geblieben, für den ihre Politiker sie priesen, oder war es – sicher für die meisten unbewußt – inzwischen längst die westliche Welt geworden mit den Annehmlichkeiten des Lebens in einer überstaatlichen Gemeinschaft? Gründet sich hierauf der von manchem Westdeutschen gegenüber den ärmeren ostdeutschen Verwandten so artikulierte Argwohn: „Wir haben unseren Wohlstand hart erarbeitet, ihr wollt ihn geschenkt"?

War die Entfremdung zwischen den Menschen beider deutscher Staaten nicht doch viel größer, als zunächst zugegeben? Warum gab es neben großartigen Beispielen der Hilfsbereitschaft so viel Herzlosigkeit, Kälte, Distanz? Natürlich bot der Crash-Kurs in Richtung auf das einheitliche deutsche Währungsgebiet und wenig später auf die staatliche Einheit kaum Gelegenheit, sich über die Identität der Ost- und der Westdeutschen ausreichend klarzuwerden. Aber die Regierung hat dafür leider auch prophylaktisch keinerlei Handlungsbedarf angemeldet. Wen darf es wundern, daß sich historisch Gewachsenes so rasch nicht verwischen läßt?

Zum bundesrepublikanischen Selbstverständnis gehörte mit Blick auf die Bürger im zweiten deutschen Staat das Bewußtsein, anders und besser zu sein als diese. Sie waren die Wohlhabenden, Freien, Weltgewandten, Selbstsicheren, ihre östlichen Vettern galten als die Ärmeren, Unfreien, provinziell Engen und Unsicheren. Wenngleich vom einzelnen gewiß oft ungewollt und vielleicht auch unbemerkt, keimte so eine Art Verhältnis von Vormund und Mündel, von „Besserwessi" zu „Minderossi".

210

Diese in der Nachkriegszeit entstandene und von den einen wie den anderen unverschuldete Ungleichheit zu dämpfen und schließlich abzubauen, wäre nach der so unverhofft sich auftuenden Chance der deutschen Vereinigung Aufgabe weitsichtiger Politik gewesen. Dazu jedoch hätte es vor allem eines soliden, den oft bitteren Tatsachen Rechnung tragenden Konzepts bedurft. Annahmen, Vermutungen, Wahlversprechen, Verheißungen, Sonntagsreden eignen sich nicht als Kompaß in die deutsche Einheit. Man kann sie nicht proben, sie ist kein Experiment, das bei Nichterfolg wiederholt werden kann. Sie ist mit ihren Konsequenzen endgültig.

Mit der hastig vorbereiteten Währungsunion, dem unter Zeitdruck ausgehandelten ersten Staats- sowie dem Einigungsvertrag trat nun aber für jedermann sichtbar ein, wovor Ökonomen aus Ost und West nachhaltig gewarnt hatten. Es war nicht mehr zu verbergen, daß die Bundesregierung kein Konzept hatte, wie denn die wirtschaftlichen, sozialen und mentalen Folgen der deutschen Vereinigung wohl zu meistern wären. Anschubfinanzierung für die Sozialversicherung, Investitionshilfen und Fonds Deutsche Einheit konnten dafür ein Ersatz nicht sein. Mit dem Vertrauen auf das Scheckbuch allein war die historische Aufgabe des Zusammenwachsens von bislang selbständigen Staaten zweier verschiedener Systeme und der dadurch geprägten Menschen nicht zu lösen.

Was vor allem fehlte, waren ein solides Strukturkonzept für die Ex-DDR sowie regionale Strukturförderprogramme für die fünf neuen Bundesländer. Nur so hätte von Anfang an Kurs darauf genommen werden können, daß auch der östliche Teil Deutschlands ein Forschungs- und Produktionsstandort bleibt, daß keine „Flächenbrände" mit massierter Arbeitslosigkeit entstehen. Diese Gefahr ist in Gebieten mit einseitigen Wirtschaftsstrukturen, mit „Monokulturen", besonders groß. Wer kann den qualifizierten Schiffbauern und den Landwirten Mecklenburg-Vorpommerns, wer den versierten Musikinstrumentenherstellern im Vogtland eine neue Perspektive geben, wenn ab sofort allein der Markt das Sagen hat? Ist es nicht selbstverständlich, daß in solch sensiblen Territorien mit chemischer Industrie und deren Altlasten wie dem Raum Halle, Bitterfeld, Merseburg sich zunächst die öffentliche Hand engagieren muß? In den gesamtdeutschen Wirtschaftsorganismus eingepaßt werden kann der östliche Teil nur mit Hilfe eines alle Bundesländer umfassenden Verkehrs-, Umwelt-, Technologie-, Energie- und Wohnungsbauprogramms.

Beträchtliche Versäumnisse wurden im Einigungsvertrag bezüglich der Eigentumsfrage zugelassen. Es war abzusehen, zu wieviel Unsicherheit und neuem Unrecht es führt, wenn Rückgabe des Eigentums der Entschädigung ehemaliger Eigentümer vorgezogen wird. Es wäre wohl auch nicht mehr als fair gewesen, wenn der Einigungsvertrag den ehemaligen DDR-Bürgern günstige Startbedingungen für die Eigentumsbildung eingeräumt hätte. Eine Grundaussage im Wirtschaftsreformkonzept der Modrow-Regierung hatte bereits gelautet, die DDR-Bürger durch die Möglichkeit des Eigentumserwerbs an die Heimat zu binden. Wir hatten von allen Seiten für diese Strategie Zuspruch bekommen. Was aber geschah nach dem 18. März 1990? Der Verkauf von Grundstücken, Wohnhäusern, Gewerberäumen an meistbietende „Gebietsfremde" ging munter voran. Den Kauf von Wohnungen oder Ein- und Zweifamilienhäusern aus Staatsbesitz durch Bürger der DDR zu genehmigen hatten die neuen Behörden hingegen keine Eile. Außerordentlich zögerlich behandelt wurde von der Treuhandanstalt der Verkauf von Betrieben an die Belegschaft. Das Streichen von Altschulden, das Stunden des Kaufpreises, die Erhöhung der Steuerfreibeträge für vermögensbildende Maßnahmen hätten impulsgebende Konditionen dafür sein können. Allein in den alten Bundesländern gibt es rund 1 700 solcher Betriebe, die nachweislich gut wirtschaften. An Beispielen ist also kein Mangel. Zu Beginn des Jahres 1991 gab es in der Ex-DDR aber sage und schreibe erst einen einzigen solchen Fall.

Irreparable Schäden wurden Tausenden von Betrieben und Hunderttausenden ihrer Angehörigen zugefügt, indem die Bundesregierung sich weigerte, sie von den Kreditschulden zu befreien. Normalerweise galt in den Staatsverträgen der Grundsatz: Alles, was im Beitrittsgebiet der BRD-Praxis nicht entspricht, ist anzupassen oder abzuwickeln. Darunter war vieles, was durchaus bewährt und brauchbar war. Mit Blick jedoch auf die finanziellen Altlasten, die durchaus keine Betriebsschulden im Sinne des Bürgerlichen Gesetzbuches waren, sondern solche des verblichenen sozialistischen Staates, präferierte man das Bewahren. War das nicht allzu durchsichtig?

Sollen nun aber die Ossis wie das sprichwörtliche Kaninchen vor der Schlange erstarren, sollen sie abwarten, resignieren, sich der neuen Ordnung verweigern, sich anpassen, alles für endgültig nehmen? Ich empfehle das nicht. Gerade Menschen, die nach Jahrzehnten erfahrenem Paternalismus nun erstmals gespürt haben, was sie zu bewegen vermögen, sollten sich nicht in eine neue Unmündigkeit drängen lassen. Mein Rat orientiert sich ebenfalls am Volksmund und lautet: „Sich regen bringt Segen." Natürlich habe ich kein Rezept, aber ich sehe Prioritäten.

Die Rede soll hier nicht von dem sein, was Sache der Parlamentarier ist. Dazu gehört vor allem, von der Bundesregierung bzw. den Landesregierungen Konzepte und Programme einzufordern, wo sie immer noch fehlen oder aber unzureichend sind. Dazu zählt auch, endlich eine für die Öffentlichkeit transparente, sozial verträgliche und sich nicht einseitig an betriebswirtschaftlichen Kriterien orientierende Arbeit der Treuhandanstalt zu erzwingen usw. Mir geht es vielmehr um einige Anregungen, wie der Ossi für sich, seine Familie, seine Nachbarn, Kollegen wirksam werden kann, um den weiteren Gang der sich nur allmählich vollziehenden wirtschaftlichen, sozialen und mentalen Einheit Deutschlands nicht nur passiv zu beobachten, sondern möglichst aktiv mitzugestalten.

Mein Rat beginnt zunächst damit, die Grundlogik des neuen, des marktwirtschaftlichen, des auf hartem Wettbewerb beruhenden Systems zu verinnerlichen. Dieses System zu beklagen oder abzulehnen, sich ihm zu versagen, ist kein brauchbarer Vorschlag. Allerdings bedeutet Verinnerlichen bei weitem nicht kritikloses Hinnehmen von Behördenwillkür, von Diskriminierungspraktiken des sozialen Status wegen, von politisch motivierten Ausgrenzungsmanövern, von Schikanen einzelner Arbeitgeber usw. Da soziale Marktwirtschaft und Rechtsstaatlichkeit stets als Zwillinge grüßen, ist es nur legitim, gerade unter Wettbewerbsbedingungen sein Recht einzufordern. Dazu muß man es kennen oder sich kundig machen, sei es als Mieter oder Vermieter, als Arbeitnehmer, Arbeitsloser, Umschüler, Sozialhilfeempfänger, Rentner, Jugendlicher, Frau, Steuerzahler, Betriebs- oder Personalratsmitglied, Gewerkschafter.

Dringlich scheint mir, überall wo es geboten und möglich ist, regionale Interessen zu artikulieren, d. h. solche der Bürger oder von Berufsgruppen der einzelnen neuen Bundesländer oder der Ex-DDR insgesamt. Das gilt z. B. auch innerhalb der Gewerkschaften, der Verbände, der Kammern usw. Warum sollen die Handwerker der ehemaligen DDR es dabei bewenden lassen, daß man ihnen

214

die im Lichte von Europa '93 ohnehin veränderungsbedürftige Handwerkerordnung der früheren BRD einfach übergestülpt hat? Danach kann einem Handwerksbetrieb nur vorstehen, wer eine Handwerksmeisterprüfung nachweisen kann. In der DDR gab es daneben den in der Regel nicht weniger versierten Meister der volkseigenen Industrie, der nun ohne langwierigen bürokratischen Hürdenlauf keine Chance hat. Zeit geht verloren.

Warum sollen die ostdeutschen Bauern nicht eigene Konzepte für eine überlebensfähige Landwirtschaft entwickeln, sondern sich wiederum nur am BRD-Modell orientieren? Liegt die Zukunft der Landwirtschaft im Osten Deutschlands nicht in der Formenvielfalt? Eingetragene Genossenschaften gehören ebenso dazu wie die Kooperation von zwei bis drei Bauern, aber auch eine zunehmende Zahl einzelbäuerlicher Betriebe.

Entbindet die jahrzehntelange Erfahrung und der großenteils erfolgreiche Kampf der bundesdeutschen Gewerkschaften in den Tarifverhandlungen die ostdeutschen Gewerkschaftsfunktionäre von der Arbeit an eigenen Programmen und Strategien? Wenn in ostdeutschen Landen das Tempo der Lohnentwicklung die Dynamik des Produktivitätszuwachses überrundet, wie kann dann dieses Gebiet ein attraktiver Produktionsstandort werden, wie ist zu verhindern, daß inflationistische Tendenzen ansteigen? Ist ein Investivlohnkonzept ein brauchbarer Vorschlag?

Willkommen ist alles, was das Selbstwertgefühl der früheren DDR-Bürger stärkt. Sie müssen sich auf das besinnen, was sie gelernt haben, und das hinzulernen, was ihnen fehlt. Lebenslange Aneignung von Wissen, Mobilität und Flexibilität werden Alltagserscheinungen und auch Normen. Sie brauchen sich nicht als Bettler oder Almosenempfänger zu fühlen. Die vielstrapazierten Kosten der deutschen Einheit bezahlen in letzter Instanz zum großen Teil sie selbst. Das berechtigt durchaus zu Ansprüchen, die – wenn anders nicht möglich – notfalls auch mal durch öffentlichen Protest durchzusetzen sind.

Der letzte Walzer

„Alles hat ein Ende, nur die Wurst hat zwei", hieß ein damals beliebter flotter Schlager, der einen bereits nach den ersten Klängen zum Mitsingen und zu rhythmischen Bewegungen einlud. Unser Ende als Regierungsmannschaft rückte mit dem Wahltermin am 18. März '90 näher. Die einen sahen mit Wehmut die Zeit verfliegen, andere fieberten diesem Datum entgegen, um die Last ablegen zu können. Einige liebäugelten mit dem Gedanken, auch in einer neuen Crew wenigstens in der zweiten Reihe weiterzumachen. Und ich selbst? Einerseits war ich froh, die Bürde loszuwerden und bereichert mit neuen Erkenntnissen und Erfahrungen zu meiner Wissenschaft zurückzukehren. Andererseits konnte ich nicht ganz verdrängen, daß mir etwas fehlen werde, nämlich den Einigungsprozeß mitzugestalten. Im Laufe meiner Amtszeit waren gegenseitige Achtung und zunehmend Vertrauen zwischen den Verhandlungspartnern entstanden; jedenfalls war es zwischen uns Wirtschaftsleuten so. Gelegentlich zugespitze Wahlkampfauftritte konnten das nicht ungeschehen machen. Fast niemand von uns Kabinettsmitgliedern verbarg seine Skepsis über die wahrscheinlichen radikalen Umbrüche mit all ihren unwägbaren Folgen. Aber keiner legte die Hände in den Schoß. Der letzten Volkskammertagung am 6. März war noch eine Reihe von Gesetzesentwürfen zugeleitet worden. Ihre Verabschiedung sollte zum Beispiel der klein- und mittelständischen Industrie Impulse geben.

All das vorzubereiten hat viel Kraft gekostet und auch

Christa Luft auf den Eingangsstufen zum Gebäude des Ministerrats

der internationalen Öffentlichkeit Respekt abgerungen. Normalerweise hören Regierungen bereits viele Wochen vor Neuwahlen auf, neue Gesetze auf den Weg zu bringen. Wenn das bei uns anders war, dann nicht, weil wir vor Ehrgeiz sprühten. Es waren die Probleme, die drängten und keinen Aufschub duldeten. Bis zur Konstituierung einer neuen Regierung und bis zu deren Handlungsfähigkeit vergehen gewöhnlich Wochen. Für die Legislative bringt das eine Leerzeit mit sich.

In jenen Tagen besuchte mich ein Journalist der Zeitung „Wir in Leipzig". Dem Resümee unseres Gesprächs, das wenig später erschien, hatte er die Überschrift gegeben: Der letzte Walzer für Christa Luft?

Tatsächlich war in unserer Unterhaltung auch vom Tanzen die Rede gewesen, wofür ich eine Leidenschaft hatte und habe. Immer, wenn ich mich nach längerer Zeit des Zusammenarbeitens von einem Team verabschieden mußte, hatte ich dafür eine besinnlich-lockere Form gewählt. In der Regel wurde dabei getanzt. Dies

218

hatte ich meinen jetzigen Kollegen angedeutet, jenen zwei Dutzend Frauen und Männern, die den Personalbestand meines „Ministeriums" bildeten. Sie waren alle für einen solchen Vorschlag zu haben. Ideen wurden geboren, wo und wie das wohl zu machen wäre. Spontan meinte einer meiner engsten Mitarbeiter, er würde sein geräumiges Arbeitszimmer frei machen, und da könnten wir Walzer links und rechts herum tanzen. Schließlich einigten wir uns darauf, das Tanzbein außerhalb des ehrwürdigen Ministerratsgebäudes zu schwingen. Wir wollten uns ja auch kulinarisch etwas gönnen und mal nicht auf die Uhr sehen.

Ich habe es sehr bedauert, daß es uns nicht eher und öfter gelungen war, ungezwungen in nicht alltäglicher Atmosphäre zusammenzusitzen. Welche Talente im Unterhalten, im Rezitieren, im Anekdotenerzählen waren da unter uns! Wie sehr lag jedem an einem ganz persönlichen Wort!

Am 16. März war nun also mein letzter Walzer auf dem Tanzparkett gewesen. Auf dem politischen Parkett ging der Reigen noch eine Weile weiter. Bis zur Bildung der neuen Regierung unter Ministerpräsident de Maizière führten wir amtierend die Geschäfte weiter.

Am 19. und 20. März war ich offizieller Gast des Europäischen Unternehmerforums im schweizerischen Basel. Es veranstaltete ein Symposium zu den Wirtschaftsreformen in osteuropäischen Ländern. Die rund zweihundert Teilnehmer kamen vorwiegend aus der Industrie und dem Bankwesen. Außer mir sprachen Fachleute aus der Sowjetunion, aus Polen, Ungarn, der Bundesrepublik und der Schweiz. Von den Um- und Aufbrüchen in Osteuropa war die Rede und möglichen Unternehmensstrategien.

Es ist wohl verständlich, daß ich als einzige Vertreterin der DDR einen Tag nach den Volkskammerwahlen von Journalisten und Reportern umringt war. In den Pausen, wenn andere ihren Kaffee genossen, hatte ich Interviews zu geben. Natürlich war bekannt, welcher Partei ich angehörte und daß ich somit nicht auf der Siegerseite stand. Dennoch gab es keinerlei hämische, spöttische oder ironische Fragen. Die meisten Presse-, Rundfunk- und Fernsehleute waren – wie übrigens auch die Mehrzahl der Symposiumsteilnehmer – ob des Wahlausgangs überrascht, manche schockiert, alle aber verunsichert. Sie hatten aus ihrer Perspektive mit anderen Ergebnissen gerechnet.

Befragt nach meinem persönlichen Eindruck von den Wahlen, sagte ich der „Basler Zeitung":

„Zunächst einmal möchte ich feststellen, daß die Wahlen ohne alle Komplikationen verlaufen sind, es gab keine Unkorrektheiten, es gab keine Streitigkeiten. Es ist der Beweis angetreten, daß in der DDR allgemeine, freie und geheime Wahlen möglich sind. Zweitens: Der hohe Wahlsieg der Allianz für Deutschland, der darin zusammengefaßten drei Parteien CDU, Deutsche Soziale Union und Demokratischer Aufbruch, ist für die Mehrzahl der DDR-Bürger sehr unerwartet gekommen. Sie meinen auch, ich schließe mich dieser Meinung voll an, daß es kein Sieg der DDR-CDU gewesen ist, sondern es war ein Sieg der Bundesregierung unter Leitung von Bundeskanzler Helmut Kohl. Es ist also nicht die Leistung dieser Partei, der CDU, es ist nicht die Programmatik der CDU gewesen, die hier den Ausschlag gegeben hat, sondern den Ausschlag hat der Mann gegeben, der das Geld hat.

Die DDR-Bürger haben nun einmal den großen Drang, möglichst schnell konvertibles Geld zu haben, um damit ihre Bedürfnisse beim Kaufen von Konsumgütern, aber auch beim Reisen zu befriedigen. Ich kann letzteres verstehen. Die jahrzehntelange Abstinenz von

220

vielen Dingen führt nun zu einer Euphorie, aber ich glaube, daß mancher, der jetzt so euphorisch für die Allianz gestimmt hat, und damit für ein ganz schnelles Tempo der Vereinigung der beiden deutschen Staaten, vielleicht noch im Laufe dieses Jahres aufwachen und manches bereuen wird."

Bis nach Basel hatte es sich herumgesprochen, daß ein Mann schon Wochen vor der Wahl als kommender Wirtschaftsminister gehandelt wurde und sich auch selbst gern so präsentierte: Elmar Pieroth, ehemals Wirtschaftssenator in Westberlin. Er warb für die CDU um Wählerstimmen mit dem Versprechen, bis Jahresende 500 000 Arbeitsplätze in der schnell zu entwickelnden mittelständischen Industrie schaffen zu wollen.

Natürlich interessierte es die Medienvertreter, was ich denn von „importierten Politikern" hielte. Ich machte aus meinem Herzen keine Mördergrube. Das um so weniger, als Pieroth vor Wochen öffentlich mein Reformkonzept als „Tischredenreformismus" abzuqualifizieren versucht hatte. Die „Basler Zeitung" zitierte mich am nächsten Morgen mit den Worten:

„Ich finde es schade, daß die Wirtschaft der DDR dann sozusagen fremdgesteuert wird, und es spricht nicht gerade für die CDU, wenn sie für dieses wichtige Ressort Wirtschaft keinen Menschen aus den eigenen Reihen hat."

Es ist nach wie vor meine Ansicht: Für die erfolgreiche Einführung der Marktwirtschaft in früher zentralwirtschaftlich funktionierenden Ländern genügt keineswegs das Standardwissen über diese Wirtschaftsordnung und die unter anderen Bedingungen erworbene praktische Erfahrung. Westliche Provenienz allein ist noch kein Garantieschein für den Erfolg. Genauso erforderlich sind exakte Kenntnisse über Zeit, Ort, Umstände sowie die psychologische Befindlichkeit der Menschen in den betreffenden Ländern. Das haben nicht wenige Manager und Politiker aus den alten Bundesländern nach ihrem Einsatz im Osten Deutschlands bald erkennen müssen. Elmar Pieroth machte dabei keine Ausnahme. Er wurde zwar dann doch nicht Wirtschaftsminister, sondern Berater des Ministerpräsidenten und nach den Kommunalwahlen im Mai Wirtschaftsstadtrat im Magistrat von Ostberlin. Schwer tat er sich, die Versprechen zu erfüllen, die er vorher so vollmundig gegeben hatte.

Aber konnte ich damals in Basel ahnen, auf wen die CDU sich schließlich festlegen würde, wenn sie in den eigenen Reihen nach einem Kandidaten für das Wirtschaftsressort suchte? Mit dem langjährigen Volkskammerabgeordneten und Mitglied des Mittagschen Wirtschaftsausschusses, Dr. Gerhard Pohl, hatte de Maizière wohl keinen glücklichen Griff getan. Hier zeigte sich wiederum sehr deutlich, wohin es führt, wenn das Parteibuch vor der Kompetenz rangiert.

Ich habe mich in meinem öffentlichen Urteil über Gerhard Pohl stets zurückgehalten. Wir hatten vor und nach seiner Wahl in das Amt des Wirtschaftsministers korrekte Beziehungen. Einmal, als sein Auftritt in der Volkskammer für viele Abgeordnete – auch aus seiner eigenen Fraktion – wieder farblos geblieben war, ging ich während der Pause an der Regierungsbank vorbei. An ihn gewandt, sagte ich: „Na, Herr Pohl, als Sie noch hier im Saal saßen, war es wohl doch einfacher als jetzt auf dieser Bank?" Er bejahte meine Frage mit einem Seufzer. Eine Journalistin, die in der Nähe stand und mitgehört hatte, meinte anschließend: „Schade, daß ich kein laufendes Band parat hatte."

In Basel machte ich die Bekanntschaft eines interessanten Mannes. Er hatte in der DDR, in der Sowjetunion, ja in ganz Osteuropa lange als Antikommunist, Überläufer, Nestbeschmutzer, als einer, der sich verkauft

222

hat, gegolten: Zbigniew Brzezinski. Der polnische Wirtschaftsprofessor lebte seit Jahrzehnten in den USA. Er war Berater des Präsidenten Carter in Fragen der nationalen Sicherheit gewesen. Jetzt lehrte er an der Columbia University in New York und war Mitglied von Präsident Bushs Beraterstab für internationale Angelegenheiten. Bei dem vom Europäischen Unternehmerforum gegebenen Abendessen trat Brzezinski als Gastredner auf. Ohne jegliche Notizen, aber die Armbanduhr in der Hand, beendete er seine in exzellentem Englisch vorgetragene Rede auf die Sekunde genau nach den vorgesehenen 30 Minuten.

Auf Skepsis und auch Widerspruch stieß er bei den Zuhörern mit seiner engagiert vertretenen These, die Sowjetunion würde sehr bald ihren damals noch heftigen Widerstand gegen die NATO-Mitgliedschaft eines vereinigten Deutschlands aufgeben. Wie recht sollte dieser Mann binnen weniger Monate bekommen! Wie ungerecht erscheint es aus heutiger Sicht, daß mancher ihn an jenem Abend wohl mit dieser Voraussage für einen Utopisten, wenn nicht gar Hasardeur hielt. Zum Abschied signierte er sein neues Buch „Das große Versagen" mit dem Untertitel „Geburt und Tod des Kommunismus im 20. Jahrhundert".

Den Abschluß fand meine Tätigkeit als amtierende Wirtschaftsministerin auf diplomatischem Parkett. Ich vertrat die DDR am 9. und 10. April auf der Abschlußtagung der KSZE-Wirtschaftskonferenz in Bonn.

Die Bundestagspräsidentin Professor Rita Süssmuth begrüßte alle Delegationen vor Konferenzbeginn. Für mich war das die erste offizielle, aber die zweite persönliche Begegnung mit ihr. Ich hatte Frau Süssmuth bereits Mitte Oktober 1989 in Frankfurt/Main auf der Jahrestagung des amerikanischen Instituts für Ost-West-Sicherheitsstudien gehört. Sie war dort mit einer viel beachteten Rede zu globalen Menschheitsproblemen aufgetreten. Spontan hatte ich ihr in der Pause zu diesem Vortrag gratuliert. Besonderen Eindruck hinterließ es bei mir, daß sie sich von engen parteipolitischen Interessen abhob, sich eine Pro und Contra ausleuchtende wissenschaftliche Sicht auf die Dinge bewahrte und immer wieder eigene Akzente setzte. Ihre Kompetenz war zweifelsfrei. Sie wurde besonders deutlich, wenn sie sich – und das kam häufig vor – vom Manuskript löste. Ich habe Frau Süssmuth nach dem Bonner Empfang noch mehrmals getroffen, so auch im Mai in Stockholm, wiederum auf der Jahrestagung des New Yorker Instituts.

Fast wären wir Mitte Oktober 1990 zusammen in einer Fernsehsendung gewesen. Der Deutsche Fernsehfunk wollte „Zwei Frauen in Deutschland" vorstellen. Die Wahl war auf Rita Süssmuth und mich gefallen. Wir waren etwa gleichaltrig, kamen beide aus der Wissenschaft und waren politisch engagiert. Jede von uns sollte nach vollzogener Vereinigung Deutschlands die Vergangenheit reflektieren, die Gegenwart kommentieren und einen Blick in die Zukunft werfen. Beide Kandidatinnen hatten eingewilligt, erste vorbereitende Gespräche waren bereits gelaufen. Ende September sagte der Fernsehfunk ab. Budgetgründe wurden ins Feld geführt.

Die Begrüßungsrede auf der Abschlußtagung der Bonner KSZE-Wirtschaftskonferenz hielt Bundespräsident Richard von Weizsäcker. Ich erinnere mich an seinen Aufruf an alle 35 Teilnehmerstaaten, ihre Rüstungsausgaben zu verringern. Immer mehr, so betonte das Staatsoberhaupt, breite sich die Erkenntnis aus, daß das politische Gewicht eines Landes „stärker von seiner wirtschaftlichen, technologischen und wissenschaftlichen Fähigkeit abhängt als von seinem militärischen Potential". Das war ein deutliches Engagement für das Umschmieden von Schwertern zu Pflugscharen. Nicht selten wer-

224

den Konferenzen mit dem Attribut „historisch" versehen. Nach meinem Empfinden war das in diesem Falle angebracht. Erstmals bekannten sich alle KSZE-Staaten, also die osteuropäischen eingeschlossen, zu politischem Pluralismus und zur Marktwirtschaft als den bestimmenden Elementen einer künftigen gesamteuropäischen Wirtschaftsentwicklung. Wie steinig und von Rückschlägen bedroht der Weg dorthin noch sein sollte, davon machte sich in jenen Tagen gewiß kaum jemand ein reales Bild.

Zum Konferenzprogramm gehörte, daß das gastgebende Bonn die Delegationen der Teilnehmerstaaten ins Alte Rathaus lud. Dort sollten sie sich im Goldenen Buch der Stadt verewigen. Die damals noch zwei souveränen „Germanies" figurierten auf der vorgedruckten Namensliste nebeneinander, und so übergab mir Helmut Haussmann wie ein Kavalier den Füllfederhalter.

Mir ist in angenehmer Erinnerung, daß die Bürgermeisterin, Frau Waltraud Christians – sie lenkte die Zeremonie anstelle des verhinderten Stadtoberhauptes –, mir ihren Respekt vor der in den wenigen Monaten geleisteten Arbeit bekundete. Ich hatte nicht den Eindruck, daß dies nur eine höfliche Geste war. So erlebte ich – im Gegensatz zu vielen meiner Regierungskollegen, denen die frisch gewählte Volkskammerpräsidentin in der ersten Parlamentstagung sogar pro forma zu danken „vergaß" – einen würdigen Abschluß meiner Amtszeit. Ausgeglichen und irgendwie beschwingt kehrte ich nach Berlin zurück. Vielleicht fiel auch deshalb beim Rückflug meine erste persönliche Bilanz über die Tätigkeit der Modrow-Regierung keineswegs unkritisch, aber überwiegend freundlich aus.

Vor allem hatten wir das angeschlagene Schiff „DDR" trotz aller Unkenrufe, es würde kentern, mit Schlingern zwar, aber doch sicher an das Wahlufer gelenkt. Trotz des Winters und mancher Streikaktion war es nie zu ernsthaften Versorgungsproblemen gekommen. Der Alltag der meisten Menschen lief geordnet. Reformprozesse auf allen Gebieten des gesellschaftlichen Lebens waren in Gang gesetzt worden. Mein persönlicher Beitrag lag vor allem darin, Weichen für das geistige und praktische, durch Gesetze gestützte Umpolen von der Plan- auf die Marktwirtschaft gestellt zu haben. Bis heute meine ich, daß das eine notwendige, nicht zu überspringende Phase war, die jeder andere für das Wirtschaftsressort Verantwortliche kaum kürzer oder prinzipiell anders hätte gestalten können. Zusammen mit dem eingeleiteten tiefgreifenden Wandel der wirtschaftlichen Strukturen kam es auch zu ersten einschneidenden Veränderungen des politischen Systems. Neue Parteien und Bürgerbewegungen wurden zugelassen. Zur Volkskammerwahl im März 1990 hatte die Zahl der sich um die Wählergunst bewerbenden politischen Organisationen bereits 26 betragen. Das laufende Gespräch zwischen Regierung und Opposition gehörte zu unserem Alltag. Der Ministerrat setzte das politische Strafrecht außer Kraft. Die Wehrpflicht wurde von 18 auf 12 Monate verkürzt, der Zivildienst gleichberechtigt und mit derselben Zeitdauer eingeführt. Wie bedauerte ich, daß meine Jungs davon schon keinen Nutzen mehr hatten. Die Reduzierung der Industrieministerien von acht auf drei brachte den Beginn des doch so notwendigen, aber schmerzhaften Personalabbaus im Leitungs- und Verwaltungsapparat. Eine Ausländerbeauftragte wurde in den Ministerrat berufen. Energische Anstrengungen wurden unternommen, um der Korruption Herr zu werden und den Privilegienmißbrauch zu beenden.

Vor allem bei uns neuen Regierungsmitgliedern mischten sich Empörung und Enttäuschung über all den Schmutz, der da aus vergangenen Jahren und Jahrzehnten täglich an die Oberfläche gespült wurde.

Schon die erste Bilanz sparte nicht aus, was aus meiner Sicht in der Zeit der Modrow-Regierung an Fehlern unterlaufen bzw. nicht gelungen ist, wo Versäumnisse vorlagen oder Inkonsequenzen und Zögerlichkeiten auftraten. Mit Abstand betrachtet, erhärtet sich diese Einschätzung. Für einen Fehler hielt und halte ich zum Beispiel das diffuse Vorgehen bei der Auflösung des Sicherheitsapparates.

Ich gebe zu, daß ich das Stasi-Thema damals nicht in seiner ganzen Reichweite erkannt und die vielen Verstrickungen nicht geahnt habe. Das lag sicher daran, daß ich nie wissentlich in dieses Netz geraten und einfach auch nicht abgebrüht genug bin, anderen Menschen so viel geballte Unredlichkeit, Gemeinheit, Hinterhältigkeit, so viel Intrigantentum zuzutrauen. Natürlich sind selbst gegenüber Stasiangehörigen alle pauschalen Urteile unangebracht. Vielleicht hielt ich das Thema aber auch mehr für Männersache. Heute weiß ich, daß das inkonsequent war. Zumindest hätte ich – um ein Signal zu setzen – dem Ministerpräsidenten die unverzügliche Ablösung des Chefs des Amtes für Nationale Sicherheit anraten sollen, als dieser in der Volkskammer auf eine Anfrage wie die Unschuld vom Lande antwortete, er habe von seinem Vorgänger Mielke nichts als zwei leere Panzerschränke übernommen. Ob meinem Rat gefolgt worden wäre, ist ungewiß. Härte, selbst wo sie angebracht war, war Hans Modrows Stärke von Natur aus nicht. Da nahmen wir uns beide nicht viel.

Aber verschweigen will ich auch nicht, daß mancher von uns sich in einem – im nachhinein wohl noch mehr verständlichen – Zwiespalt befand: Emotional hatte ich Verständnis für die Aktionen der Bürgerbewegungen, für ihre Forderung nach schleuniger und vorbehaltloser Aufhellung des Unterdrückungs- und Bespitzelungsmechanismus der Stasi, nach Bestrafung aller vor dem Gesetz schuldig Gewordenen, nach Liquidierung noch funktionierender Überwachungsapparate. Rational konnte ich allerdings eine Sorge nicht verdrängen, die aufkam: Überschauten die Vertreter der Bürgerbewegungen wirklich die differenzierten Interessen all derer, die da auf der Welle der Proteste und manchmal auch unkontrollierten und spektakulären Aktionen mitschwammen, in Wahrheit aber ihr eigenes Süppchen kochten? Aktenhändler auf dem Nachrichten-Schwarzmarkt, die die Gunst der Stunde erspähten, kriminelle Provokateure, ausländische Geheimdienste, auch BND und Verfassungsschutz, die mit der Möglichkeit des Machtzuwachses spekulierten.

Unter öffentlicher Kritik stand die Personalpolitik der Modrow-Regierung. Auf aus meiner Sicht vermeidbar gewesene Mängel in der Zusammensetzung des Ministerrates bin ich schon an anderer Stelle eingegangen. Gewiß hätte sich mancher auch in den Ministerien, auf der mittleren und unteren Ebene des Staatsapparates, in der Justiz, der Armee, der Polizei, an der Spitze der Kombinate schneller mehr neue Gesichter gewünscht. Wie meine anderen Ministerkollegen, so vertrat auch ich damals die Ansicht, keinen undifferenzierten Kahlschlag per Dekret vorzunehmen. Das hätte die ohnehin labile Situation nur angeheizt. Wohl aber sollten nachweislich belastete oder unfähige Leitungskader abberufen werden, was in Einzelfällen auch geschehen ist.

Mein erstes persönliches Resümee rundete sich mit zwei Gesamtakzenten ab: Unsere Regierungszeit umfaßte wohl die dramatischste Phase in der deutschen Nachkriegsgeschichte. Ein Drama waren natürlich schon die Teilung der deutschen Nation und der Mauerbau gewesen mit der Gefahr der langsamen Austrocknung der einen Seite. Der Abriß der Mauer nun kam der Öffnung eines Wehrs gleich, mit einer drohenden, schier unaufhalt-

228

samen Überflutungsgefahr des östlichen Teils. Zudem war diese Phase eingebettet in wahrhaft tektonische Verschiebungen in Osteuropa. Alles, was auf dem Territorium der DDR als der damaligen Nahtstelle der beiden im Ergebnis des kalten Krieges entstandenen militärischen Blöcke geschah, war von gesamteuropäischer Bedeutung.

In unserer Regierungszeit zeichnete sich die demokratischste Phase der gesamten DDR-Geschichte in den Konturen ab. Das Modrow-Kabinett verstand sich tatsächlich als Organ der Volkskammer. Bis dahin hatte das überdies nur unregelmäßig zusammentretende Parlament lediglich die Entscheidungen von Abteilungen des Zentralkomitees der SED, dessen Politbüro oder gar nur von Honecker und Mittag abzusegnen. Nicht selten waren sie auf Tribünen bei Demonstrationen oder bei Jagdausflügen einsam gefällt worden. Die Modrow-Regierung hatte eine Rechenschaftspflicht sogar einem weiteren gesellschaftlichen Forum, dem Runden Tisch, gegenüber. Keine politische Kraft war ausgegrenzt.

Die Tragik der reformerischen Kräfte dieser Mannschaft liegt nicht in einer angeblichen Zögerlichkeit oder Halbherzigkeit, sondern darin, daß sie nicht durch freie Wahlen legitimiert waren. Damit blieb ihr politischer Entscheidungsspielraum trotz beachtlicher Demokratisierungsprozesse äußerst gering.

Nun war ich gespannt, wie die Volkskammer, in die ich gewählt war, mit der Demokratie umgehen würde.

Mandat im Übergangsparlament

„Geld allein macht nicht glücklich. – Diese alte Volksweisheit behält zweifelsohne auch unter unseren neuen gesellschaftlichen Bedingungen ihre Gültigkeit. Nur wären die Mitglieder des Haushaltsausschusses besonders in den letzten Tagen oft glücklicher gewesen, hätten sie mehr von dem ‚schnöden Mammon‘ zur Verfügung gehabt." So lauteten die Anfangssätze meiner Rede als Ausschußvorsitzende Ende Juli in der letzten Volkskammertagung vor einer kurzen Sommerpause. Nach der im Bundestag gebräuchlichen Terminologie gehörten wir, d. h. die knapp über zwanzig Abgeordneten aller Fraktionen, dem „Königsausschuß" des Parlaments an. Danach wäre ich – um im Bilde zu bleiben – so eine Art „Oberkönig" gewesen. In Wahrheit fühlte ich mich jedoch wie der sprichwörtliche „nackte Mann", dem alle in die Tasche greifen wollten.

Nachdem die Stoph-Regierung über zwei Jahrzehnte die DDR-Bevölkerung stets mit angeblich durch Einnahmen ausgeglichenen Haushaltsplänen verwöhnt hatte, vertuschte das Modrow-Kabinett nicht mehr das klaffende Loch zwischen Ausgaben und Einnahmen des Staates. Das Defizit von 16 Milliarden Mark der DDR im I. Quartal 1990 wirkte wie ein Erdbeben. Dennoch war es eine Kleinigkeit, gemessen an dem, was bis zum Sommer 1990 in der De-Maizière-Regierung aufgelaufen war und womit sich der Haushaltsausschuß für das zweite Halbjahr 1990 herumzuschlagen hatte.

Allein 4,7 Milliarden Einnahmenverluste für den

230

Staatshaushalt waren aus dem flächendeckenden „Frühjahrsschlußverkáuf" vom April bis Juni 1990 entstanden. Unter dem Vorwand vor der Währungsunion rechtzeitig zu räumender Lager wurden „risikobehaftete Konsumgüter" wie Textilien, Lederwaren, technische Geräte, auch landwirtschaftliche Erzeugnisse abgewertet, d. h. zu Preisen verschleudert, die oft nicht einmal die Materialkosten deckten. Selbst Goldschmuck in den Intershops war in jenen Wochen um 50–60 Prozent preisreduziert zu haben.

Hinzu kamen ausfallende Gewinnabführungen der Betriebe an den Staatshaushalt. Die ersten Konkurse hatten eingesetzt, und allein die Industrieproduktion war von April bis Juni 1990 um 10 Prozent geringer als im gleichen Zeitraum des Vorjahres. Die Zahl der Arbeitslosen kletterte von 38 300 im März auf 142 000 im Juni. Die pfiffigen fliegenden Händler aus dem Westen überschwemmten den Osten mit ihrem attraktiven Warenangebot. Sie machten Traumumsätze, ohne bereits adäquat steuermäßig zur Kasse gebeten worden zu sein.

Die Tätigkeit im Haushaltsausschuß war für mich das Wertvollste an meiner parlamentarischen Arbeit. Obwohl von den parteipolitischen Proportionen zusammengesetzt wie die gesamte Volkskammer, dominierte eine nüchterne, sachliche Atmosphäre. Hier hatten nicht automatisch rechnerische Mehrheiten immer recht. Es wurde hart gestritten, das aber mit Fakten und Argumenten. Nur selten mußte ich vom Mittel der Abstimmung Gebrauch machen. Zumeist konnte nach intensiver Diskussion ein Konsens gefunden werden.

Selbst mit den Abgeordneten der DSU, die ja sonst mit mir nichts am Hut hatten – wie es umgekehrt auch galt –, kam es zu keinerlei Zusammenprall. Diese Partei hatte auf dem stellvertretenden Vorsitz im Haushaltsausschuß bestanden und ihn zugesprochen bekommen. Im

Laufe von nur sechs Monaten wechselte sie diesen Vize dreimal aus. Beim letzten besinne ich mich nur noch mühsam auf den Namen, auf seine Stimme überhaupt nicht. So viele Spuren hat er hinterlassen! Es ging eben um sachbezogene, konkrete Arbeit!

Neulinge in Haushaltsfragen waren wir fast alle. Mit festem Willen, Hineinknien in die Materie und der Hilfe von Beratern fuchste sich beinahe jeder schnell ein. Geld war schließlich zum Blut der Wirtschaft geworden. Von unserem zur richtigen Stunde gegebenen „Ja" und „Amen" hing es oft ab, ob der wirtschaftliche Kreislauf, aber auch das Wirken von Gesundheits-, Kultur- und Bildungseinrichtungen, von gemeinnützigen Organisationen wie der Volkssolidarität, des Behinderten- und Gehörlosenverbandes und vieler anderer im Fluß blieb oder ins Stocken zu geraten drohte.

Mir ist nicht bekannt, daß es durch zögerliche oder unkorrekte Arbeit des Haushaltsausschusses irgendwo zu Pannen gekommen wäre. Aber mancher Minister versuchte, eigene Versäumnisse, mangelnde Zivilcourage zum Treffen unpopulärer Entscheidungen mit angeblichen Beschlüssen des Haushaltsausschusses zu bemänteln. Das schien sich in den Medien gut zu machen, weil dem betreffenden Gremium ja eine PDS-Abgeordnete vorstand. Aber weder der Kulturminister, Herbert Schirmer, noch die Ministerin für Jugend und Sport, Cordula Schubert, konnten damit in der Öffentlichkeit Punkte sammeln.

Nur mit Schaudern kann ich mich an die Art und Weise erinnern, wie der Haushaltsplan der Regierung de Maizière – Kohl für das zweite Halbjahr 1990 zustandekam und was uns im Ausschuß dabei abverlangt, besser, zugemutet wurde.

In einer Rede, die ich für meine Fraktion hielt, nahm ich kein Blatt vor den Mund und sagte: „Viele Rekorde hat diese Kammer in den letzten Wochen bereits aufgestellt. Das Tempo, das sie nun bei der Behandlung des Haushaltsplanes, also des wichtigsten Steuerungsinstruments des Staates unter marktwirtschaftlichen Bedingungen vorlegt, schlägt alles bisher Dagewesene aus dem Rennen. Das Parlament der DDR hat allergrößte Aussicht, im Guiness-Buch der Rekorde einen vorderen, wenn nicht den ersten Platz einzunehmen. Bloß für Stolz darauf ist kein Grund."

In der abschließenden Debatte des Parlaments zum Haushalt des zweiten Halbjahres 1990 passierte es das erste und bislang einzige Mal, daß ich einem von mir eingebrachten und selbst vorgetragenen Beschluß nicht zustimmen konnte. Da ging es mir wie Finanzminister Dr. Romberg, der den Etat-Entwurf von Amts wegen begründen mußte und dennoch seine persönlichen Bedenken und Zweifel nicht verbergen konnte. Unser Ausschuß hatte in hartnäckigen Verhandlungen mit den Einreichern der Teilpläne – wie ich überzeugt war – das Regierungsprojekt in vielerlei Hinsicht verbessern können. Seine prinzipiellen Mängel aber waren in dem verfügbaren Finanzrahmen nicht reparabel. Tatsache war gleichzeitig, daß die Abgeordneten der Opposition im Ausschuß den Haushaltsplan nicht hätten blockieren können.

Ich sah den Ausweg nur darin – und dazu gab es im Ausschuß Konsens –, mit allem Nachdruck in meiner Stellungnahme zum Budget auf die Unumgänglichkeit eines Nachtragshaushalts aufmerksam zu machen. Dafür sprachen vor allem ein höherer als der geplante Finanzbedarf aus sehr niedrig angesetzten Arbeitslosen- und Kurzarbeiterzahlen, aus einem zu erwartenden schnellen Anstieg der Sozialhilfefälle und aus unvermeidbaren Stützungen für den Osthandel sowie abzusehende Steuermindereinnahmen. Mit Billigung des gesamten Haushaltsausschusses schlug ich dem Parlament daher vor, den Finanzminister zu beauftragen, per 30. September 1990 einen Bericht über den Vollzug des Budgets für das zweite Halbjahr 1990 zu geben. Gleichzeitig sollte das weitere Finanzkonzept der Regierung einschließlich notwendiger Alternativen der Haushaltsfinanzierung vorgestellt werden. Dies müsse – so fügte ich hinzu – in jedem Falle so rechtzeitig geschehen, daß noch Ableitungen für den Einigungsvertrag getroffen werden könnten. Dr. Romberg faßte dies – wie mir schien – nicht als zusätzliche lästige Pflicht auf, sondern sah darin wohl auch den einzig möglichen Ausweg. Er, der manchmal Unbequemes sagte, mußte jedoch bald seinen Hut nehmen. Die Volkskammer stimmte meinem Vorschlag und mehrheitlich dem gesamten Budgetentwurf zu. Ich persönlich enthielt mich der Stimme. Ein Signal war gesetzt.

Ein paar Tage später fand ich in meiner Post den Brief meines „Amtsbruders" Rudi Walther, des Haushaltsausschußvorsitzenden im Deutschen Bundestag und Abgeordneten der SPD. Herr Walther schrieb mir: „Gestern hatte ich Gelegenheit, im Fernsehen der DDR die Übertragung der Volkskammersitzung ‚live' mitzuerleben, und bin dabei auch Zeuge der Debatte über den Haushalt der DDR für das 2. Halbjahr 1990 geworden. Ihre sachkundige Einführung hat mich beeindruckt. Der großen Anstrengung der Mitglieder des Haushaltsausschusses der Volkskammer der DDR, diesen Haushalt unter riesigem Zeitdruck zu beraten und der Volkskammer zur rechtzeitigen Verabschiedung zuzuleiten, zolle ich hohen Respekt. Jemand, der wie ich seit 18 Jahren im Bonner ‚Haushaltsgeschäft' tätig ist, weiß diese großen Anstrengungen wohl zu würdigen. Ich wollte Ihnen dies gerne mitteilen und hoffe, daß Sie der Weg demnächst einmal nach Bonn führt. Für diesen Fall lade ich Sie herzlich ein, mich zu besuchen."

Ich verhehle nicht, daß ich mich über diesen Brief besonders gefreut habe, zumal er so unverhofft und von einem „alten Hasen" kam. Im stillen dachte ich mir: Mit Energie kann man eben vieles meistern. In dieser Zuversicht habe ich die ermutigende Zuschrift allen Ausschußmitgliedern zur Kenntnis gebracht und mich bei ihnen bedankt.

Daß ich überhaupt für die Volkskammer kandidiert habe, war mal wieder Ausdruck einer meiner Schwächen: Ich kann in bestimmten, zumal emotionsgeladenen Situationen schwer „nein" sagen. Selbst wenn abzusehen ist, daß es über meine Kräfte gehen würde. Gegenüber Kollegen, Freunden und meinen Familienangehörigen hatte ich mich bereits festgelegt: Ich wollte am 18. März mein aus heiterem Himmel gestartetes Intermezzo auf der politischen Bühne ebenso prompt beenden. Um manche Erfahrung reicher, beabsichtigte ich in die Wissenschaft zurückzukehren.

Die vielen täglich eintreffenden und sehr persönlich gehaltenen Briefe machten es mir nicht leicht, bei meinem Entschluß zu bleiben. Die Absender waren zumeist parteilose Bürger, aber auch viele PDS-Mitglieder. Sie sahen mich – wie selbstverständlich – schon im ersten frei gewählten Parlament und wünschten mir dazu Kraft. Schwer nur konnte ich das Gefühl verdrängen, daß ich sie alle enttäuschen würde, wenn ich sie auf dem verschlungenen und oft steinigen Pfad in die deutsche Einheit nicht wie erwartet begleitete. Und dann geschah es: Auf dem Parteitag der PDS Ende Februar in Berlin wurden alle inneren Sperren schließlich weggesprengt. Der „Basisdruck" siegte. Ich gab mein Einverständnis, im damaligen Bezirk Karl-Marx-Stadt zu kandidieren, und wurde dort gewählt.

Eine Absicht auf künftige berufsparlamentarische Arbeit verband ich damit jedoch schon zu jener Zeit nicht. Wohl aber verstand ich meine Wahl als Herausforderung. Sie bot Gelegenheit, zu beweisen, daß man auch in einer politischen Minderheit engagiert arbeiten und sich behaupten kann.

Es wäre töricht, zu leugnen, daß ich die ersten vier, fünf Volkskammertagungen brauchte, um richtig Tritt zu fassen. Nicht, daß die Gewißheit gelähmt hätte, nach einer Übergangsregierung nun einem Übergangsparlament anzugehören, das von Anfang an selbst darauf aus war, sich so schnell wie möglich überflüssig zu machen. Die Gründe waren anderer Natur. Wie die meisten Abgeordneten, so war auch ich anfangs sehr erwartungsvoll gestimmt. Gehörte ich doch dem ersten in der DDR aus allgemeinen freien und geheimen Wahlen hervorgegangenen und somit legitimierten Parlament an. Welche Hoffnungen auf eine durchgreifende, den Alltag bestimmende Demokratisierung im Lande waren daran geknüpft gewesen!

Was sich dann aber vor laufender Kamera abspielte, war zumeist makaber. Die nach den Wahlen führenden Allianzparteien CDU, DSU und DA blieben den Beweis schuldig, daß politische Macht ohne Arroganz auskommen kann. Natürlich beschließen in allen Parlamenten der Welt politische Mehrheiten über die Geschicke des Landes. Aber im Abfertigen, ja Abservieren von politischen Minderheiten war diese Kammer wohl Spitze.

Die Abgeordneten von Bündnis 90/Grüne, vor Monaten noch als „Revolutionäre des Herbstes" gefeiert, hatten – wie es schien – ihre Schuldigkeit getan. Die neuen politisch Mächtigen schmetterten sie mit Pauken und Trompeten ab. Sie vollstreckten gefügig den Willen der CDU-West. Eine Volksabstimmung über die vom Runden Tisch ausgearbeitete neue Verfassung für die DDR mußte verhindert werden. Die Beteiligung von Arbeit-

236

nehmern am Verwaltungsrat der Treuhandanstalt paßte ebenfalls nicht ins Konzept. Einwände gegen wie Kolonialisierung anmutende Paragraphen des ersten Staatsvertrages und des Einigungsvertrages zwischen den Regierungen der DDR und der BRD wurden brüsk vom Tisch gefegt.

Die Fraktion Bündnis 90/Grüne hatte manchen brillanten und argumentationsstarken Redner. Trotz vieler politischer Niederlagen bei den Voten in der Volkskammer ließen sich Dr. Wolfgang Ullmann, Professor Jens Reich, Marianne Birthler, Werner Schulz, Hans-Jochen Tschiche und andere nicht demoralisieren.

Der Theologe Tschiche war Mitglied des Haushaltsausschusses. Ich habe auch von dort eine gute Erinnerung an seine ausgewogene Art, an seine Fähigkeit, den Blick für das Wesentliche zu bewahren. In den Plenartagungen trat er wiederholt ans Mikrofon und trug engagiert seine Reden vor. Vor allem gemahnte er, die deutsche Vereinigung nicht mit der engen parteipolitischen Brille zu sehen und im Parlament zum Nabel der Welt geraten zu lassen. Den Weg nach Europa zu gehen und dabei die Dritte Welt nicht zu vergessen, war eine seiner Hauptbotschaften.

Die Rolle eines Prügelknaben war von den anderen Fraktionen den PDS-Abgeordneten zugedacht, oder zumindest wurde sie geduldet. Ich habe bewußt von „Fraktionen" gesprochen und nicht von den „Abgeordneten der anderen Fraktionen". Ganz so monolithisch waren sie nun auch wieder nicht. Mancher Parlamentarier der anderen Parteien und der Bürgerbewegungen suchte in den Volkskammerausschüssen, aber auch in Tagungspausen und bei anderen Gelegenheiten den Kontakt zu uns, um sich in Sachfragen auszutauschen. Einige Male ist es mir passiert, daß jemand kam und sagte, er schäme sich für seine Fraktion. Eine von mir geschätzte CDU-

Abgeordnete meinte zu mir: „Frau Luft, wollen wir zusammen eine Tasse Kaffee trinken gehen? Mir macht es nichts aus, mit Ihnen gesehen zu werden." Was mußte da nur in der Fraktion für eine Parole ausgegeben worden sein?!

Ein beliebtes Thema war das der alten „Seilschaften". Natürlich wurde es stets – ob es paßte oder nicht – an die PDS-Fraktion adressiert, d. h. ausgerechnet an diejenigen, die sich öffentlich dazu bekannten, nicht erst am 9. November 1989 Bürger der DDR geworden zu sein. Bei vielen anderen konnte man den Eindruck gewinnen, sie hätten vorher im Exil gelebt. Was aber mag wohl bei der äußerlich oft turbulent geführten „Seilschaften-Diskussion" in den Köpfen solcher Männer und Frauen anderer Fraktionen vorgegangen sein, die selbst oder deren Parteifreunde im Honecker-Staat, in der Blockparteienzeit, hohe Funktionen gehabt hatten und jetzt wieder auf den oberen Leitungssprossen saßen?

Da war zum Beispiel der Chef der Volkskammerverwaltung; seit 1977 Mitglied des Präsidiums und Sekretär des Hauptvorstandes der Göttingschen CDU und seit 1986 stellvertretender Vorsitzender des Verfassungs- und Rechtsausschusses der alten Volkskammer. Der Minister für Umweltschutz hatte bereits seit 1971 der CDU-Fraktion der Volkskammer angehört. Ein früher leitender Funktionär der LDPD war zum Staatssekretär im Innenministerium avanciert. Der neue Wirtschaftsminister war als Forschungsdirektor eines Betriebes gar braves Mitglied in dem von Mittag entmündigten Ausschuß für Industrie, Bauwesen und Verkehr gewesen ...

Die Kette der Beispiele ließe sich mühelos verlängern. Sie alle hatten im Volkskammerhandbuch ihre zahlreichen hohen und höchsten staatlichen Auszeichnungen peinlich genau und stolz angegeben.

Persönlich hatte ich all diesen Männern überhaupt

nichts vorzuwerfen. Aber als Mitglied einer Fraktion, die fortwährend wegen angeblich nicht bewältigter Vergangenheit oder zumindest notwendiger Trauerarbeit an den Pranger gestellt wurde, konnte einem mitunter schon mal der Ärger ankommen.

Bekannte, die am Bildschirm die Parlamentsdebatten verfolgten, verglichen die Vorgänge mit einer Art „Räuber-und-Gendarm-Spiel". Klar, wen sie mit den Gehetzten meinten. Da gab es 64 „Täter" (das war die Zahl der PDS-Abgeordneten), und fast der ganze große Rest gehörte – so mußte man annehmen – zu den „Opfern". Auf einige wenige traf dies wirklich zu, und sie hatten nicht den schlechtesten Stil. Die Mehrzahl betreffend, machte jedoch schon ein Blick in die Kurzbiographien deutlich, daß hier an neuen Legenden gestrickt wurde. An die 50 Diplomingenieure, etwa 20 Ärzte sowie 20 Lehrer und rund 35 weitere diplomierte Abgeordnete wies allein die CDU-Fraktion auf. 45 trugen einen Doktortitel. Wem sollten da die Tränen kommen, wenn von verpatzten Bildungschancen unter dem SED-Regime die Rede war?

Ich kenne leider auch einige Fälle, in denen jemandem ein bestimmter Bildungsweg oder ein konkreter Studienwunsch aus politischen Gründen versagt blieb oder versagt werden sollte. Ich selbst bin als Rektorin der Hochschule für Ökonomie mit einem solchen Ansinnen einmal konfrontiert worden; das war noch im Frühjahr 1989. Ein junger Mann hatte eine Vorimmatrikulation, während er an einer Offiziershochschule seinen Armeedienst leistete. Er hatte sich nach der guten Hälfte der vierjährigen Zeit entschlossen, die Ausbildung zum Offizier abzubrechen und sich entpflichten zu lassen. Mit Beginn des neuen Semesters wollte er bei uns sein Studium aufnehmen. Nach einem Gespräch mit dem jungen Mann kam das zuständige Prorektorat für Aus- und Weiterbildung zu dem Ergebnis, daß seinem Wunsch entsprochen werden sollte. Als Mutter von zwei Söhnen, die mit der Armee auch ihre Erfahrungen gemacht haben, hatte ich keine andere Auffassung. Empört wandte sich die Leitung der Offiziershochschule zweimal an mich, um unsere Entscheidung rückgängig zu machen. Der Bewerber hat dennoch sein Studium zum Termin aufnehmen können.

Für uns von der PDS-Fraktion, darunter besonders für die aus dem Hochschulwesen, hatte der DSU-Vorsitzende Prof. Walther eine ganz raffinierte Möglichkeit zur „Wiedergutmachung" ersonnen: Er sah uns schon beim Gleisestopfen. Ob sich die Diplomstaatswissenschaftler, Diplomökonomen, Diplomlehrer und Diplomjuristen der anderen Fraktionen uns hätten gleich anschließen sollen, war – wie so manches bei seinen Ideen – nicht genau auszumachen.

Apropos Walther. Mit ihm hatte ich in der Volkskammer ein spezielles Erlebnis. Bis heute werde ich darauf selbst von mir unbekannten Menschen auf der Straße und anderswo angesprochen. Ein Flug von Heiterkeit huscht dabei über ihr Gesicht. Nach einem Redebeitrag im Parlament erhielt ich eine Vielzahl von Fragen. Offenbar habe ich ganz gut pariert, so war jedenfalls von verschiedenen Seiten hinterher zu hören. Von der DSU-Fraktion stand wieder mal Herr Walther auf der Rednerliste. Zur Sache war von ihm leider kaum etwas zu erwarten. Aber für einen Skandal war er sich nie zu schade. Mit Bezug auf meinen Beitrag fiel ihm nichts weiter ein, als von sich zu geben, Leute wie Frau Luft hätten früher Direktorenposten bekleidet und säßen jetzt schon wieder in Aufsichtsräten. Vorher hätten sie Politische Ökonomie unterrichtet und dann hätten sie ihr Lehrgebiet umetikettiert.

Er hatte noch weitere Dinge dieser „Güte" anzubieten.

240

Für das laut Tagesordnung zu behandelnde Thema war er torlos geblieben. Aber im Freistilringen – oder, besser, bei der Schlammschlacht – ließ er sich von einem Teil des Hauses für einen vermeintlichen K.-o.-Sieg feiern. Ich wartete am Saalmikrofon gelassen ab, bis ich mit meiner Anfrage an den Redner an der Reihe war. Mir ging es weniger um die Richtigstellung, daß ich nie Politische Ökonomie, sondern Außenwirtschaft gelehrt hatte, und auch nicht um die angebliche Umbenennung meines Lehrstuhls. Diesen Falschaussagen hätte sogar aus den Reihen der DSU-Fraktion selbst widersprochen werden können. Mit Timo Backofen saß dort nämlich ein Student der Sektion Außenwirtschaft von der Hochschule für Ökonomie. Wichtiger war mir schon, endlich zu erfahren, wer mich denn in welchen Aufsichtsrat berufen hätte, ohne daß ich es selbst wüßte.

Antwort: Er meine nicht mich persönlich, sondern habe das symbolisch sagen wollen.

Nach so viel Unverfrorenheit konnte ich mir eine Frage nicht mehr verkneifen, die mir schon lange auf der Zunge gelegen hatte. Es war höchste Zeit, endlich an dem gelackten Vergangenheitsbild zu kratzen, das Walther ständig von sich malte. „Erinnern Sie sich an den Januar 1985, als wir gemeinsam auf einem vierwöchigen Lehrgang saßen, der hieß – ich hatte den Titel nicht erfunden – Lehrgang für Führungskader im Hochschulwesen? Wenn Sie es jetzt bestreiten sollten, dann bringe ich zur nächsten Volkskammersitzung morgen die Fotografie mit, auf der Sie mit mir zusammen zu sehen sind."

Der perplexe Walther bestritt nicht. Ihm fiel nur das Bild vom Bankeinbruch ein, bei dem es immer zwei verschiedene Klassen von Verbrechern gebe: Der eine knacke den Tresor, und der andere stehe Schmiere. Dann beschwor er seine bereits seit dem 17. Juni 1953 währende Regimegegnerschaft. Am 16. Dezember 1939 geboren – so las ich in seiner Kurzbiographie –, war er damals ganze dreizehneinhalb Jahre. Alle Wetter!

Walthers ehemaliger Fraktionskollege Dr. Peter Michael Diestel, Innenminister in der De-Maizière-Regierung, verfolgte – wie mir später berichtet wurde – diese Kontroverse im Volkskammer-Foyer am Bildschirm und soll sich vor Lachen den Bauch gehalten haben. Auch im Saal hielt es manchen nicht auf seinem Platz.

Während der nächsten Volkskammertagungen war der DSU-Chef etwas kleinlauter. Aber lange hat es nicht vorgehalten. Mich allerdings ließ er fortan in Ruhe. Dazu hat außer der öffentlichen Blamage wohl auch beigetragen, daß ich ihm am selben Tag – dann schon außerhalb des Plenarsaales – noch ein paar weitere Wahrheiten sagte. Der Ministerpräsident und einige Journalisten wurden Ohren- und Augenzeugen. Auf besagtem Lehrgang waren einige Vorträge inhaltlich äußerst flach und dazu noch apologetisch gewesen und kritische Wortmeldungen dazu nicht gern gesehen. Ich erinnerte Walther daran, daß mehrere Lehrgangsteilnehmer – ich war darunter – ungeschminkt ihre Meinung dazu gesagt hatten. „Aber Ihre Stimme, die eines Regimegegners“ – so fuhr ich fort –, „habe ich die vier Wochen über nicht ein einziges Mal vernommen.“

Ganz verdattert konnte er nichts entgegnen als: „Ja, ich war feige.“

Das war er also, der stellvertretende Sektionsdirektor an der Technischen Hochschule Ilmenau. Zu Zeiten, als es noch ein bißchen Courage verlangte, öffentlich wider den Stachel zu löcken, da war er feige. Jetzt, da nichts mehr dazu gehörte, Mißstände der Vergangenheit anzuprangern, legte er geflissentlich die Feigheit ab und schlüpfte in die Rolle des Helden.

Eine weitere von vielen Menschen verfolgte Begebenheit während meiner Volkskammerzeit war eine Fern-

242

sehdiskussion in der Reihe „Disput" mit Dr. Günther Krause, dem umtriebigen Fraktionschef der CDU und Staatssekretär im Amt des Ministerpräsidenten. Einige Wochen vor der Währungsunion sollte ein öffentliches Streitgespräch zwischen einem Vertreter der Regierungsparteien und einem der Opposition zu den voraussichtlichen Folgen der D-Mark-Einführung stattfinden. Von der Opposition wurde ich angesprochen und sagte zu.

Die Regierungsparteien taten sich mit ihrem Kandidaten etwas schwerer. Zu den Spielregeln des Abends gehörte nämlich, daß Zuschauer während des Gesprächs im Fernsehstudio anrufen konnten, um sich für die Position des einen oder des anderen Kontrahenten auszusprechen. Wie ärgerlich, wenn dieses Pro und Kontra zuungunsten der Regierung ausgehen würde! Daher wohl lehnten Dr. Jochen Steinecke von der LDP, in der Volkskammer Vorsitzender des Wirtschaftsausschusses, und Wirtschaftsminister Dr. Pohl bescheiden ab. Dann fiel die Wahl auf das „beste Pferd im Stall".

Herr Krause schien Gelassenheit in Person. Seine Miene verriet Siegesgewißheit. Ich gebe zu, daß ich einem Ergebnis von 50:50 möglichst nahekommen wollte. Das war aber angesichts des Trommelfeuers gegen die PDS und der ihr gerade in jenen Wochen angehängten Rolle eines Schwarzmalers ein ziemlich hochgestecktes Ziel. Mein Gegenüber bemühte beschwörend die populistische Formel, wonach es im Ergebnis der Währungsunion niemandem schlechter, vielen aber besser gehen würde. Ich wandte ein, daß Autos, Fernseher, Videorecorder und ähnliches, also Dinge, die man sich in größeren Abständen anschafft oder auf die man zur Not sogar verzichten kann, tatsächlich viel erschwinglicher wären. Dafür aber werde der Alltag unvergleichlich teurer werden. Außerdem müsse man überhaupt erst mal Geld verdienen können. Dies wischte er lässig mit der Bemerkung vom Tisch: „Ich freue mich schon darauf, nach dem 1. Juli mit meinen Kindern jeden Abend eine Büchse Ananas essen zu können. Die wird dann nämlich ganz billig sein." Dies war – wie ich hernach erfuhr – selbst seinen Parteigängern sehr starker Tobak gewesen.

Ein Karikaturist verarbeitete diese Story. Eines Tages flatterte mir ein Blatt mit dem Konterfei meines Gesprächspartners ins Haus, worauf der Vers stand: „Bist du arbeitslos, dann gönn dir was, iß täglich eine Ananas."

Als am Ende der Sendung der Computer nach dem Votum der Zuschauer befragt wurde, da hatten meine Argumente offenbar mehr angesprochen. Wie ein fairer Sportler kam Herr Krause und gratulierte mir zum Sieg. Verkneifen konnte er sich allerdings nicht den Seitenhieb: „Frau Luft, wer hat denn in diesem Lande schon ein Telefon?" – „Oh", erwiderte ich, „Herr Krause, ich wäre wirklich enttäuscht gewesen, wenn Sie das jetzt nicht gesagt hätten. Aber ich glaube, wenn z. B. mehr Rentner und Alleinstehende ein Telefon besitzen würden, wäre das Ergebnis noch anders ausgefallen."

Übrigens blieb das der erste und einzige Disput zwischen Regierung und Opposition, der mit einer solchen Zuschauer-Abstimmung endete.

Viele bittere Stunden in der Volkskammer sind bereits von anderen Abgeordneten beschrieben worden. Dr. Ruth Fuchs und Dr. Dietmar Keller haben auch meine Empfindungen getroffen, die ich bei Debatten um die Verfassungsänderung, den Beitrittstermin der DDR zur BRD, den ersten Staatsvertrag, die Stasiverwicklung von Abgeordneten und andere Themen hatte. Sternenstunden eines Parlaments, das nach den Märzwahlen mit so großen Vorschußlorbeeren ins Rennen geschickt wurde, waren das gewiß nicht.

244

Als Wissenschaftlerin und Abgeordnete hatte ich zwischen Frühjahr und Herbst 1990 eine Vielzahl von Einladungen zu Vorträgen auf zumeist englischsprachigen internationalen Konferenzen und Symposien. Von der Zahl her waren es mehr, als ich verkraften konnte. Die Veranstalter interessierte die Entwicklung der DDR-Wirtschaft nach der Währungsunion und die Erfahrung beim Übergang von der Kommando- zur Marktwirtschaft. Es war ihnen bekannt, daß ich nicht zu einer der Regierungsparteien gehörte.

Ich erinnere mich an eine sehr interessante Konferenz von internationalen Finanzinstitutionen auf Schloß Fuschl bei Salzburg, ausgerichtet von dem renommierten amerikanischen Bankunternehmen Salomon Brothers, an ein von namhaften Persönlichkeiten aus Politik, Wirtschaft und Wissenschaft besuchtes internationales Seminar im historischen Rittersaal von Den Haag und an ein von der führenden französischen Wirtschaftszeitung „L'Expansion" in Paris ausgerichtetes Forum mit 300 Betriebsleitern einheimischer Firmen.

Ein Disput mit zwei weiteren Kollegen aus der damaligen DDR und drei Kollegen aus der ehemaligen BRD fand am Goethe-Haus in New York statt. Ich nutzte diesen Aufenthalt, um das hektische und doch zugleich Routinegetriebe im Herzen der Aktienbörse auf der Wall Street zu erleben.

In der ersten Oktoberwoche war ich vom Schweizerischen Institut für Betriebsökonomie eingeladen. Natürlich entstand ein Konflikt, ob ich annehmen oder an den Vereinigungszeremonien im und am Reichstag teilnehmen sollte. Ich entschied mich zu fahren.

Als ich mich von meinem Mann verabschiedete, sagte ich: „Wir sehen uns dann in der Bundesrepublik Deutschland wieder."

Er stutzte einen Moment und nickte dann.

So habe ich denn nicht nur die politische Wende in der DDR auf Reisen erlebt, sondern auch ihr Ende als Staat.

Während des Aufenthaltes wurde ich von Radio Zürich zu meinen Empfindungen angesichts der bevorstehenden Ereignisse befragt. Meine Antwort lautete: „Den Tag der Einheit werde ich nicht in Verliererstimmung oder gar Trauer, nicht wehmütig oder enttäuscht verbringen, wohl aber besinnlich und in großer Nachdenklichkeit. Von den Politikern wünsche ich mir das angemessene hohe Maß an Verantwortung vor allen Deutschen, vor Europa und der Welt. Für spektakuläre Siegerposen sehe ich bei niemandem einen Grund.

Im Zusammenbruch des realen Sozialismus in der DDR und anderen Ländern des Ostblocks, im Triumph des gegenwärtigen Kapitalismus kann ich nicht das letzte Wort der Menschheitsgeschichte erkennen. Der Kapitalismus ist zwar noch nicht am Ende seiner Entwicklungsmöglichkeiten angekommen, wohl aber steigen die Schranken seiner zivilisatorischen Funktion am Horizont auf. Mit dem Scheitern der bisherigen Alternative fehlt ihm ein soziales Korrektiv."

Anschluß – Abschluß – Ausschluß?

„Ich komme bestimmt und gern wieder", so lautete der im Beifall fast untergehende letzte Satz meiner Rede als scheidende Rektorin der Hochschule für Ökonomie am 19. Januar 1990. Tatsächlich nahm ich Anfang Oktober 1990 meine Tätigkeit im Lehrstuhl „Osteuropawirtschaft" in dieser Institution wieder auf. Anfangs kam es mir vor, nicht knapp elf Monate, sondern Jahre weg gewesen zu sein.

Im äußeren Erscheinungsbild der Hochschule gab es viel Angenehmes. Nachdem unter meinem Rektorat endlich das marode Gemäuer ein neues Gesicht erhalten hatte, lief nun die Rekonstruktion von Mensa und Küche auf vollen Touren. Sie hatten es auch bitter nötig. Jahre-, nein, jahrzehntelang waren solche Bemühungen erfolglos geblieben. Mal hatten Baumaterialien, dann Arbeitskräfte und später das Geld gefehlt. Ich freute mich für das Küchenpersonal, das unter fast nicht mehr zumutbaren Bedingungen, seit ich mich erinnern konnte, für gutes Essen gesorgt hatte. Diesen Menschen hat stets meine besondere Hochachtung gehört.

Die so lange entbehrten Kopiergeräte zur Selbstbedienung für Studenten und Mitarbeiter waren glücklicherweise kein Engpaß mehr. Auch Telefax-Geräte waren inzwischen verfügbar und erleichterten die internationale Kommunikation.

Traurig stimmte mich, daß ich manchen langjährigen Weggefährten nicht mehr antraf. Darunter waren viele sehr leistungsfähige Wissenschaftler, die bereits vor der

„Wende" als geistige Erneuerer wirksam geworden waren. Unfreiwillig hatten sie in den Vorruhestand gehen bzw. Altersübergangsgeld in Anspruch nehmen müssen.

Technische Mitarbeiter, Studenten und nicht wenige Angehörige des Lehrkörpers waren sichtlich erfreut, mich wiederzusehen. Einige in der Vergangenheit als besonders linientreu Hervorgetretene schienen, wenn sie nur konnten, einem direkten Zusammentreffen mit mir aus dem Wege zu gehen. Ob es irgendwo Minuspunkte brachte, mit mir bekannt zu sein? Oder war es ihnen ganz einfach nur peinlich, weil sie früher blinden Gehorsam geübt hatten und jetzt schon wieder brav Anpassungsfähigkeit bewiesen?

Zu allen, die sich wie ich vorher oft gegen ideologische Scheuklappen gewehrt hatten, waren die Kontakte unverändert frisch. Sie engagierten sich ehrlich, Lehrprogramme auf die Beine zu stellen, die mit denen an den Hochschulen der alten Bundesländer kompatibel waren. Dutzende von Gastprofessoren aus dem Westen Deutschlands und auch aus anderen Staaten halfen dabei. Leicht machte es sich kaum einer.

Im Spätherbst wurde alle Erneuerung von innen durch administrative Eingriffe von außen stark beeinträchtigt. Ein am 2. Dezember 1990 abgewählter und nur noch amtierender Magisenat von Berlin verfügte unter Berufung auf den Einigungsvertrag die „Abwicklung" der Hochschule per 30. September 1991.

Dieser Terminus war eigens kreiert worden für das Ruhen von Rechtsverhältnissen der Arbeitnehmer in solchen Einrichtungen des öffentlichen Dienstes, die nicht auf den Bund oder die Länder überführt werden. Die Betroffenen erhielten ein sogenanntes „Wartegeld" und befanden sich – je nach Lebensalter – in einer sechs- bis neunmonatigen „Warteschleife", die automatisch in der Arbeitslosigkeit endet. Eine „Wiederverwendung im öf-

248

fentlichen Dienst" wurde ausdrücklich als wenig aussichtsreich bezeichnet.

Mußte das nicht wie Ausgrenzung, wie Ausschluß von der Arbeit anmuten? Ich hatte Mühe, meinen russisch- und englischsprachigen Kollegen den Status zu erklären, in dem sich die Hochschule und ihr Lehrkörper befanden. Selbst renommierteste Wörterbücher gaben über all dies neue Vokabular keine Auskunft.

Ein Trost war es kaum, daß die Abwicklung nicht nur uns betraf. Alle geistes- und sozialwissenschaftlichen Fachbereiche der Universitäten und Hochschulen in den neuen Bundesländern sollten laut Einigungsvertrag das gleiche Schicksal erleiden. Damit war die politische Dimension des Schnittes klar, wenngleich hin und wieder Budgetfragen vorgeschoben wurden.

An der HfÖ und anderswo waren Evaluierungskommissionen offenbar nur pro forma tätig gewesen, denn ihr Urteil blieb letztlich unberücksichtigt. Ein so undifferenziertes Vorgehen hätte es auch nicht gerechtfertigt. Eine personenbezogene Vergangenheitsprüfung der Angehörigen des Lehrkörpers fand nicht statt; alle wurden über einen Kamm geschoren. Die Absicht blieb unverhüllt: Den Geistes-, Sozial- und Wirtschaftswissenschaften sollte pauschal eine „politische Legitimationsfunktion" zugeschrieben werden.

Ich kann nicht bestreiten, daß es diese auch gegeben hat. Viele von uns hatten bewußt oder unbewußt, aktiv oder passiv, engagiert oder distanziert daran ihren Anteil und duldeten zu lange politische Vorgaben.

Aber es existierten auch ein kritisches Potential, Widerspruchsgeist. Offenbar fürchtete man, daß gerade diese Menschen sich nicht einfach ein- und unterordnen, daß sie ihren wachen Verstand mit der neu gewonnenen Freiheit voll nutzen würden. Durch das Plattwalzen drohte nun all das kaputtzugehen, was es an Positivem, auch an Unikaten gab. Ein Wissenschaftspotential lief Gefahr, zerstört zu werden, das für Deutschlands Beitrag zur europäischen Entwicklung und zur Lösung globaler Menschheitsprobleme so notwendig gewesen wäre und etwas zu bieten hatte.

Vergangenheit läßt sich nach meiner Ansicht nicht durch Eingriffe von außen, durch Auslöschen bewältigen. Der einzige Weg ist das selbstkritische Aufarbeiten von innen, durch die Beteiligten, die Betroffenen. Für alle, die es ehrlich meinen, wird das schmerzhaft sein. Aber Toleranz kann nur so wachsen, sie kann nicht verordnet werden. Was werden Menschen mit und aus der Zukunft machen, die ihre DDR-Vergangenheit, ihre Erlebnisse, Erfahrungen, ihre Visionen und Enttäuschungen einfach aus dem Gedächtnis streichen oder streichen sollen? Wer will einen solchen Eingriff in die Biographie verantworten?

Offenbar meldet sich bei manchem Politiker ein schlechtes Gewissen wegen der nach dem zweiten Weltkrieg in den alten Bundesländern weitgehend unbewältigt gebliebenen Vergangenheit. Es läßt sich aber nicht dadurch beruhigen, daß man aus damals Versäumtem nun in den neuen Bundesländern spektakulär und unter in keiner Weise vergleichbaren Umständen die Lehren zu ziehen versucht. Warum nur, frage ich mich, ist es so schwer, nach überwundener unseliger Trennung Deutschlands aus den zwei Teilen wirklich ein Ganzes zu machen? Warum werden neue Gräben ausgehoben?

Damit bin ich wieder beim Ausgangspunkt meiner Erinnerungen angelangt: Mit dem, was in der DDR die politische „Wende" genannt wurde, war zugleich ihr nahendes Ende als selbständiger Staat markiert. Wie schnell dieses Ende kommen sollte, das haben die am 18. November 1989 angetretenen Mitglieder der Modrow-Regierung nicht geahnt. Aber nicht nur sie!

Als dann das rasche Ende abzusehen war, habe ich mich gegen den widersinnigen Versuch gewehrt, schlechthin einen Schlußstrich unter die DDR zu ziehen. Das Ende des Alten sollte immer seine positive Aufhebung in etwas Neuem finden. In dieser Hinsicht jedoch besteht noch viel Handlungsbedarf. Ich empfinde das als Anspruch und Herausforderung. Resignation wäre fehl am Platze.

All dies bewegte mich erneut, als ich am 15. Dezember 1990 im stillen mein dreißigjähriges Betriebsjubiläum beging. Notiz nahm niemand davon. – Dem neuen Jahr sah ich mit der Aussicht auf den Wartestand oder bestenfalls ein befristetes Arbeitsrechtsverhältnis entgegen. Wie viele, viele andere, die etwas voranbringen wollten, war auch ich persönlich von der Kahlschlagpolitik, ja von der Besatzermentalität betroffen. Aber wie hätte ich dagestanden, wäre ich rechtzeitig auf ein sicheres „Pöstchen" gekrochen? Drei Jahrzehnte hatte ich der HfÖ angehört. Sie war ein Stück meines Lebens geworden. Auch im Rückblick und von neuen Horizonten aus betrachtet, war es ein ehrlich, anständig und aufrecht geführtes Leben mit bleibenden Ergebnissen und Irrtümern, mit Erfolgen und Niederlagen, mit Schwächen und Stärken, mit Leid und Freud, mit Bangen und Hoffen, mit Zweifeln, aber stets mit neuer Zuversicht.

Personenregister

A*t*V Texte zur Zeit

Band 16

Gerhard Zwerenz
Der Widerspruch
Autobiographischer Bericht

352 Seiten
16,80 DM
ISBN 3-7466-0017-0

Im Jahre 1974 schreibt der Leipziger
Schriftsteller Gerhard Zwerenz in
Frankfurt am Main: „In der BRD hätte
der Arbeiter Zwerenz weder studieren
noch Schriftsteller werden können. Beides
gestattete ihm die DDR, und diese
Erfahrungen gehören zu dem Fundus, den
die späteren Konflikte nicht zerstörten.
Das Grundsätzliche im Sozialismus, das
auch unter Stalin nicht erstarb, schafft
Gemeinsamkeiten ... Es gehört zur
Bewältigung der stalinistischen
Vergangenheit, die Kritiker sozialistischer
Selbstentfremdung als das zu nehmen,
was sie sind: Analytiker von Zuständen,
die sozialistisch firmieren, aber
ungerechter und ungerechtfertigter
Massenterror waren.“

A*t*V Texte zur Zeit

Band 9

Deutsche Lebensläufe

Herausgegeben und mit einem Vorwort
von Manfred Engelhardt
Erstveröffentlichung

200 Seiten
12,80 DM
ISBN 3-7466-0010-3

**Es war vornehmlich das Interesse an
Biographien, das Manfred Engelhardt
veranlaßte, die hier vorliegenden
Gespräche zu führen und festzuhalten.
Wie nebenher aber erschließen die
Lebensläufe von Stephan Hermlin, Hilde
Eisler, Hans-Georg Canjé, Wolfgang
Ullmann, Friedrich Schorlemmer, Konrad
Weiß und Egon Bahr ein Kapitel
deutscher Geschichte, dessen Bewegtheit
oft die Grenzen des Faßbaren erreichte.
Manfred Engelhardt (geboren 1919) ist
Journalist und lebt in Berlin.**